中青年经济学家文库

中国新型城镇化下的消费增长动力研究

胡若痴 著

经济科学出版社

图书在版编目（CIP）数据

中国新型城镇化下的消费增长动力研究/胡若痴著.
—北京：经济科学出版社，2014.9
（中青年经济学家文库）
ISBN 978 – 7 – 5141 – 5027 – 8

Ⅰ.①中… Ⅱ.①胡… Ⅲ.①消费经济学 – 研究 –
中国 Ⅳ.①F126.1

中国版本图书馆 CIP 数据核字（2014）第 220364 号

责任编辑：柳　敏　李晓杰
责任校对：杨晓莹
责任印制：李　鹏

中国新型城镇化下的消费增长动力研究
胡若痴　著
经济科学出版社出版、发行　新华书店经销
社址：北京市海淀区阜成路甲 28 号　邮编：100142
总编部电话：010 – 88191217　发行部电话：010 – 88191522
网址：www. esp. com. cn
电子邮件：esp@ esp. com. cn
天猫网店：经济科学出版社旗舰店
网址：http://jjkxcbs. tmall. com
北京汉德鼎印刷有限公司印刷
三河市华玉装订厂装订
880×1230　32 开　8.375 印张　250000 字
2014 年 9 月第 1 版　2014 年 9 月第 1 次印刷
ISBN 978 – 7 – 5141 – 5027 – 8　定价：25.00 元

教育部人文社会科学研究青年基金项目（项目号：13YJC790049）

前　言

    中国在经历了三十多年的持续快速增长后，面临着国内外经济、政治、社会、环境等一系列严峻挑战和考验。虽然在应对从2007年开始蔓延全球的经济危机中，中国被誉为"最早摆脱经济危机的国家"，但随后国际也出现了不少诸如"中国投资环境恶化"、"中国未来发展不确定性增加"、"中国经济泡沫将破灭"、"中国经济将崩盘"等唱空中国经济的悲观论调。我国经济增长三动力因素也出现了不同情况的问题：国内政府和国企拉动的投资已出现某些负面问题，民间投资和海外并购投资还存在很大阻碍和问题、无法在短期内见效；出口对经济增长的贡献率波动很大，且使我国经济外部依赖性增大，不利于国家经济安全；消费对经济增长的拉动一直具有持久正效应，在国际金融危机冲击和国内发展阶段变化的特定背景下，我国也加快推进以构建消费大国为重要目标的发展方式的转型与改革，但事实上，1997年后我国消费率曾一度下降，消费需求不足已成为我国经济增长的阻碍因素，而我国十多年来侧重于短期治理总需求不足的政策，对于扩大消费需求没有明显效果，其增长遇到瓶颈。近几年，消费对经济增长的拉动作用再次超过投资、更远高于出口，尤其是2012年和2013年都达到或超过55%。这表明消费对经济增长的拉动作用如引导促进得当，应具有很大的提升空间。因此，如何保持中国经济的平稳增长？拉动下一轮经济增长的动力和出路到底在哪？能否靠消费来持久拉动经济增长？这些是经济学界必须正视和回答的问题。

    学界有不少人士提出扩大内需、促进消费增长是拉动经济增长的重要动力，也有人指出城镇化将是带动下一轮经济增长的主要出路，中央在十六大、十七大报告中均明确提出走"中国特色城镇化道路"。2009 年 12 月的中央经济工作会议上首次提出"以扩大内需特别是增加居民消费需求为重点，以稳步推进城镇化为依托"，为扩大消费的长期政策赋予了新的内容；2011 年中央在"十二五"规划的建议中明确提出要建立扩大消费需求的长效机制；2012 年 2 月李克强同志在《求是》杂志上指出：城镇化是扩大内需的最大潜力所在；2012 年 11 月党的十八大报告明确提出：经济发展更多依靠内需特别是消费需求拉动；随后于 12 月 4 日召开的中共中央政治局会议，又再次强调"积极稳妥推进城镇化"，以此来实现内需的扩大。

实践中，自改革开放以来，我国城镇化水平摆脱了长时期停滞不前的局面，从 1978 年的 17.38% 迅速增长到 2012 年的 51.27%，大陆城镇人口首次超过农村人口，意味着中国城镇化道路进入重要转折期，到 2013 年更是提升到 53.73%。但城镇化水平的提高并没有使消费水平较高的城镇居民的消费份额相应同步提高，甚至某些年份的城市化率与消费率两者相关程度很差。事实上，1997 年后我国消费率曾一度下降，2005 年甚至降到只有 38%，与约 80% 的世界平均消费率水平相差甚远；内需不足、消费不振已是明显不争事实；且"大城市病"对消费需求的阻碍，小城市、小城镇的消费集聚和辐射效应发挥欠佳，城市贫困和城市"新二元结构"拖累消费的增长，未能完全达到近年来中央政府、学界都认可的城镇化促进消费需求扩张的政策和理论的预期目的和效果。因此，当前如何让城镇化完全发挥扩大内需的最大潜力作用，以达到既能长效拉动消费增长、又能提高城镇化质量和水平，最终推动经济社会发展的目的，是一个迫在眉睫、值得深思和探索的重大问题。本课题试图就此作出一定的解答性探索。

目前国内外学者对城镇化理论、消费理论的分别研究已较成熟并各成体系，但少有学者从政治经济学角度研究新型城镇的内涵特征；对于新型城镇化与传统城镇化的区别也较少全面具体的研究；关于城镇化与消费之间辩证互动关系的文献，因目前很多发达国家城镇化已进入 60% ~80% 的后期成熟阶段，研究范围逐渐从偏宏观的关注城镇化与消费的关系，拓展到偏中微观的聚焦内涵式的城市空间与消费的关系、作为城市自身发展的消费城市，以及城镇化与具体某些物品消费的关系研究。国内研究已取得一定成绩，从最初的大量理论意义上论证城镇化对城乡居民消费的拉动作用，到运用不同计量方法进行大量实证分析，但大都只是一个总体的阐析，研究缺乏分阶段的描述城镇化对消费增长的不同拉动作用。目前已有部分人从两者的单方面决定作用研究转向两者互动关系的理论实证分析研究，但消费究竟从哪些方面影响城镇化仍欠理论上的深度和广度。而且大部分研究都是基于城镇化已对消费增长产生拉动作用的假设基础展开的，但事实上城镇化后出现了一系列因动力不足阻碍消费增长的问题。因此，探寻不同阶段的城镇化对消费增长的不同作用和不同动力，思索如何进一步发挥其对消费增长拉动的持久动力、构建动力机制是我们在城镇化从数量、速度向质量、水平转型的新阶段中，必须面对和解决的紧迫问题，也是未来研究的趋势和重点。

　　基于此，本课题的研究具有较强的理论意义和实践价值。一方面，为推进学科领域的交叉性研究提供理论上的拓展性探索，运用消费经济学、城市经济学、政治经济学、经济地理学、社会学、人口学等学科理论形成的"多维理论架构"，来进行扩大消费增长、推进城镇化的研究。还可以丰富消费需求理论和城镇化理论，从动力的新研究视角，探求城镇化推动消费增长动力不足的表现、原因以及持久动力机制的建立。而且，在方法上进行了有益的探索和尝试，将我国和其他国家城市化与消费增长拉动的实践结合起来进行比较分析。另一方面，本书的研究可以为有关政府部门制定扩大内需特别是消费需求政策拓宽新视野，充分发挥进入升级与转型阶段的城镇化对消费增长的拉动力作用，制定更加科学的切合中国城镇化发展实际情况的消费增长促进策略，以保证构建的扩大消费动力机制具有长效性，加快推进经济战略转型和经济结构调整。此外，还可以为走扩大内需提供持续动力的中国新型城镇化道路提供决策参考，避免重蹈过去只有数量、速度的粗放型城镇化模式，为转变城镇化发展方式，提高城镇化发展质量，使城镇化的水平和质量的提高不是靠政府主导、地方债务来推动，而是转向靠政府、市场、企业、城乡居民多元化主体推动，靠生产和消费的集聚和辐射效应发挥。

本书在研究方法上，以定性分析为主，将实证定量分析与规范定性分析相结合，并加以比较分析法，跨学科的研究方法。全书分为理论、实证、实践、政策和建议四大部分，共7章，具体内容如下：

第1章导论。指出本课题的研究背景和研究意义；对重要概念和范畴进行阐释；简单介绍本书的结构和主要内容、研究方法、特色和创新。

第2章文献综述。分别从与本课题相关的国内外城镇化以及新型城镇化理论研究、国内外消费理论研究、国内外城镇化与消费增长关系研究三个层面，对国内外相关的主要文献进行综述和评点。

第3章新型城镇化拉动消费增长的理论基础。首先阐释了政治经济学框架下的新型城镇化的概念与内涵特征，指出新型城镇化和传统城镇化的区别；其次，分析了传统城镇化和新型城镇化两种不同发展阶段对消费增长的影响；再次，不同角度分析了消费增长对城镇化的反推动作用。

第4章消费增长与城镇化关系的实证分析。从居民消费支出的增加引起的消费水平的提高和消费结构的变化两个方面，对消费增长与城镇化之间的协整关系和Granger因果动态关系进行实证分析。

第5章国外城镇化拉动消费增长的经验教训。经验总结方面，如日本、美国、英国、德国等发达国家的城镇化对消费增长的推动。教训总结方面，如巴西、印度等发展中的人口大国出现的城市化拉动消费增长效果不明显的现象。

　　第6章我国城镇化促进消费增长动力不足的表现和原因。从居民消费和城镇化建设两个方面分析持续增长动力不足的表现，并从宏观政府层面、中观城镇化层面、微观居民层面探究其动力不足的诸多原因。

　　第7章新型城镇化拉动消费增长的思路建议。从微观、中观、宏观三个层面，提出了两种思路：消费增长目标下的新型城镇化路径选择，以及新型城镇化质量提高下的消费增长途径。

目　　录

第1章

导　论

1.1
研究背景

1.1.1　我国拉动经济增长的主要动力变动

中国经济日益崛起，2010 年我国经济总量达到 397983 万亿元人民币，首次超过日本，成为世界第二大经济体，2013 年中国经济总量更是达到 568845 亿元人民币，但中国在经历了三十多年的持续快速增长后，尤其是受 2007 年开始蔓延至全球的经济衰退影响后，能否继续保持高速发展？中国经济终将何去何从？靠什么动力来继续推动经济稳定、平衡、持续的增长？这一系列严峻的现实问题引起我国政府、国内外学界以及社会各界人士的高度关注。而 2011 年，国际相继有多位金融界专业人士如美国著名的对冲基金经理查诺斯、哈佛大学教授肯尼斯—罗格夫、GMO 投资公司、麦嘉华资产管理公司管理者知名投资分析师麦嘉华、英国著名对冲基金经理休·亨德利等都唱空中国经济，认为中国经济高速增长的时代将不复存在，泡沫有可能破灭，最终走向崩盘。而 2012 年以来，中国经济下行趋势日益明显，下行压力不断加大。在此背景下，研究拉动中国下一轮经济增长的动力和出路，提出相应的政策和建议，避免中国经济走向衰退甚至所谓崩盘，是经济学界必须正视和回答的问题。

一般认为拉动经济增长主要靠投资、消费、净出口这三大动力因素。投资对于拉动我国经济增长一直起着较为重要的作用，尤其是经济进入相对低潮时期的 1978 年、1985 年、1993 年、1995 年以及 2001 年、2003 年、2004 年、2009 年和 2010 年，其对 GDP 的贡献率都超过 50%（具体数据见表 1—1），处于绝对重要地位。可见，在经济低迷、遭遇国际金融危机和后危机时代，我国拉动经济增长的重要动力都是靠投资。但目前我国国内投资主要靠政府投资和国企投资，其正面效应逐渐衰退、而负面效应浮现；有人指出可以改靠民间投资拉动我国经济增长，可是民间投资分散、又容易受政治、经济、法律、国际环境等因素的波动影响，融资途径和行业进入门槛受限，且受资本逐利规则的驱使、更倾向于投入房地产、黄金、博彩业、股市等可以一夜暴富、便于炒作的虚拟经济行业和可操控、易于退出的行业、而非周期长、见效慢的实体经济行业。另有人提出国外并购投资可能成为拉动经济增长的新动力，但我国企业的海外并购投资遭遇国际准则、贸易壁垒、文化冲突、国际政治、工会劳资关系、个人诱因等多方面的风险和问题，对经济增长的作用难以短期见效并取得成功。

我国净出口对经济增长的贡献率波动最大（具体数据见表 1—1），改革开放以来曾出现九次对 GDP 的负贡献率和负拉动，大都在国内经济低迷和国际经济衰退时期，如 1985 年、1993 年、2009 年、2011 年、2012 年，和投资刚好截然相反、投资对出口贡献率和拉动最大年份大部分恰好对应出口贡献率和拉动最低年份。出口虽能促进经济增长，但同时也加大了国内经济对世界经济和国际政治波动的依赖性和反映敏感度；而且我国人口红利减弱、原材料价格涨速较大、人民币被迫升值、诸多贸易竞争优势渐失，所以从国家经济安全角度、尤其是全球经济持续低迷、外需不足的状况下，不可能指望出口能发挥强劲推动力。

经济学的经典理论认为内需才是拉动经济增长的最主要动力，

而内需中消费又比投资更具推动力，是一国经济增长的持久原动力，是社会生产的最终目的，而且消费需求的波动性相对而言较小，因此，消费增长的平稳发展能在相当程度上削弱投资和出口波动给经济增长造成的动荡，防止宏观经济猛烈的上升或下降，我国以及世界各国历年经济发展的经验也证明了这点。据国家统计局公布的数据，消费对中国经济增长的贡献率大部分时间都高于投资和出口（具体数据见表 1-1），尤其是改革开放初期消费的贡献率曾一度达 70% 以上，而 1981 年更是达到最高值 93.4%。但 20 世纪 80 年代中后期、90 年代后期，以及 2001 至 2006 年，消费增长对经济的拉动明显低于出口和投资，远不及近 80% 的世界平均消费率水平。2007 年国际金融危机爆发后，消费对经济增长的拉动作用再次超过投资、更远高于出口，尤其是 2011 年和 2012 年都超过 55%。这表明消费对经济增长的拉动作用如引导促进得当，应具有很大的提升空间。而且中央在 2007 年党的十七大报告中提出以消费为首、与投资和出口协调共同拉动经济增长的格局；我国在 2010 年 5 月的第二轮中美战略与经济对话成果公布中，也作出提高消费对经济增长贡献率的承诺；党的十八大报告再次提出"要牢牢把握扩大内需这一战略基点，加快建立扩大消费需求长效机制，扩大国内市场规模"。所以，当务之急应明确我国应通过何途径、采取何政策措施来刺激消费增长，以实现消费大国构建的重要发展目标、发挥其对经济发展的直接和间接拉动作用。[①]

表 1-1　　三大需求对国内生产总值增长的贡献率和拉动

年份	最终消费支出		资本形成总额		货物和服务净出口	
	贡献率（%）	拉动（百分点）	贡献率（%）	拉动（百分点）	贡献率（%）	拉动（百分点）
1978	39.4	4.6	66.0	7.7	-5.4	-0.6
1979	87.3	6.6	15.4	1.2	-2.7	-0.2

① 胡若痴：《后金融危机时期中国经济持续增长的动力困境与思路》，载《经济纵横》，2010 年第 11 期，第 69~73 页。

年份	最终消费支出		资本形成总额		货物和服务净出口	
	贡献率（%）	拉动（百分点）	贡献率（%）	拉动（百分点）	贡献率（%）	拉动（百分点）
1980	71.8	5.6	26.5	2.1	1.8	0.1
1981	93.4	4.9	-4.3	-0.2	10.9	0.5
1982	64.7	5.9	23.8	2.2	11.5	1.0
1983	74.1	8.1	40.4	4.4	-14.5	-1.6
1984	69.3	10.5	40.5	6.2	-9.8	-1.5
1985	85.5	11.5	80.9	10.9	-66.4	-8.9
1986	45.0	4.0	23.2	2.0	31.8	2.8
1987	50.3	5.8	23.5	2.7	26.2	3.1
1988	49.6	5.6	39.4	4.5	11.0	1.2
1989	39.6	1.6	16.4	0.7	44.0	1.8
1990	47.8	1.8	1.8	0.1	50.4	1.9
1991	65.1	6.0	24.3	2.2	10.6	1.0
1992	72.5	10.3	34.2	4.9	-6.8	-1.0
1993	59.5	8.3	78.6	11.0	-38.1	-5.3
1994	30.2	4.0	43.8	5.7	26.0	3.4
1995	44.7	4.9	55.0	6.0	0.3	
1996	60.1	6.0	34.3	3.4	5.6	0.6
1997	37.0	3.4	18.6	1.7	44.4	4.2
1998	57.1	4.4	26.4	2.1	16.5	1.3
1999	74.7	5.7	23.7	1.8	1.6	0.1
2000	65.1	5.5	22.4	1.9	12.5	1.0
2001	50.0	4.1	50.1	4.2	-0.1	
2002	43.6	4.0	48.8	4.4	7.6	0.7
2003	35.3	3.5	63.7	6.4	1.0	0.1
2004	38.7	3.9	55.3	5.6	6.0	0.6
2005	39	4.4	38.8	4.4	22.2	2.5
2006	40.3	5.1	43.6	5.5	16.1	2.1
2007	39.6	5.6	42.4	6.0	18.0	2.6

年份	最终消费支出		资本形成总额		货物和服务净出口	
	贡献率 （%）	拉动 （百分点）	贡献率 （%）	拉动 （百分点）	贡献率 （%）	拉动 （百分点）
2008	44.2	4.2	47.0	4.5	8.8	0.9
2009	49.8	4.6	87.6	8.1	-37.4	-3.5
2010	43.1	4.5	52.9	5.5	4.0	0.4
2011	56.5	5.3	47.7	4.4	-4.2	-0.4
2012	55.0	4.2	47.1	3.6	-2.1	-0.1

注：①三大需求指支出法国内生产总值的三大构成项目，即最终消费支出、资本形成总额、货物和服务净出口。②贡献率指三大需求增量与支出法国内生产总值增量之比。③拉动指国内生产总值增长速度与三大需求贡献率的乘积。④本表按不变价格计算。
资料来源：国家统计局：《中国统计年鉴2013》，中国统计出版社2013年版。

1.1.2 我国消费需求不足的现状

从国际上西方发达国家经济增长的历程，以及我国自己多年来经济增长的实际情况来看，消费对经济发展的作用显而易见。但目前在我国，内需不足尤其是消费需求不足确实是不争的事实。首先表现在我国消费率水平约比世界平均水平低20%以上，如20世纪90年代，世界平均消费率超过78%，而我国消费率在2003年降为57%；其次表现在我国城乡居民消费率年均增长速度低于GDP的增长速度，而国际趋势刚好相反；再次世界各国大部分的经济发展趋势是消费率在人均GDP达1000美元后会明显上升，达到一较高水平以推动经济增长，而我国的消费率相反，2008年人均GDP已达到3200多美元，但总消费率却由1978年的62.1%下降为2008年为48.6%，表现为长期下降趋势。[①] 近几年，消费率随人均GDP的增长有所提升，尤其是2012年和2013年，人均GDP分别约为

---

① 王翔：《以城镇化驱动消费的现实悖论——兼论我国经济拉动方式的转型》，载《经济与管理研究》，2010年第5期。

6100 美元、6767 美元，消费率也都达到或超过 55%，但仍未达到世界平均水平。

我国居民消费不足，主要体现为农村居民消费不足，导致这一状况的最直接原因就是城乡二元经济结构。在这一结构下，我国农村人口众多，大多聚集于第一产业，收入水平低，导致极度缺乏购买力；"离土不离乡"的农村工业化战略、限制了农村剩余劳动力的转移、抑制了服务业等第三产业的发展，加剧城镇化不足的现象，从而加深我国消费需求不足的结构性矛盾；同时，城乡二元结构导致财富、资源、利益向少数人的集中，极不利于整体消费水平的提高。如何采取有效措施，促进消费长期稳步增长，是目前政界、学界以及社会各界密切关注和讨论的一个热点问题。而城镇相对于农村而言，消费比重日益扩大、是消费主体，我国要构建消费型大国，其重要途径之一就是通过加快城镇化进程，产生巨大的消费"累计效应"。当农村人口转化为城市人口时，其生活消费方式也完全实现了市场化、商品化，自然也就扩大了消费需求。目前我国 1 个城市居民的消费水平大体相当于 3 个农民的消费。世界各国的经验以及研究表明，城镇化率提高 1 个百分点，就会有 12 万~100 万人口从农村到城市。由于城市人口的消费是农村的 3 倍，约拉动最终消费增长 1.6 个百分点。[①]

一些学者纷纷指出，中国经济将面临第二次改革，其关键和核心就是消费和创新，从生产型大国转型到消费型大国。而城镇化进程的快速发展将对中国消费大国的建立，并形成以消费为主导、推动中国经济持续增长的新发展格局起着重要作用。

1.1.3　新型城镇化道路的探索

近二百多年来的世界史表明，主要有两股互为支撑、互相促进的

---

① 裴志强、张萌：《扩大内需的重要途径：加快城镇化的发展》，中国集体经济网，2010 年 5 月 4 日。

推动力：工业化和城镇化，推进着各国的经济发展。而中国作为世界人口最多、经济总量为全球第二的发展中国家，仅用差不多30年的时间走完了西方发达国家用几百年经历的经济发展历程，已进入工业化中期，根据国际经验，城镇化应随之进入快速发展阶段。但我国城镇化发展水平却不仅相对滞后于经济社会发展水平，也相对滞后于工业化发展水平，这一局面不仅制约着我国经济的良性发展和知识经济时代新一轮财富的集聚，而且也严重制约着我国综合实力的提高与国家竞争力的增强。目前，我国正在逐渐摒弃"高投入、高消耗、高污染排放、低产出、低质量、低效率、密集型投入"的传统工业化发展模式，取而代之的是"低投入、低能耗、低污染排放、高产出、高质量、高效率、知识型投入"的新型工业化发展模式；与此相适应，传统城镇化发展道路也必然应转变为新型城镇化发展道路，才能适应21世纪城市可持续发展的内在要求；才能既达到全面建设小康社会、实现现代化的目标，又有效解决制约中国经济社会建设发展的因素，促进经济社会平稳、较快、和谐、健康地发展。因此，就连诺贝尔经济学奖得主斯蒂格利茨教授都在2000年7月提出：深刻影响21世纪人类发展的两大主题将是中国的城镇化与美国的高科技发展。我国政府在2002年党的十六大报告中，提出"新型工业化道路"，还同时提出，"坚持大中小城市和小城镇协调发展，走中国特色的城镇化道路"，之后的2007年党的十七大报告亦明确指出走"中国特色城镇化道路"，学界很多人士又称之为"新型城镇化道路"。而且在2010年中央经济工作会议上，提出以稳步推进城镇化为依托，刺激消费增长。之后，党的十八大报告又重申将推进新型城镇化作为结构调整的重点之一；同时，报告还明确提出"坚持走中国特色新型工业化、信息化、城镇化、农业现代化道路"，推动四化良性互动、协调同步发展的重要战略思想。2014年，中共中央、国务院又印发了《国家新型城镇化规划（2014～2020年）》，提出走以人为本、四化同步、优化步局、生态文明、文化传承的中国特色新型城镇化道路。

　　改革开放以来，我国启动了世界历史上规模最大、速度最快的城镇化进程。标志之一表现为城镇人口占总人口比重由新中国成立初1949年的10.6%，用了近三十年才发展到1978年的19.72%，但之后城镇化水平明显提高，到2013年提升到53.73%。尽管如此，与发达国家相比仍还有很大差距，城镇化还有很大发展空间。而城镇化和其他任何事物的发展一样都有其共性和个性的规律，要制定出一个最佳的城镇化战略就应既遵循一般规模又着力于本国国情。如日本城镇化是政府参与和市场选择的结合，美国是集中化原则基础上发展中小城市，都取得了成功；但拉丁美洲国家超出本国经济承受能力，城镇化过度发展埋下种种隐患。因此，如何借鉴欧美、日本的成功之处，避免出现拉丁美洲国家的过度城镇化问题以及西方发达国家传统城镇化模式下出现的城市病问题，选择适合中国国情的城镇化发展道路，成为很关键的城镇化选择问题。可以说，中国未来的城镇化道路如何走、应具备哪些中国特色等，引起学界、政界以及社会各界人士的高度重视，也吸引了全世界的关注。

1.2

研究意义

1.2.1　理论意义

第一，可以丰富具有中国特色的消费经济学理论，拓宽消费经济学的研究范畴。

由于各国所处的社会制度背景不同，消费增长的历史、程度、背景、所面临的实际情况也不同，因此研究消费需求理论，须结合我国的实际情况。我国是一个发展中大国，二元经济结构特征明显，矛盾突出，地区、城乡之间经济发展不平衡，同时各项经济体制处于转轨过程中，1998年以来，消费需求不足已成为我国经济增长的阻碍因素。在这次全球金融危机的情况下，我国外需受到严重影响，出口需求曾大幅下降，进一步加剧了消费需求不足问题。所以，需要我们总结以往在刺激消费增长方面的经验和教训，运用马克思主义政治经济学和马克思主义消费理论的基本原理、分析方法，吸取国外有关消费理论研究和刺激消费增长实践中的可取之处，指导研究我国消费增长中出现的重大问题，建立属于我们自己的消费经济学研究体系。而且消费本身也是一个涉及面很广的问题，很多学科也从不同角度研究消费问题。因此，我认为也可借鉴其他学科理念，拓展消费经济学的研究范畴，延伸到消费分层对社会不平等的反映、消费异化对城市发展的影响、公共消费的作用、消费主义对城市建设的影响、可持续消费的发展模式等现实问题的研究。具体如公共管理学、公共经济学都有关于公共物品的研究，但消费经济学对于公共消费的研究还不够深入，笔者从公共消费与个人消费对城镇化的影响角度，分析了公共消费的趋势、目标，并提出了改革的对策；再如消费分层问题，以前大都偏重从社会学角度研究，而本人从经济学角度，提出应注重城镇化进程中出现的阶层分化对消费的影响，采取不同途径方法来促进不同阶层消费群体的消费增长。这些可以大大丰富消费理论的内容，为消费经济学理论的发展提供借鉴和参考。

第二，借鉴其他学科的研究思路，拓宽城市经济学的研究范畴。

城镇化问题涉及政治、历史、生态、社会、人口、经济、建筑规划、地理空间、环境等多个方面，在人类社会发展史上呈现复杂性、长期性、综合性、系统性等特性。自从1888年最早出现"urbanlization"这一英文词以来，就有经济学、人口学、生态学、社会学、地理学、建筑学等不同学科从不同角度研究城镇化问题。因此，经济学应融会多个学科的理论方法来丰富和发展自己的内涵和外延。城市经济学不应仅限于从资源配置，从成本、收益和利益最大化角度，以及从劳动分工等角度来研究城镇化问题，也应运用经济学科的理论、方法、工具来研究涉及其他学科的重大城镇化问题，诸如城镇化进程中应考虑的城市适度规模和速度的确定、城市质量水平的提升、城市空间经济分析、城镇化发展创新模式的构建；城市自身特色的打造；城市阶层分化导致的贫富不均问题、失地农民安置补偿和就业生活引导问题的解决；等等。

第三，从经济学的新视角、新方法进行研究，可以为具有中国特色的新型城镇化和消费经济学理论的发展提供理论参考。

经济学又细分为多门经济学科，其中包括诸如城市经济学、区域经济学、演化经济学、发展经济学、新经济增长理论等经济学分支，这些分支的相关理论也对城镇化的具体问题进行了阐释，本书在马克思主义政治经济学的基础上，对新型城镇化的内涵特征进行分析，并提出消费增长和新型城镇化协调发展的政治经济学理论基础；尝试运用海派经济学的学术风格，结合前面所提各经济学科分支的视角对我国新型城镇化的道路选择、模式演进、发展趋势，规模速度的确定以及城市空间扩展机理进行探析，从本质上把握城镇化过程并且导出新型城镇化进程的一般规律，以便为从经济学科的范畴研究城镇化问题提供新的视角和方法论。另外，本书还从政治经济学角度分析了消费的有关理论基础、结合生态经济学、消费者行为学、市场营销学等学科，来对消费习惯、消费方式和模式、消费结构的变化状况和趋势进行了较深入分析。

第四，本书试图从消费经济学和城市经济学的理论交错领域，研究城镇化与消费的互动发展关系、促进二者的协调发展。

本书是跨学科的研究课题，涉及消费经济学和城市经济学两个学科的内容，一方面通过从经济学的角度分析不同阶段城镇化对城乡居民消费的不同影响，指出新型城镇化进程的推进为消费增长提供的机遇；另一方面，从宏观和微观的角度分析消费增长对城镇化进程的各种影响作用，将消费经济理论和城市经济理论有机结合，探索两者交叉的理论领域，这对于丰富经济理论和范畴，具有重要意义。

1.2.2　现实意义

第一，为寻求刺激经济平稳持续增长的最终动力，并为解决消费增长困难的瓶颈提供建议。

中国经济在一系列的严峻挑战面前能否保持持久高速增长，是政府、理论界和社会各界都密切关注的问题。经典经济学理论认为经济增长拉动的最主要动力是内需，而内需中消费才是经济增长的原动力，比投资推动力的更强，而且消费需求的波动性相对而言较小，世界各国的经济发展事实也证明了投资和出口给经济增长带来的波动性较大，消费增长的平稳发展能在很大程度上削弱这种波动，促使经济平稳增长。但我国个人消费占 GDP 比例远远低于世界平均水平。数据显示，从 1970 年到 2005 年 35 年中，中国的最终消费占 GDP 的比重从 71% 逐年大幅度下降到 39%。而在同期，世界上的最终消费占 GDP 的比重则稳步上升到 78.5%。[①] 而且从 20 世纪 90 年代起，我国消费占 GDP 的比重波动幅度巨大，如比重从 1996 年的 60.1% 迅速下降至 1997 年的 37%，随后又迅速回升至 1999 年的 74.7%，但之后比重不断下降，近两年虽有回升，但仍未达到世界平均水平。可以说，全面提振消费以促进经济增长的目标很难在短时间内实现，消费需求不足已成为我国经济增长的主要阻碍因素。

消费增长主要受两个因素制约：一个是消费能力，取决于收入水平；另一个是消费意愿。进入 20 世纪 90 年代以后，我国居民的边际消费意愿和倾向有所下降，呈现消费增长不快、消费需求相对不足的总体态势，其重要原因之一是我国居民消费能力的结构性制约，是我国城乡二元结构矛盾长期演化的必然结果。[②] 不少学者都

---

① 周晓芳：《十二五规划欲提高私人消费比重》，每日经济新闻，2010 年 4 月 8 日。
② 田成川：《城镇化！解决消费需求不足的必由之路》，载《宏观经济管理》，2004 年第 8 期，第 36 ~ 38 页。

认为要解决消费需求不足问题的根本途径就是打破二元经济结构、加快城镇化发展、促使大量农民迁移入城市，这将扩大消费规模、推动消费持续增长，并成为经济持续发展的最关键动力。但是，若只走偏重城市范围的扩大、城市人口的增加，而忽略为新增人口提供社会保障、增加公用设施等问题的传统城镇化道路，将影响消费质量的提高；另外从长期看，随着收入增加，边际消费倾向会有下降趋势，消费增速也会随之降低，无益于解决中国经济消费偏低问题。因此，必须走新型城镇化道路来推动我国真正意义上的消费增长。而在后危机时代，如何利用新型城镇化道路扩大扩大消费需求，制定长期有效的政策措施、实现新型城镇化和消费增长的双赢，以最终拉动经济增长，是具有很强的理论意义和实践意义的问题。

第二，为我国新型城镇化道路的选择提供思路。

衡量一个国家和地区经济社会等各方面发展程度的重要综合性指标之一就是城镇化。在我国一直来被业界公认的是：由于计划经济下的中国城镇化道路一直由政府严格控制，因此，存在城镇化滞后于工业化的状态。故而当党的十六大提出"新型工业化道路"，与之相适应，学界也提出了"新型城镇化道路"。新型城镇化道路可以说，应该是我国在借鉴世界其他发达国家和地区的多元城镇化发展模式、总结自身在城镇化发展中出现的种种弊端和问题、考虑信息化和全球化的现实背景以及未来中国和世界的发展趋势而提出来的高端战略。但是，这一新型道路与传统城镇化道路有何区别？新型城镇化道路的选择应重点考虑哪些因素？涉及哪些主要内容？道路发展的目标预期和应遵循的原则是什么？道路的具体实施途径有哪些？等等。很多由于中国自身背景的复杂性而产生的问题，都是国内外学者必须切实面对解决的。本书的研究，从促进消费增长、实现人类自由发展的目标角度，为探究我国新型城镇化的路径选择提供了一定的范围和尺度。

第三，为有关政府部门制定新型城镇化与刺激消费增长有机结合的政策提供决策参考。

　　近十年来，认可城镇化是拉动消费的主要途径和动力的学者不断增加。2010 年我国政府在中央经济工作会议上，明确提出把稳步推进城镇化作为刺激消费增长的长期动力，首次用政策的形式肯定了两者的发展是可以有机结合、共同协调发展的。2011 年中央在"十二五"规划的建议中明确提出要建立扩大消费需求的长效机制；2012 年 2 月李克强同志在《求是》杂志上指出：城镇化是扩大内需的最大潜力所在；2012 年 11 月党的十八大报告明确提出：经济发展更多依靠内需特别是消费需求拉动；随后于 12 月 4 日召开的中共中央政治局会议，又再次强调"积极稳妥推进城镇化"，以此来实现内需的扩大。在此背景下，研究新型城镇化与消费增长的关系，两者协调发展的机制、原则，研究新型城镇化进程中促进消费增长的途径，以及消费增长目标下如何更好地推进新型城镇化进程，为制定更加科学的宏观经济政策提供理论支持，寻求切合实际的扩大消费需求对策，探寻适合中国消费国情的新型城镇化路径，对于解决经济发展困境、发挥新型城镇化对消费增长的推动作用、消费增长对新型城镇化发展的影响力和拉动力、促进经济增长和解决就业问题，具有重要的理论意义与现实意义。

1.3

研究目标与研究方法

1.3.1　本课题的研究目标

　　（1）跳出单纯地研究消费增长的框架，本课题涉及消费经济学、城市经济学、经济地理学、社会学与人口经济学的基本原理和分析方法，基于城镇化如何成为推动消费增长持久动力的独特视角，将城镇化发展与扩大消费需求、实现消费增长，与推动经济稳步增长、提高人的生活质量和民生幸福指数，与优化产业结构、转变政府职能等目标结合起来进行分析探讨。

（2）区别消费的不同类型，使得城镇化能有的放矢地发挥拉动消费增长的作用。社会总消费包括私人消费、公共消费以及社会团体消费，消费增长主要指的是居民私人消费的增长，而居民消费增长又须得益于政府公共消费支出的增加以及城镇化中公共资源均衡配置。另外，随着我国城镇化进程的加速，消费表现出明显的阶层化，并对城镇化产生了不同的影响，因此还应分层引导不同居民的消费增长。

（3）本课题的研究希望能避免新一轮城镇化重蹈发展中国家以及我国过去"旧城镇化"存在诸多问题而不能发挥拉动消费增长动力作用的局面。力求寻找到动力不足的原因，并借鉴国内外的成功经验，通过宏观（政府、全球化）、中观（城镇化、城市、产业）、微观（居民和企业）三个层面来构建城镇化拉动消费的多维度持久动力机制。以促进在宏观政府制度变迁和经济全球化的推动力下，形成四化（城镇化与工业化、信息化、农业现代化）同步发展——城镇化进程加快、生产集聚和供给增加、产业结构升级转换、城乡产业联动、城乡居民收入增长、差距减少——消费能力提高、消费需求增加、消费环境改善——大中小城市的消费积聚和扩散效应同步增强、消费结构升级、消费转型——投资、供给需求增加——产业结构进一步升级、工业和三产业的产出和供给增加——地区 GDP 增加、城乡均衡发展、公共支出增加——消费结构进一步优化、消费水平和生活质量提高、民生幸福指数提高、城镇化质量和水平提高的良性循环机制。

1.3.2 研究方法

在研究方法上，充分发挥学科的综合优势，以定性分析为主，结合定量分析法、比较分析法，跨学科地进行综合研究，以增强理论的解释力和说法能力。

首先，以运用马克思辩证唯物主义和历史唯物主义的研究方法为主导，进行规范分析。结合中国二元结构的实际情况，进一步研究马克思主义的消费理论与新型城镇化理论，为课题研究提供理论基础；结合演化经济学、制度经济学的思想，研究消费增长与新型城镇化协调发展的制约因素、机制、路径，把握研究的重点和难点，为解决我国有效需求不足问题、新型城镇化的路径选择问题提出政策建议。

运用逻辑和实证分析方法。准确概括所要解决的关键问题；运用计量分析方法，通过调查和查阅有关资料获取数据材料，定量分析消费与传统城镇化以及新型城镇化之间的相关性、居民消费和公共消费与城镇化间的相关性、不同地区的城镇化与消费的相关性、不同阶段的城镇化与消费的相关性、不同阶层消费与城镇化的相关性。

运用比较分析法。在研究新型城镇化的内涵、特征、路径选择时，采用与传统城镇化比较的分析法，以及中国与其他发达国家的比较分析法；在研究新型城镇化对消费作用的同时，注重与传统城镇化和消费关系的比较分析；在研究消费对新型城镇化的影响时，注重从城镇居民和农村居民两个角度、不同阶层角度进行对比分析。在研究不同类型消费与城镇化之间的关系时，也采用了对比分析方法。总之，通过比较分析法，可以较全面、客观地了解我国新型城镇化与消费增长之间的关系。

跨学科的研究方法。消费经济学是涉及一面很广的学科，很多研究消费经济学的学者多次强调要从多学科角度学科对消费进行研究。如著名经济学家尹世杰教授 2006 年 10 月 7 日在《光明日报》上撰文指出，消费经济牵涉面很广，不仅与生产、流通、分配领域很多问题密切相关，而且与人的价值观、思想、行为等各方面密切相关。因而消费经济的研究也与很多学科密切相关，包括市场营销学、消费心理学、消费者行为学、生态环境学、伦理学以及文化、教育、信息网络等学科，需要加强对相关问题的研究。① 另外，城镇化问题的复杂性和系统性，也决定了其研究内容涉及经济学、人口学、生态学、社会学、地理学、建筑学等不同学科。因此，从多学科角度研究消费增长与新型城镇化的协调发展，对于深入认识消费和新型城镇化是有益的，也是符合消费经济学和城市经济学发展规律的。笔者的研究建立在消费经济学和城市经济学基础上，也涉及了社会学、地理学、消费心理学、生态环境学、制度经济学、演化经济学等领域的概念和范畴。通过更多学科来探讨研究消费和新型城镇化这两个复杂现象的协调发展问题，无疑将增强其理论的解释与说服能力。

1.4

研究结构和主要内容

本书研究的总体思路是理论—实证—实践—对策建议。本书共七章，分为四个部分。

第一部分是新型城镇化拉动消费增长的理论基础。

第二部分是新型城镇化拉动消费增长的实证分析。

第三部分是新型城镇化拉动消费增长的实践总结分析。

第四部分是新型城镇化拉动消费增长的对策建议。

第1章导论。指出本课题的研究背景和研究意义；对重要概念和范畴进行阐释；本书的结构和主要内容、研究方法、特色和创新。

第2章文献综述。分别从与本课题相关的国内外城镇化以及新型城镇化理论研究、国内外消费理论研究、国内外城镇化与消费增长关系研究三个层面，对国内外相关的主要文献进行综述和评点。

第3章消费增长与新型城镇化可协调发展的理论基础。首先阐释了政治经济学框架下的新型城镇化概念与内涵特征，指出新型城

---

① 尹世杰：《大力加强消费经济学学科建设》，载《光明日报》，2006年10月7日。

镇化和传统城镇化的区别。其次，分析了政治经济学理论框架下的消费与新型城镇化可协调发展的理论基础；再次，分析消费增长与城镇化的关系。一方面分析了传统城镇化和新型城镇化两种不同阶段对消费增长的六种影响，另一方面也从六个角度分析了消费增长对城镇化的推动作用。

第4章消费增长与城镇化关系的实证分析。从居民消费支出的增加引起的消费水平的提高和消费结构的变化两个方面，对消费增长与城镇化之间的协整关系和 Granger 因果动态关系进行实证分析。

第5章国外城镇化拉动消费增长的经验教训。经验总结方面，如法国巴黎、新加坡消费型城市建设，日本、美国、英国、德国等发达国家的城镇化对消费增长的推动。教训总结方面，如巴西、印度等发展中的人口大国，在城镇化过程中都出现了可怕的无消费现象。

第6章我国城镇化促进消费增长动力不足的表现和原因。从居民消费和城镇化建设两个方面分析持续增长动力不足的表现，并从宏观政府层面、中观城镇化层面、微观居民层面探究其动力不足的诸多原因。

第7章新型城镇化拉动消费增长的思路建议。从微观、中观、宏观三个层面，提出了两种思路：消费增长目标下的新型城镇化路径选择，以及新型城镇化质量提高下的消费增长途径。

1.5

特色和创新

本书进一步研究了与二元结构相适应的中国特色的消费理论与城镇化理论。现有的消费理论和城镇化理论大都建立在西方一元经济的假定上，但其隐含的假定条件与我国社会主义性质和实际国情差异太大，需要结合我国的二元经济现实和马克思主义消费理论与城镇化理论予以改进，以适应我国的情况，推进我国消费理论和新型城镇化理论的发展。本书结合马克思政治经济学以及马克思主义有关消费和城市的理论和研究方法，重新界定了新型城镇化的内涵；并分析了中国消费增长与新型城市协调发展的政治经济学理论基础。

本书研究了城镇化与消费增长之间的辩证互动关系。目前理论研究已有少数人认为两者之间应是互动关系，但进行具体理论分析时乃至各级政府制定政策时，多从城镇化对消费的拉动作用角度考虑，而分析消费对城镇化的反作用及影响的文献，实属不多见。本书结合已有学者提出的理论，用理论和实证分析相结合的手段，从互动关系角度，分析城镇化对消费的拉动作用，尤其拓展性地详细阐释消费对城镇化的影响，以此来论证说明我国推进城镇化、让其发挥拉动消费增长的动力作用，能起到一举两得的良好效果。

新型城镇化与传统城镇化相比，又有了更深层次的内涵和特征，对消费的影响应更具有新时代、新阶段的特点，但目前还鲜有人将两个阶段城镇化对城乡居民消费的不同影响进行比较分析；更少有人将不同类型、不同阶层消费对城镇化的不同方面影响进行对比研究。因此，本书一方面对比分析了新型城镇化与传统城镇化的区别，对比分析了不同阶段城镇化对消费的影响；另一方面，本书对比分析了居民不同类型消费需求、不同阶层和群体消费对城镇化的影响，为在新型城镇化背景下，我国政府应更注重刺激哪种消费、应更偏重于采用哪种扩大内需的途径提供政策上的理论依据。

以动力为主线，从微观、中观、宏观三个层面分析我国城镇化促进消费同步增长动力不足的表现和原因，并提出构建城镇化质量提高下消费增长的动力机制思路与建议。本书强调除宏观政府层面以及中观产业结构此之外，还应注重从中观的城镇化、城市自身发展角度和微观的城乡居民、企业角度进行机制构建的思考。建议中本人提出应注重消费差异性对新型城镇化进程、路径和发展模式的影响；新型城镇化规模速度的确定与水平质量的衡量应考虑消费因素；新型城镇化发展建设中应注重消费结构、消费模式新趋势对其的影响。还提出应统筹城乡居民消费的协调发展，大力引导农村消费城镇化；应利用新型城镇化的背景和发展模式，引导居民消费行为的变化、促进对新型城镇化发展有利的居民消费结构升级；重视城镇化进程中的阶层分化，区别引导不同消费群体的多层次消费需求增长。这些提法和相应的对策在以往的研究中少有人涉及。而这些正是本书所要创新研究的问题，并为之提出了较系统的、弥补前人研究不足的独立见解。

借鉴和吸取欧美发达国家、人口规模大的发展中国家城镇化过程中促进或阻碍消费增长的经验教训，避免走弯路，并从中获得启示。

第 2 章

文献综述

2.1
关于消费增长理论的研究

2.1.1 国外关于消费增长理论的研究

国外关于消费增长理论的研究，主要体现在以下三个方面：

1. 从主张消费节俭到认为消费需求不足的争论

由于受基督教神学禁欲主义的影响，西方经济学萌芽阶段的重商学派是主张节俭、反对奢侈消费的，提出奢侈消费影响了投资，进而阻碍了经济的发展和国力的增强。西方经济学第一个理论体系—古典经济学虽然批判了重商主义学派的很多观点，也肯定了消费的地位和作用，但其基本思想仍然是：强调资本积累，主张消费节俭。其中英国主要代表人威廉·配第认为消费过多，会导致人懒惰，主张通过征收赋税形式调节消费和积累之间的比例关系。亚当·斯密虽然第一次认识到消费的地位和作用，提出生产的唯一目的是为了消费，但仍然把资本的积累放在首位，认为不仅个人消费要节俭、政府公开开支也要节俭，节俭是资本增加的直接原因。大卫·李嘉图认为应该节制购买奢侈品的消费支出，因为这是种非生产性支出。

经济学说史上第一个将消费正式纳入政治经济学理论体系的是与李嘉图属于同一时代的让·巴蒂斯特·萨伊，他在《政治经济学概论》（1803）中论述了为凯恩斯之前的古典经济学家所长期信奉的"萨伊定理"——供给能够创造其本身的需求，资本主义经济具有自动走向均衡的趋势，因而不会产生生产过剩的危机。

当然西方经济学的思想萌芽体系中，也存在着与节欲派截然相反的思想，如与重商主义学派属于同一时期的英国经济学家孟德维尔就主张奢侈消费推动经济增长，他在所著的《蜜蜂的寓言》一书中就提出"奢侈有利、节俭有弊"的观点，认为是富人的奢侈消费给穷人制造了工作的机会。其后随着资本主义国家经济危机的不断产生，越来越多的经济学家反对节欲论，转而继承这种通过需求来拉动经济的思想。法国古典政治经济学家中，西斯蒙第的学说以消费占优先地位为基本原则，他通过对当时已经出现的生产过剩现象观察，认为需求不足，特别是消费需求不足是自由市场经济的固有特性，并以之来说明经济危机产生的原因。而马尔萨斯提出了"有效需求不足"问题，成为后来凯恩斯有效需求不足理论的前导；但他仅赞同地主的消费，而对增加贫民的转移支付以刺激其消费需求持反对态度。

以上这些学者对消费理论的研究，是较零散的分布于其著作中，没有形成专门的论著。而最早真正开始对消费理论进行系统研究的是马歇尔，以效用论为基础，研究了消费者在有限收入条件下如何合理配置以实现最大的消费欲望。

现代经济学主要通过消费函数理论来阐述消费需求问题，基于收入决定消费这一基本命题，提出了很多消费函数理论的假说。目前，影响力最大的需求理论仍是凯恩斯的有效需求不足理论，他认为由于三大心理规律：边际消费倾向递减、资本边际效率递减和流动性偏好的存在，使消费需求和投资需求构成的总需求往往低于社会总供给水平，造成生产过剩和经济危机。凯恩斯的绝对收入假说认为消费是当期收入的函数，强调了当期可支配收入对消费的影响。凯恩斯认为消费支出满足边际消费倾向递减的心理规律，收入不平等的扩大会减少整个社会的总消费支出。剑桥学派与凯恩斯理论类似，也认为利润和工资之间的收入不平等扩大不利于消费需求的增加。在凯恩斯理论框架的基础上，美国经济学家杜森贝里提出相对收入假说（1949年），认为消费支出不仅受到其自身收入的影响，而且受周围人的消费行为和自己过去收入和消费水平的影响，强调消费的"示范效应"和消费不可逆性的"棘轮效应"的作用。弗里德曼的持久收入假说强调消费受长期平均预期收入的影响，因而经济周期和经济波动都不会影响消费需求。莫迪利安尼等人在20世纪50年代初提出生命周期假说，认为人们会在更长时间（一生）范围内计划其消费开支，以达到在整个生命周期中消费和储蓄的最佳配置。随机游走假说（霍尔，1978）融合了持久收入假说、生命周期假说和理性预期方法，形成了理性预期生命周期模型（RELC－PIH），认为消费的变化是不可预测的，与滞后的收入变量无关。人们消费支出的长期趋势表现为随机行走的特征。预防性储蓄理论将不确定性引入框架，考察消费者的跨时优化选择行为，认为导致消费需求不足的原因是预防性储蓄。流动性约束理论分析了流动性约束（又称信贷约束）的存在对消费行为的影响，认为流动性约束条件下，使得消费只与当期劳动收入正相关，以此解释消费的"过度敏感性"。迪顿（1991年）和卡罗尔（1992年）结合预防性储蓄假说和流动性约束假说，提出缓冲存货储蓄假说，认为由于预防性储蓄动机的存在，消费者最优选择行为不是用完所有的当期收入，而是进行数量较低的储蓄，即"缓冲存货储蓄"，以此防备未来收入的意外下降时维持正常消费或在境况好时增加消费。坎贝尔和曼昆（1991年）基于消费总和分析建立了λ假说，提出这样一个宏观消费函数：$C_t = \lambda Y_t + (1-\lambda)Yp_t$，其中$0 < \lambda < 1$，社会中每个人都根据该公式决定消费，也可以认为有人按照持久收入决定消费，有人按照即期收入决定消费，但社会总体上按照上述宏观消费

函数消费。①

总之，目前国外消费理论研究主要集中在消费函数、消费结构、消费与经济增长的关系等方面，认为消费增长主要取决于收入、价格、人口规模和结构、消费者偏好、利率、政府消费政策和社会福利政策。可以说，西方经济学派对消费需求的研究经历了几个飞跃过程：在对消费的态度上，从主张消费节俭、反对奢侈消费到认可消费的重要性；在消费的研究对象上，从即期消费扩展到跨期消费；在分析影响消费的外在关键因素——收入时，从运用确定性分析框架到不确定性分析框架；在消费函数建立时对人性的假设条件上，从短视的、非理性，到长远着想的、完全理性，再到长远着想的、有限理性的人性假设说；在对消费的研究方法上，从文字的主观推理到运用大量数学模型，以说明人们在很大程度上是根据对未来的预期收入和预期支出来选择自己的消费行为。这些理论虽然为消费需求的研究提供了理论基础，但它们都建立在一元经济的基础上，并且假定制度是既定的，而对于二元经济国家来说，虽然诸如生命周期假说、持久收入假说、不确定性和流动性约束理论有一定的借鉴意义，也的确存在收入差距的增大降低了社会整体的消费倾向，人们在很大程度上是根据对未来的预期收入和预期支出来选择自己的消费行为，但由于存在结构性、制度性差异，这些理论并不能很好地解释二元经济国家的消费需求问题，以此来制定经济政策，也不一定能达到预期目标。如凯恩斯的当期收入假说在解释转轨时期的居民消费和储蓄行为时存在问题，而用生命周期理论无法解释中国居民越老越勤俭节约的消费现实，中国人的消费事实也与弗里德曼的持久收入假说理论有很大差距，一般按一生中几个关键阶段事件来安排消费和储蓄。我国近 10 年来所进行的宏观调控政策，接近于凯恩斯的需求管理，侧重于短期内治理总需求不足，

---

① 王学军：《西方消费函数理论的新发展》，载《工业技术经济》，2010 年第 6 期，第 70～71 页。

但距离理想效果一直存在差距，根本原因就在于我国存在着不同于发达国家的需求不足的实质：二元经济结构和制度转轨。

2. 消费—经济增长模型

目前，消费需求占 GDP 的比重在西方发达国家一般约为 70%，在中等发达国家为 60%。因此，消费与经济增长的关系成为经济研究领域的一项重要内容。由于消费与经济增长的关系在发达国家和发展中国家的经济实际发展过程中呈现出不同的情况，因此有关两者关系的模型也主要分为两种类型。

第一种是传统的消费—经济增长模型。早期最有影响的增长模型是哈罗德—多马模型，该模型分析了在资本数量、人口数量变化的情况下，经济增长寻求长期均衡的路径；得出的结论是：在假设技术不变前提下，经济增长率随储蓄率增加而提高，随资本—产出比扩大而降低；而且经济的增长路径是不稳定的。当产出率一定时，资本积累率（表现为储蓄或投资率）S 就成为决定一国经济增长率 G 的唯一因素。该模型对消费理论的贡献主要是使消费需求与经济增长的关系得以量化。另一个模型是由美国经济学家索洛提出的新古典经济增长模型。该模型对哈罗德—多马模型进行了假定上的修正：引入外生技术进步因素，认为资本和劳动力数量以不同速度增长，比例是可变的，因此经济增长的决定因素不只是投资量的增长，还取决于劳动要素供给的增加和技术进步。这一模型假定的价格经济、完全竞争市场等条件与有效需求有密切关联，因此也就在一定程度上反映了消费需求与经济增长的一些内在作用机理。前两个模型都是基于储蓄倾向不变的假定条件下形成的，而新剑桥模型则重点分析了储蓄倾向变化的前提下，经济增长与收入分配间相互影响的关系，必须靠调节储蓄或收入分配比例（即增加或减少消费需求），而非靠资本—产出比的调节来实现经济长期稳定增长。该模型比前两个模型更深入、直接地分析了消费需求与经济增长间的关系。

第二种是从发展经济学角度进行研究的模型。包括：工业化进程中消费率的"U"型曲线理论，认为各国工业化的发展进程表明，随着消费结构和产业结构的逐步提升，导致消费率变动过程与投资率变动相反，呈一条平缓的"U"型曲线。罗斯托（1960）关于消费—增长具有阶段特征的观点，将经济增长过程分为六个阶段，分别是：农业社会阶段、为起飞创造前提条件的阶段、起飞阶段、走向成熟阶段、大众高消费阶段和追求生活质量阶段；认为消费、储蓄、投资与经济增长的关系在经济增长的不同阶段是不同的。H·钱纳里的标准结构模型，认为消费率在人均国民生产总值不同水平时有着不同的变动：在人均 GNP 从 100 美元以下上升到 1000 美元的发展过程中，最终消费率从最高点直线下降，恩格尔系数下降幅度较大；但当人均 GNP 超过 1000 美元后，居民消费率又开始进入上升阶段，生存型消费比重下降，发展享受型消费比重迅速上升，但恩格尔系数下降幅度减缓。此外，还有 20 世纪 80 年代中期诞生的内生增长理论又称新增长模型，提出内生因素尤其是内生的知识积累、技术进步是经济增长的决定因素。内生增长模型又分为两种理论分析视角：一种由罗默的知识溢出模型、卢卡斯的人力资本模型、巴罗模型等为代表，认为经济增长归结于全经济范围的收益递增、技术外部性等。另一种以琼斯—真野模型、雷贝洛模型等为代表，用资本持续积累解释经济内生增长。但这些内生增长模型都是在处于完全竞争状态的假设条件下得出的，存在与现实不符的缺陷。因此，20 世纪的 90 年代，有关学者开始研究在假设条件为垄断竞争下的经济增长问题，得出一些诸如产品种类增加型、产品质量升级型、专业化加深型等新的内生增长模型；用更多的现代实证方法解释理论，使研究不断深入；而且出现了新熊彼特主义的复兴。

总的看来，西方经济学家提出的消费—经济增长模型基本上都是对消费率形成原因进行了原则性分析，但都未能得出适合于某一种特定经济的最优消费率。已经达到一定经济发展高度的发达国家

（如美、英、意等）的经验数据，尤其是以美国经济为研究对象得到的经验数据，虽然可以支持这些学者得出的经济增长与消费提升的一般模式，但很难对后起国家的消费一投资比例关系为何在长时期能发生如此显著变化作出合理解释。而从发展经济学角度展开的消费一经济增长模型研究，对我国经济三十多年的高速增长有一定的解释意义，但也存在许多问题，无法给出最贴切的阐释。如内生增长模型只描述了经济平衡增长路径，而实际上，经济增长更多的是从不平衡到平衡的动态发展过程。

3. 马克思以及西方马克思主义者关于消费理论的研究

马克思虽然没有关于消费研究的专著，但他的消费理论极其丰富和深刻，主要散见于《资本论》和《政治经济学批判》中。认为消费是社会再生产过程的四个重要环节之一，是再生产过程的必要条件、最终目的和前提：生产是消费的基础，生产制度决定分配制度、从而决定消费状况，但消费需要决定着生产的前提，两者相互依存；消费是分配的最终实现，是交换的目的。关于消费的分类，马克思把消费分为生产消费与个人消费，其中将生产消费分为"生产资料消费"与"劳动力消费"，将个人消费分为资本家的个人消费、土地所有者的消费、上层阶级的消费、工人的个人消费、农民的个人消费；马克思还分别阐述了资本主义以前各社会形态下的消费、资本主义条件下的消费和共产主义条件下的消费，有产阶级的消费和群众的消费，消费品的消费、财富的消费、奢侈品的消费和服务的消费等不同角度的消费分类。马克思提出了适度消费、反对禁欲的观点。将影响消费的因素归结为：分配制度、生产结构、收入水平、价格、储蓄、自然、历史、文化等。马克思还在其经济危机理论中，系统阐述了在资本主义条件下生产过剩与相对需求（即消费）不足间的矛盾，认为消费需求不足是资本主义经济的常态，根源在于其制度，其中特别强调了对抗性分配关系对有效需求与经济危机的作用。后来的马克思主义者卡莱茨基受马克思经济学的影响，提出了自己的有效需求理论，认为有效需求不足是引起经济周期波动的根本原因，不过他强调投资需求不足是决定总需求和产出的主要因素。

　　西方马克思主义者关于消费理论的研究主要表现为：消费社会论、消费异化论、消费生态论和城市集体消费理论。巴特、列菲伏尔、德波等人提出生产性社会转向了以符号为中介的消费社会。而后马克思思潮的代表人物鲍德里亚对现代资本主义消费社会特征进行了认定，并且认为，随着消费社会的到来，生产的地位已经被消费所取代，人们显示自己的社会地位与身份的重要方式是通过消费来表达的，因而被赋予符号学意义。消费异化论围绕消费异化产生的原因、危害以及如何摆脱消费异化等方面展开研究，对文化工业进行批判，研究消费的社会政治功能、符号消费，认为消费异化导致生态危机。另外，以奥康纳、莱易斯和阿格尔为主要代表人物的西方生态马克思主义的消费理论，提出生态危机理论或双重危机理论，认为由于资本积累以及全球发展的不平衡等原因，导致资本主义社会不仅面临着经济危机，而且也面临着严重的生态环境遭到破坏以及能源资源缺乏等生态危机。而新马克思主义学者的城市集体消费理论，认为在资本主义城市社会存在着内在、固有的潜在危机，即对劳动者个人以及整个资本主义经济来说，都是非常必要的劳动力再生产所必需的商品供给缺乏，导致出现巨大消费空白空间，主要表现为住房供给短缺、医疗健康保护不够、社会设施缺乏等方面。

　　总之，西方马克思主义者关于消费的理论，有的是继承和发展了经典马克思的理论观点，对我们寻找刺激消费增长的途径有理论和实际意义，如集体消费危机论提出的一些具体城市问题，对我们的新型城镇化建设有警示意义，而且也提醒我们应重视政府和社会力量对公共消费部分的投入。但有的理论虽然打着马克思主义的旗号，但其理论实际早已背离马克思主义的思想路线。如西方生态马克思消费理论否定了马克思认为消费能刺激生产者的素质提高这一积极作用；认为两生产部门间、生产与消费间比例失调导致危机的马克思危机理论已过时，因为资本主义社会已不是无序的生产状态，无产阶级的生活状况也大为改观，而真正的危机是生态危机；否定马克思关于生产决定和创造消费的理论，提出资本积累的唯一动力是消费主义社会的异化消费及浪费的普遍化，维持着、扩张着资本主的扩大再生产。[①] 再如消费社会论虽然提出了现代社会值得关注的客观事实问题，强调消费的主导地位，但对马克思的生产范式持否定态度的研究时，不但没有超越马克思的资本批判框架，并且一旦深入分析到符号消费的产生时，又不得不重新回归马克思的生产过程研究；自然也就无法正确批判消费社会、找出超越消费社会的路径。

2.1.2 我国关于消费理论的研究

中国自古以来的传统文化就崇尚节俭，这一思想抑制了消费作用的发挥、不利于经济的发展；在经济学科研究领域中，由于受这一思想的影响，也抑制了对消费研究的重视。我国从 20 世纪 70 年代末才正式开始对消费的理论与实践的探索，中国传统的消费理论研究是从探讨消费与生产的关系开始的，逐渐涉及消费与积累的关系、消费水平、消费质量、消费结构、消费方式、消费者权益以及转轨经济中的消费问题及理论等内容，分析了恩格尔定律在我国的适用性。近年来，主要集中在：消费需求的变动特征、消费需求不足的原因以及刺激消费增长的对策，消费需求与经济增长的关系研究，此外还有适度消费研究、消费质量与消费安全研究、消费水平与消费结构、模式的研究、公共消费发展研究等方面。

[①] 将南平：《应当重新审视西方生态马克思主义的消费理论》，载《消费经济》，2007 年第 4 期，第 85~88 页。

1. 消费需求不足的状况、原因以及启动消费的对策研究

近些年来，国内学者对启动消费、扩大内需问题进行了广泛的探讨。但对于消费需求的研究，主要是借用国外理论为依据和基础而进行探索和实证研究，以此来解释中国的经济问题，主要集中在以下几个方面：

消费需求的变动特征研究。当前我国的消费结构正处于结构转型时期，居民消费结构正由生存型向享受型和发展型转变。但是，我国居民消费差距很大，不仅城乡居民有差距，而且城市居民之间、农村居民之间也有很大差距。我国最终消费率及消费贡献率不仅过低，而且呈长期下降趋势，与此相联系的消费倾向也长期呈下降趋势。居民消费总量和人均消费增长水平慢于经济增长，政府消费快于居民消费的增长，城市消费快于农村消费的增长，服务消费占总消费比重低，消费需求存在明显不足情况。

消费需求增长不足的原因。（1）收入论（尹世杰，2000；魏杰、谭伟，2003；臧旭恒，2005；祁京梅，2008），认为我国消费需求不足主要与居民收入增长缓慢有关，收入差距的加大，也影响了居民消费需求的增长；（2）体制论和消费者预期论（董辅礽，2002），认为由于教育、医疗等改革的实施，增加了居民的预期支出，迫使居民压缩即期消费，以应对不测；而且由于社会保障制度不完善，预防不确定性的预期支出增加，影响了当期消费；（3）供需结构不匹配或有效供给不足论（尹世杰，2000；胡培兆，2004），认为随着居民消费结构的转变，一方面，一些质量不高、货不对路的商品大量积压，另一方面，一些高科技、高附加值且适应现代消费的产品严重短缺；（4）消费信贷发展滞后论（金碚，1998），消费信贷发展滞后抑制了消费需求，主张应加快消费信贷的发展，通过信贷规模的扩展来刺激需求；但也有观点认为消费信贷不能拉动消费需求（王东京，2004；林晓楠，2006）；（5）消费的公共基础设施供给不足论（臧旭恒、曲创，2002），认为农村消费需求不足的原因在于支持消费的公共基础设施供应不足；（6）消费短视论（叶海云，2000），认为消费需求疲软的根本原因是短视行为与流动性约束太强。（7）税收制度不合理论（房爱卿，2006；陈文玲，2007），认为直接税比重过高，间接税比重过低，不利于促进消费能力的释放；（8）城乡二元结构论（陈文玲，2007），认为二元经济结构导致城乡之间的消费断层明显，对于消费需求的扩张形成较强的阻力。（9）传统消费观念论（尹世杰，2000），认为我国传统的消费观念是量入为出，制约着消费需求的扩大；（10）流通渠道不畅论（周天勇，1999），认为生活收入难以正常地转化为消费，商品市场流通渠道尤其是农村商品市场不畅，阻碍着消费需求扩张。

刺激消费增长的对策。学者们提出的对策主要有：促进居民收入增加；深化分配制度改革，缩小居民收入差距；改革和完善社会保障制度；改善供给结构和消费环境，推动消费结构升级；开拓农村市场，促进农村消费的稳定增长；优化产业结构，发展第三产业等。

2. 中国消费增长与经济增长的关系研究

我国学者近些年来，对消费与经济增长的关系进行了大量的理论和实证分析研究。一般认为，推动经济增长的主要因素是内需的增长，投资对经济增长的贡献小于消费对经济增长的贡献率，消费需求对中国的经济增长具有重要影响（尹世杰，1993）。关于消费需求影响经济增长的传导机制研究，陈善步（2009）从消费者实际购买力变动和消费者预期变动两个角度，分析得出两种不同的影响经济增长的传导机制。

学者对于我国消费增长与经济增长的关系研究主要从三方面进行：一是投资、消费和进出口与经济增长的关系。如邓彦（2006）用多元回归分析法对我国1988～2003年的经济运行数据进行分析，得出消费才是我国经济增长的持久动力的结论。吴丽丽、尹煜（2009）用我国31个省（市、区）1986～2005年的面板数据进行分析，得出对各省经济增长率具有普遍影响的是居民消费，而各地方政府支出对经济增长影响不同。二是具体物品消费与经济增长的关系。如从中国能源消费与经济增长角度分析（韩智勇等．2004；范雪红、张意翔，2005；牟敦国，2008；崔和瑞、王娣，2009）；从中国或世界煤炭消费与经济增长的关系角度分析（李金克、宋华岭、王凤华，2009；吴永平、温国锋、宋华岭，2008）；从中国石油消费与经济增长的关系角度分析（刘宏杰、李维哲，2007）；从保险消费与经济增长角度分析（谢利人，2006）。三是政府消费、居民消费与经济增长的关系角度。如王志涛（2004）在有效政府的假设条件下分析了政府消费、政府规模与经济增长之间的关系；孙群力（2005）运用我国 1978～2003 年数据进行实证分析得出：从长期来看，政府消费与经济增长正相关，政府投资与经济增长负相关；而短期内，经济增长的原因是滞后两期的政府投资。徐小鹰（2010）用 1978～2008 年的数据进行回归分析，得出对经济增长的影响最明显的是城镇居民消费，而政府消费会引起经济负增长，并对城乡居民消费特别是对农村居民消费产生一定的挤出效应。

而从我国经济实际发展状况的角度，不少学者提出目前我国经济增长的格局已由"资源约束"转为"需求约束"，尤其是消费需求的约束，消费需求不足已成为制约经济增长的主要阻力（魏杰、赵俊超，2008）。我国目前存在消费革命和消费不足并存的消费现实特征，而从影响消费的投资、收入分配、生产流通等诸多因素分析来看，消费不足实质是我国经济总量失衡的一种表现（俞建国，2008）。

3. 其他相关的消费理论研究

近些年来的中国消费品市场多次出现安全隐患，引起学者对消费质量与消费安全问题的关注。尹世杰（2005）认为消费质量的提高必须站在可持续发展、消费力与生产力良性循环、两个文明协调发展以及人的全面发展等四个方面的高度来进行。文启湘（2003）认为，应通过构建"八大工程"来提高消费质量。而柳思维

（2008）认为，政府监督、新闻监督、消费者组织监督与无形的市场监督等诸多方面存在严重缺失，必须创新监管制度。黄铁苗（2009）提出消费安全问题涉及的范围广、程度深，而其原因与政府、企业、消费者等都有关联。

关于消费方式和消费结构、模式研究。左柏云（2008）指出，随着消费热点的不断变化，我国的消费结构也在加速提升转换，而产业结构的优化升级对于消费结构的优化产生根本性作用。张晓宏（2001）详细阐释了我国传统消费模式的含义、基本特征、存在的弊端以及消除的策略。王宁（2003）提出我国消费方式的改变落后于生产方式的现代化进程，我国必须实行现代消费工具和现代消费制度的统一。

关于公共消费问题的研究。李正明（2009）分析了公共产品消费的重要性，提出应重点关注农村居民、城市中非本地户籍居民的公共产品消费，以及对教育类、社会保障类和基础设施类等公共产品的提供。胡华、刘毅（2006）认为现有的研究都偏重于税费减免前农村公共产品的自上而下的制度外供给制度，但对农村公共产品的需求机制缺少研究；分析了税费减免后，农村公共产品供求机制的新特征，以及依靠农民和市场的力量来弥补公共产品消费不足的应对措施。

总之，我国对消费的研究出现了很多新变化，主要表现在：研究内容日趋具体问题化，由宏观的理论体系建立逐渐转向具体问题的研究；研究方法由原来的纯文字规范分析转向规范分析与实证分析相结合化，计量分析法更多、更广泛地被运用来研究中国的具体消费问题，如近几年，许多学者对城乡居民的消费水平与消费结构变动、对消费与我国经济增长的关系进行了大量实证研究；研究视角从原来单一的政治经济学视角逐渐转向经济学、社会学、心理学、市场营销学、经济法学等多学科的综合视野；影响消费的因素研究，也不仅只局限于社会制度对消费模式、水平、结构的作用，而开始像国外学者一样，从收入、价格、人口规模和结构、消费者偏好、利率、政府政策等多个影响因素角度进行分析。可以说，目前国内有关消费理论的研究正朝着逐渐系统化和全面化的目标和方向前进，但研究的深度还有欠缺。如关于我国消费需求不足问题的上述观点，分别从供给和需求及其结构视角进行考察，并且从市场背后的深层来思考，可以说，基本已认识了消费需求不足产生的原因，并有一定深度和广度，并据此提出的对策，也具有针对性，收到了不同程度的效果。但这些观点基本上都以当前的某一消费理论为依据，对某些深层次原因的研究还不深入，尤其是对二元经济结构与消费需求之间关系的研究上还很不全面系统。我国近 10 年来所进行的宏观调控政策，一直未能有效解决消费需求不足问题，也说明政策尚未触及消费需求不足的根源，从而依据凯恩斯需求理论制定的宏观政策在中国的适用性有待改进。另外，消费经济学研究领域还可以进一步拓展，深入探析一些社会必须面临解决的、但目前的消费经济学研究较少的问题，比如从人和自然关系角度研究可持续消费问题，资源的稀缺性决定的低碳消费、生态消费问题，消费的社会方式（公共消费）与市场化方式（个人消费）的关系问题，以及消费文化问题等。

2.2
关于城镇化理论的研究

2.2.1　国外关于城镇化的研究

国外关于城镇化的研究比较成熟，而经济学家侧重于从经济与城市的关系来研究城镇化问题。主要的研究内容有：

1. 发展中国家的城镇化研究

刘易斯等人的二元结构理论和劳动力流动理论。刘易斯模型提出在发展中国家一般存在传统农业部门和现代工商业部门并存的二元经济结构，城镇化与工业化相伴随推动者经济增长，而这一过程中，现代工商业部门由于生产规模的扩大，不断地吸收农村大量存在的剩余劳动力。当劳动力和资本一样稀缺时，农业部门也实行了现代化，二元经济变成了一元经济。后来有许多的模型理论对这一理论进行了充实完善，主要包括：拉尼斯—费模型从动态角度研究农业和工业均衡增长，农业剩余之所以出现是因农业生产率提高；乔根森模型揭示了农业剩余对城镇化的关键性作用，与刘易斯观点相反之处在于，认为农业边际产品为正，如果人口增长速度太快将导致农业剩余的下降或消失；哈里斯—托达罗模型假设农村部门不存在剩余劳动，但城市有大量的失业（应包括隐性失业），因此要解决城市失业问题，最主要应促进农村经济的发展；瑞典经济学家缪尔达尔模型将刘易斯的城乡二元结构扩展到区域之间，用"聚集效应"、"扩散效应"和"回波效应"阐释了区域间均衡发展的实现可能。

法国经济学家弗朗索瓦·佩鲁于20世纪50年代提出了区域经济非均衡发展理论——增长极理论，后经法国经济学家布代维尔、美国经济学家赫希曼等其他经济学家补充修订。该理论强调城乡区域经济的非均衡发展，认为并非所有区域、只有在一些增长点或增长极上才可能出现不同强度的经济增长，并且通过不同传播途径向外扩散，最终对整个区域经济的增长产生不同影响。而极化效应与扩散效应的力量对比决定了增长极对周围地区的不同推动力。极化—涓滴效应由发展经济学家赫希曼提出。极化效应指发达区域对欠发达区域的不利作用，包括：欠发达区域的资金、劳动力等要素流向发达区域，从而削弱欠发达区域的经济发展能力；欠发达区域生产效率低下，若发达区域生产可替代产品，则欠发达区域无法竞争；发达区域可随时寻求进口，以替代欠发达区域涨价的初级产品，使欠发达区域的生产受到压制。涓滴效应指发达区域对欠发达区域的有利作用，包括：欠发达区域劳动力流向发达区域，可在一定程度上缓解其就业压力；发达区域通过向欠发达区域的投资、购买商品，带动欠发达区域的经济发展；发达区域的管理方式、先进技术、思想和价值观念以及行为方式等，将对欠发达区域的经济和社会进步产生很好的推动作用。

核心—边缘理论，又称核心—外围理论、中心—腹地论，1966年由美国城市与区域规划学家弗里德曼提出，他提炼出了普遍适用于发达和发展中国家的、主要解释区域或城乡间非发展过程的一般理论模式。认为无论哪一种空间经济系统基本上都是由不同属性的核心区和外围区组成。区域经济增长的同时，经济空间结构会发生四个阶段的变化，核心区与外围区的区际差异将逐渐缩小，最终形成经济空间结构的一体化，开始有关联的均衡发展。

2. 城市建设形态和规划研究

关于城市建设形态和规划布局模式，主要从居民的工作和生活需要角度考虑分为分散派和集中派，两派的争论主要形成于 1898 ~ 1935 年期间。分散主义思想可追溯到空想社会主义者 T 莫尔的《乌托邦》、傅立叶的"法朗吉"和欧文的"协合新村"等，它们提出在城市周围建小城镇，或城市建设规模不宜过大，城市尽量向外扩张并尽可能接近或嵌入郊区，这些对以后的城市规划思想产生很大影响，成为埃比尼泽·霍华德田园城市理论的思想渊源。以英国学者埃比尼泽·霍华德为代表的"田园城市理论"，认为城市规模不宜过大，由六个田园城市围绕中心城市；当城市人口达到一定规模，就应另建城市。这一理论对后来的有机疏散理论和卫星城镇理论产生了很大影响，英国甚至曾在伦敦附近的列契华斯城作过田园城市建设的试验。美国现代派赖特（1935）更是提出了"广亩城市"思想，构想公路与铁路应布满美洲大陆，每个居民都能充分利用各种现代化的服务设施，并可以在较近的区域内找到工作，人口彻底分散。

集中主义思想与分散主义截然相反，认为大城市的诸多优越性足可以解决大城市的矛盾，人口应向大城市中心集中。其中典型的是法国的勒·柯布西耶提出的"现代城市"设想，他提出城市改造的基本原则是城市中心区向高空发展、盖高层大楼来降低城市的建筑密度；采用高架、地下等多层立体式交通系统，根据运输功能和车行速度来设计城市道路系统，以提高交通运输效率；扩大城市绿地，创造贴近自然的生活环境。还有越来越多的学者提出城市集中发展理论，如：法国戈德曼（1957）年提出多核心地城市连绵区的大城市带发展观念；豪尔（1966 年）提出具有政治、商业、人才、人口、文化娱乐中心等 5 个特征世界大城市，在世界经济体制中承担的作用将愈加重要；弗里德曼（1986）认为世界城市的国际功能决定于该城市与世界经济一体化相联系的方式与程度。

城市规划另外还可从城市功能和空间区位的角度考虑发展模式，主要有：韦伯的工业区位论（1909）是关于工业布局和厂址位置的理论，综合分析了工业区位问题和人口集聚问题，提出了区位因子理论和三个区位法则：运输区位法则、劳动区位法则和集聚（分散）区位法则。伯吉斯的"同心圆理论"（1925），又叫圈层结构理论，用社会生态学的入侵和承继概念来阐释城市各功能用地在空间上的排列形态：由中心区向外缘作环状扩张，形成 5 个同心圆用地结构；而圈层大小取决于城市规模、交通状况以及城市发展水平的高低。20 世纪 30 年代美国的霍伊特提出"扇形理论"来反对同心圆理论的观点，认为城市发展是由市中心沿着交通路线发展，形成中心商业区、轻工业和批发业区、下层、中层和上层社会住宅区，表现为放射状的扇形模式。哈里斯和厄尔曼（1945）提出"多核心理论"，认为城市土地利用类型不是像伯吉斯和霍伊特所假设的单一中心，而是在城市形成时就已存在多个核心，并且随城市的发展而成长。

此外，还有一些关于城市建设规划的重要理论，如以强调有利于商业和经济发展为中心的功利学派。20 世纪 60 年代以后，以 A. 何雷和 C. 邓肯为代表的芝加哥学派提出的新正统区位理论，强调城市建设规划中应注重建立良好的人际关系和文化氛围。80 年代的美国，还产生了倡导新城市规划设计运动的新城市主义，其思想和设计原则主要是以生态要素为中心，追求城市生态系统的平衡。

3. 西方城市开发概念及理论思想

西方城市开发概念从 20 世纪 50 年代开始，先后经历了 5 次具有连续性的显著演变，反映着城市开发思想和理论的进步，它们分别是：50 年代的城市重建，60 年代的城市振兴，70 年代的城市更新，80 年代的城市再开发和 90 年代的城市再生。城市重建是针对第二次世界大战后西方城市老城区问题提出的，以住房和生活条件等物质改造为主要内容，对内城区土地进行置换，同时开发郊区。60 年代的城市振兴计划加强了私有部门的作用，把城市开发与区域发展结合起来，郊区化趋势明显加强。70 年代，城市开发战略倾向于内涵式城市更新政策，更新社区邻里、强调社会发展和公众参与，以从根本上寻求解决内城衰退问题的途径。80 年代进入城市再开发阶段，主要靠私人投资，政府有选择性地介入，另外还有社区自助式开发；空间开发集中在地方的重点置换开发项目上。90 年代，城市开发受可持续发展观念影响，进入了城市再生阶段，注重平衡公共、私人和志愿者之间的利益，强调发挥社区作用，而且尤为重视城市历史文化遗产的保护；这一阶段的主要理论代表人物主要有：路易斯·芒福德、简·雅各布和尼尔·史密斯等。

国外研究一直没有新型城镇化之说，但近些年研究了可持续城镇化问题。大卫·达拉克斯史密斯和克里斯·迪克森（David Drakakis-Smith & Chris Dixon，1997）分析了越南的可持续城镇化，探讨了可持续城镇化的五个影响因素：地理、经济、政治、社会与环境。霍顿（Haughton，1997）分析了可持续城市的四种发展模式：自我依赖、重新设计、外部依赖和合理平衡。陈海燕（Haiyan Chen et al.，2008）分析了中国可持续城镇化的模式，认为节约土地是促进城镇化可持续的关键。艾尼耶·切尼等人（Aliye

P. Celik et al.，2009）分析了信息时代的可持续城镇化问题。尼古拉·勃列夫（Nikolai Bobylev，2009）认为要把可持续发展置于城市发展规划中，强调城市土地是宝贵资源。

4. 城市功能的研究

不同学科从不同角度对城市功能展开了研究，城市社会学的功能主义分析模式认为城市为人类生活提供主要的环境，是人类文明创造和传播的中心，也是各种制度建立的发源地，代表了新的生活方式，反映着一个国家或地区的兴衰。城市管理学理论认为城市功能主要体现在：承载体功能、依托体功能、中心主导功能、分类功能等多种功能上，若城市规模越大，则所起的功能效用越大。城市经济学认为城市的规模经济效益促进了城市主要功能的产生和发展，如英国学者 K. 巴顿（1976）将城市的聚集经济效益划分为十大类，且在据此提出了相应的对城市经济学颇有影响力的城市促进功能理论；另外，他还分析了城市土地的使用和最佳城市规模的确定等重大实际问题。

总之，城镇化发展有共性和个性之分，有一般规律和特殊规律之分。西方学者关于农村剩余劳动力转移、城市建设形态和规划、城市功能建立、城市规模确定、城市开发概念和理论等方面的理论研究，给我们的城镇化进程提供了参考意见，避免走弯路，如有机疏散理论、卫星城镇理论、城市集中发展理论，对我们国家的城市规划具有很重要的理论与实践意义；我国大规模的城市更新改造、城市历史文化的保护和利用等举措，也不同程度地受到了西方城市更新理论和城市再生理论的影响。但由于所处的社会制度背景不同，城市发展所处的历史、程度不同，发展中国家的城镇化进程和道路特点不同于发达国家。西方对发展中国家城镇化问题的研究，虽然可供我国借鉴，但又有不符合我国实际之处。如刘易斯模型假设前提所言，我国的确存在着显著的二元经济特征，城乡发展很不平衡，可是中国城市本身就存在较严重的下岗、失业、新增劳动力的就业问题，自然无法像刘易斯提出的，完全依靠城市工业部门来吸纳大量的农村剩余劳动力，这不可能成为中国乡村城镇化道路的最佳选择。托达罗模型提出的城市存在大量失业假设与中国的基本情况相吻合，但农村部门不存在剩余劳动这一假设又不符合中国事实，中国人多地少，仅靠发展农村经济，就地解决农村剩余劳动力问题是缺乏可行性的。因此，我们必须建立属于自己国家城镇化特色的理论基础。

5. 经典马克思主义和西方马克思主义的城镇化研究

马克思、恩格斯在《资本论》、《共产党宣言》、《德意志意识形式》、《英国工人阶级状况》、《政治经济学批判》、《论住宅问题》等著作中阐述了对城镇化问题的看法和总结。马克思、恩格斯对古代世界和中世纪等不同时期、东方亚洲社会制度和资本主义制度等不同阶段、不同制度下的城市进行了描述；通过对人类历史的考察提出城市的起源问题，认为城市比国家更早出现，产生的最基本动因是社会生产力发展到一定阶段，带来社会分工的扩展和商品交换的频繁；并且精辟地定义了城市的本质特征，认为"城市本身表明了人口、生产工具、资本、享乐和需求的集中；而在乡村里所看到的却是完全相反的情况：孤立和分散"。马克思用历史唯物主义观点，通过对城市发展中生产力状况的分析，指出城镇化的发展和进步的动力是社会分工、生产力的发展；恩格斯在《英国工人阶级状况》中曾指出："工业的迅速发展产生了对人手的需要；工资提高了，因此，工人成群结队地从农业地区涌入城市。人口以令人难以相信的速度增长起来，而且增加的差不多全是工人阶级。"[1] 从中可以看出，恩格斯认为人口流动的拉力是城乡收入差距、人口城镇化的动力是工业化的发展。关于人口城镇化的规律问题，列宁曾在俄国以及其他资本主义充分发展了的国家城市人口增长现象进行考

---

[1] 《马克思恩格斯全集》第 2 卷，人民出版社 1957 年版，第 296 页。

察的基础上，得出"大城市优先增长"的规律，并且认为不同地区的城镇化水平和速度是不同的。而且马克思、恩格斯、列宁等经典作家还科学地阐述了城镇化发展的历史和未来，对城市和乡村的联系、交换、分离和对立，以及城市阶级斗争进行了论述和总结，并认为这种对立将消灭，最终将走向统筹融合的城乡一体化。① 另外，马克思、恩格斯一方面肯定了城镇化的正面作用，认为乡村城镇化是历史发展的必然趋势、也是农村劳动力转移的必要条件；城市居民靠农村人口得到补充，农村移民使城市人口增加。但另一方面，马克思、恩格斯还分析了城镇化的负面影响，认为城镇化对自然环境产生破坏、工厂城市把所有的水都变成了臭气熏天的污水，城镇化产生住房拥挤和环境污染等城市病问题，人口城镇化还对农业产生破坏性，马克思曾提出："资本主义生产使它汇集在各大中心的城市人口越来越占优势，这样一来，它一方面聚集着社会的历史动力，另一方面又破坏着人和土地之间的物质交换，也就是使人以衣食形式消费掉的土地的组成部分不能回到土地，从而破坏土地持久肥力的永恒的自然条件。"② 这些经典马克思主义虽然对城镇化问题进行了许多阐述，但并未形成系统的专著，并未将其放在核心地位加以研究。

随着20世纪60年代资本主义国家城市危机的出现，城市问题的重要性被西方马克思主义者重新认识，在分析城市政治经济的有关问题上，运用马克思恩格斯列宁等经典分析资本主义的一些基本概念（诸如生产方式、阶级关系、剩余生产规律、社会形态、经济危机、资本主义发展的阶段性等），提出了新马克思主义城市理论，主要代表性人物有法国马克思主义城市学者亨利·列斐伏尔和曼纽尔·卡斯特尔斯，以及欧美国家马克思主义城市学者哈维·戴维。西方马克思主义城市理论主张在资本主义生产方式的理论框架下去

① 蔡竞：《可持续城镇化发展研究——中国四川的实证分析》，西南财经大学博士学位论文，2002年9月。
② 《马克思恩格斯全集》第23卷，人民出版社1972年版，第552页。

考察城市问题，认为资本主义制度下的城市，在生产方面是资本主义生产方式与空间形式的结合；在消费方面是产品、服务和消费群体的结合。所以，包括空间结构在内的城市的全部发展形态，只能由其生产和消费的发展规律所支配。而这个发展规律是在经济和政治上维护资本利益关系的规律，其运作结果就是一切城市问题和矛盾产生的根源。[①] 其中主要的学术观点包括：人口乡城迁移理论、人口城镇化规律、空间资本主义殖民化与城市空间生产、劳动力再生产的空间单位、城市的变迁与资本积累和资本循环、城市社会的阶级斗争与社会运动、集体消费、区域发展的不平衡性等；而其中资本主义城市的空间生产、空间资本主义殖民化和集体消费、城市进程中资本积累以及与此相关的城市阶级斗争和社会运动，更是研究的重点。通过这些研究，西方马克思主义者企图揭示城市发展是如何连接、反映和调节资本主义基本矛盾的，另外资本主义的运作逻辑又是如何被体现出来的。但在对马克思主义的态度以及方法运用上，西方马克思主义城市学者持两种截然相反的观点：一派以戴维·哈维为代表，肯定马克思恩格斯的经典理论观点，并将其进行大量引用和阐释，在此基础上再创造性地运用历史唯物主义，更新发展马恩的观点。另一派以卡斯泰尔斯和列斐伏尔为代表，并非将重点放在阐述马克思的经典理论观点上，在运用马恩的如阶级冲突、资本主义危机等一些基本概念的基础上，主要加入许多个人主观因素，对时代变化进行分析研究，主张"更新"马克思主义，认为马克思主义应多样化发展。

另外，西方激进的或新马克思主义的发展理论，其思想也涉及对城乡区域经济发展的研究。其中最有名的代表人物就是提出"依附论"的学者弗兰克，他通过对拉丁美洲的资本主义不发达问题的研究，批驳了弗里德曼的极化思想。认为处于支配主导地位的大城市区的发展，最终以牺牲处于被支配地位的卫星区的可持续发展为

---

① 丁健：《现代城市经济》，同济大学出版社 2001 年版，第 10～14 页。

代价。对第三世界城镇化研究的依附理论代表，还有贝德福德·普雷毕施和卡多索等拉丁美洲和加勒比地区的结构主义者。他们认为因为贸易有与高一层城市链相连接的惯性，所以，社会剩余价值是不平衡交换的，最终总是在大城市地区集聚。

从这一定意义上说，西方马克思主义的城市理论在空间生产和集体消费领域创新了马克思主义理论，并将马克思关于资本积累、阶级关系与阶级斗争理论引入城市问题研究中，强调在城市形成与城市活动中两者的重要作用，在一定程度上丰富和发展了马克思主义，深入到资本主义社会内部矛盾的层次中对城市问题进行分析，代表了对城市问题分析的一种新看法。而且对资本主义城市是资本积累和阶级矛盾集中的场所这一社会现实，坚持了马克思主义批判分析的态度。为我们看待当前中国城市社会的发展提供了一种理论视角。[①] 而我国在城镇化进程的加速过程中，也出现了诸如贫富差距日益明显、社会分层、分化与阶层冲突、不发达地区对发达地区的依附等城市问题，借鉴西方马克思主义城市理论的研究视角，可以在一定程度上更好地分析我国产生这些问题的本源，找到解决问题的途径。但是，不容忽视的是，西方马克思主义城市理论本身也存在不少问题，如新马克思主义城市理论的结构决定论，忽略了人的行动和反应，以及每个城市的地方独特变量对城市发展和变迁的影响。而且我国是社会主义国家，贫富差距、社会分层等都是在人民内部出现的矛盾，都是可控制的，而非阶级矛盾。再如一些西方马克思主义者仅是借鉴吸收马克思学说的一些基本概念，但并非全部运用其理论和分析方法，因此有些观点是与马克思理论有背离的。而经典马克思主义关于城市和乡村的对立及其消灭、最终走向城乡一体化，城市对自然环境的影响等有关理论分析，迄今为止仍对我国的城镇化道路、城市问题的解决有很强的理论和实践指导意义。

---

① 张应祥、蔡禾：《资本主义城市社会的政治经济学分析——新马克思主义城市理论述评》，载《国外社会科学》，2009 年第 1 期，第 58～63 页。

2.2.2 我国关于新型城镇化的研究

中国城镇化研究开展滞后。自 1979 年后才得到快速发展。主要研究领域涉及：中国城镇化政策研究、中国城镇化特征研究、中国城镇化动力机制研究、中国城镇化过程研究、中国城镇化空间研究、中国乡村城镇化研究、中外城镇化比较研究、全球化对城镇化的影响研究、区域城镇化研究等九个方面。[①]

而 2000 年后，随着新型工业化理论研究的深入，国内也相应加快了对新型城镇化的研究，主要内容涉及：新型城镇化的基本内涵、产业结构与新型城镇化的互动关系、新型城镇化与新型工业化的关系、城镇化的阶段性和地域性问题、新型城镇化的主要评价标准、新型城镇化中政府的作用和新型城镇化道路等。关于新型城镇化的基本概念和内涵，学者们基本都摒弃了城镇化就是人口城镇化这一传统城镇化观点，提出了一些诸如无形与有形城镇化、内涵与外延城镇化、结构转换型与人口转移型城镇化等与新型城镇化相关的新概念，但目前国内还尚无得到学界普遍认同的关于新型城镇化概念和内涵的界定。

关于论证新型城镇化与新型工业化关系的文章也逐渐增多。如蒋满元（2005）研究了工业化与城镇化运动的辩证关系，提出工业化是内容，城镇化是形式，城镇化的形态是由工业化的特点决定的。柯映红（2005）分析了新型工业化道路对城镇化进程的影响。叶裕民（2007）提出了新型城镇化与新型工业化互动机制的逻辑模型、认为新型工业化时期产业结构转型将成为新型城镇化的直接推动力，而中国新型城镇化存在对产业结构转型的促进机制。还有的学者从具体的地区实例来论证新型城镇化与新型工业化的关系，如

---

① 顾朝林、吴莉娅：《中国城镇化研究主要成果综述》，载《城市问题》，2008 年第 12 期，第 2 ~ 11 页。

余华银、杨烨军（2007）对安徽新型工业化与城镇化的关系进行了分析，李秀霞、刘春艳（2007）对吉林省人口城镇化与经济社会有关联进行了论证。

对于新型城镇化中政府的作用和新型城镇化道路选择进行研究，是学界讨论的一个焦点问题。传统的城镇化道路论包括"小城镇论"、"中等城市论"、"大城市论"以及"大中小并举论"等多种观点。周一星认为能被普遍认可的统一的最佳城市规模是不存在的，由大中小不同级别城镇组成城镇体系是城市发展的必然规律，因此应走"多元化"的城镇化道路。夏振坤、李享章提出城镇化道路分三阶段，第一阶段主要是向小城镇转移，第二和第三阶段侧重于向城市转移。辜胜阻、简新华（2008）等提出了"双重城镇化战略"，认为中国的国情决定了中国应走一条城镇化和农村城镇化同步、东部和西部的双重城镇化道路，而推动双重城镇化的主体就是农民工和市民；并且认为在城镇化进程中政府着扮演重要角色。孟晓晨认为中国的现实决定了不可能在同时既实现农村人口向城市的空间迁移、又实现农村人口向非农产业的职业转移，所以在中国，有的城镇化是直接同时完成两个转移，而有的城镇化先进行职业转移后进行空间迁移，但最终双轨将实现归一，完成完全的城镇化。傅恒杰（2007）认为在发展中国家的城镇化进程中，政府具有不可或缺的地位与非常重要的作用，傅琼对地方政府行为在中国西部城镇化过程中的作用进行了论证；但也有学者提出政府在新型城镇化道路的选择上应减少干预，主要起引导作用，如刘福垣提出要让市场去选择与调节。总之，新型城镇化道路的"多元化论"或"多样化论"在学界逐渐得到认可。

产业结构与新型城镇化的相关性研究主要涉及三方面的内容：一是有学者认为产业结构通过对劳动力分布和就业结构的影响（陈甬军、陈爱贞，2007；蒋满元，2007）、对城乡一体化的影响（程必定，2005；陈镖、杨丽，2007；姜永生，2008），影响着新型城镇化的内容和形式（钟秀明、武雪萍，2006；郭鸿懋，2004）。二是有学者提出新型城镇化影响着产业结构的优化和升级（李文溥，2001；陈明森、李金顺，2004；郑文升、丁四保，2006）。三是有学者论证了产业结构与新型城镇化之间的互动关系（安虎森、陈明，2005；徐勇、彭芳春、尹华阳，2007）。

关于新型城镇化的主要评价标准研究。学界能够达成共识的是：认为新型城镇化的评价指标应摒弃传统的单指标评价法，即人口比重指标法，而改采用协同考虑人口、社会、环境、土地、文化等多方面综合因素的复合型城镇化评价指标法；但对于具体应该由哪些指标组成，仍存在很大争议。既有国家统计局 2005 年发布的全国小城镇综合发展指数测评指标体系，以及各地区有关政府部门制定的适合本地区的城镇综合发展指数测评指标体系，也有学界提出的一些评价标准。如杨帆（2008）认为应从集约高效、功能完善、社会和谐、环境友好以及城乡一体等新型城镇化特征来作为衡量新型城镇化指标体系的标准；而由中科院可持续发展战略研究组组长牛文元教授负责编著的《2010 中国新型城镇化报告》中，用上班花费时间、普惠式住房、GDP 超过万亿元等指标作为衡量2010 年新型城镇化水平的总体评价标准。

目前，我国的新型城镇化研究已突破传统的偏重城市发展的研究，转向城市发展、乡村发展、城乡关系发展以及城镇化发展并重的全方位研究；新型城镇化研究秉承的指导思想方针也不同于传统的强调 GDP 增长因素的观点，转向经济、社会、生态效益并重的可持续发展观；而且在研究范围上，也开始出现跨学科、部门的交叉研究。可见，国内学者关于我国新型城镇化理论的研究已取得一定成果，从概念范畴、特征到基础理论，从现实问题到政策建议，都已有了一定理论上的进步，为我国建设有中国特色的城镇化道路的实践工作提供了一定的有益的指导，但仍存在一些亟待解决的问题。一是如何将统计计量分析法引入相关理论研究，进行有说服力的实证研究：如关于新型城镇化的道路选择，国内很多学者大都从理论上进行阐述，仅就城镇化问题谈城镇化，缺乏相关的、对现实具有明显指导意义的实证分析。再如新型城镇化与产业结构的关系、新型城镇化的主要评价标准的建立等方面的研究，大部分文献都属于定性的研究，缺乏定量分析。二是新型城镇化的基础理论研究尚较薄弱，我国城镇化水平到 2006 年年底已经达到 43.9%，按钱纳里模型分类，属于加速发展时期，而如何借鉴和创新发达国家和地区的城镇化理论、继承和发展马克思主义的城镇化理论，解决好我国城乡二元结构、甚至新的三元结构下的新型城镇化问题，真正建立突出中国特色的新型城镇化理论，使其更具有针对性和服务性，是摆在我国新型城镇化理论研究工作和实践工作面前的个重要课题。三是由于各相关学科仅从各自学科角度研究城镇化这一整体性和统一性很强的研究对象，故我国理论界关于新型城镇化的理论研究与实际复杂多变的城镇化现实还有一定脱节，相对滞后于国家政府制定相关政策的实际需要，如何使理论更符合于实际，加强新型城镇化研究的实战性和可操作性，是我们必须解决的一个问题。

2.3

关于消费增长与城镇化的研究

2.3.1 国外关于城市化与消费增长的研究

国外尤其是发达国家的城市化进程起源于 18 世纪的工业革命，经历 200 多年的发展史后，伴随着工业化的进程，于 20 世纪 50 年代，就已进入普及和基本实现阶段；而目前绝大多数发达国家的城市化水平已达到 80% 左右，城市文明普及率已近 100%，早已进入城市化的高度发达的高级发展阶段—开始建设现代先进城市社会的历程。而且消费对 GDP 增长的主要拉动作用，早已得到西方发达国家的理论界和政府部门的一致认同，并且在实际的经济增长中业已证明了这一点，因此，无须专门讨论如何利用城市化进程推动消费的增长，也无须系统研究以消费增长为目标来如何推进城市化进程，故而国外专门系统分析城市化与消费之间关系、探讨如何促进二者协调发展的文献极少，尤其是无新型城镇化这一提法。

一般多从二元经济结构下的城市化角度间接分析消费与城市化的关系，认为发展城市工业能吸收农村剩余劳动力，农民的生活方式和消费行为将随着城镇化而逐渐改变，如发展经济学家刘易斯（1954）针对发展中国家提出"二元经济结构模型"即通过发展城市工业吸收农村剩余劳动力是解决发展问题的途径。乔根森（1961）从消费结构变化的角度扩充了二元经济理论，认为逐步城市化将改变农民的生活方式和消费行为，农民的消费结构乃至国民的消费结构的升级都有赖于城市化的拉动效应。也有的从消费与经济增长关系的角度间接分析消费与城市化的关系，如 H·钱纳里的标准结构模型、内生增长理论等。

直接涉及城市化与消费关系的文献主要有：如 MacMillan 等（1972）通过横截面数据分析，指出了城市化差异所引发的区域家庭消费模式差异。Faria 与 Mollick（1996）在分析城市化、经济增长与福利的关系时，把拉姆齐增长模型与城市化结合在一起，探讨了城市化对于消费的福利意义。有些学者从消费者所在空间区位影响消费者的商品选择范围、消费方式、消费信息、消费成本、消费知识的角度分析二者的关系（Baumol and Ide，1952；Holton，1957；Stigler，1961；MacMillan 等 1972；Schulz and Stathl，1986）。2001 年以来，随着"消费城市"理论兴起，一些学者认为消费者对多样化产品的偏好会导致城市集聚，未来城市的成功将取决于城市作为消费中心的角色，将承担更多的消费功能（Glaeser 等，2001；Amihai Glazer；2003；Goltlieb，2006）。此外，还有部分学者研究城市化与能源、牛奶、水果、等物品消费的相关性，有的认为有很大的正相关性（Jones，1991；Parikh and Shukla，1995；Cole and Neumayer，2004），有的持相反意见（Larivière and Lafrance，1999；Ewing and Rong，2008）。

总体来看，目前很多发达国家城市化已进入60%~80%的后期成熟阶段，研究范围逐渐从偏宏观的关注城市化与消费的关系，拓展到偏中微观的聚焦内涵式的城市空间与消费的关系、作为城市自身发展的消费城市，以及城市化与具体某些物品消费的关系研究。

2.3.2 国内关于消费增长与城镇化的研究

自1998年政府提出扩大内需的政策之后，国内数以千计的文献对扩大内需特别是消费需求进行了探讨。从收入和分配、消费者预期、城乡二元结构、消费信贷、消费市场环境、基础设施和公共物品供给、传统消费模式和消费习惯、制度变迁的影响、生产与消费的结构性矛盾、流动性制约、资本市场波动、产业结构等多个方面，探讨了消费需求不足的主要原因，并提出了相应的政策建议，但大都偏重短期效应。于是从2000年左右开始，陆续有学者提出加快推进城镇化是拉动消费的最有效途径和动力，目前已逐渐得到普遍的认同，并被各级政府采纳。尤其是近两年直接以城市化与消费为研究内容的文献逐渐增多。研究内容集中在以下方面：

城镇化发展状况与居民消费增长的关系研究：认为城镇化滞后抑制了消费需求增长，对市场需求的扩大形成严重的制约（蔡宇平，1999；孙永正、朱宝树，2000）；提出解决我国有效需求不足的关键和必由之路是城镇化（齐红倩、刘力，2000；田成川，2004；刘艺容，2008）；有的学者还论证了西部城镇化与消费的互动关系，并用实证的方法论证了西部城镇化与消费水平的关系（周鹏，2003，杨帆，2009）。

关于城镇化对居民消费的作用以及影响机制研究：认为城镇化从不同层面改变了社会消费心理，带来了消费结构内容的分化，带来第三产业运作模式的变革、进而影响居民消费；城镇化对居民消费的"累积效应"和"挤出效应"；城镇化影响消费的"城乡与区域差异"（蔡昉，1999；蔡思复，1999；田雪原，2000；曾令华，

2001；孙永正、朱宝树，2000；刘建国，2002；田成川，2004；卢嘉瑞，2004；李通屏、成金华，2005；巴曙松，2006；李林杰等，2007；杨涛，2009；辜胜阻等，2010；方辉振，2010）。金三林（2009）通过对收入影响因素分析指出，城镇化率的提高促进我国消费率上升。

消费对城镇化的作用研究：有学者提出集聚型消费增长拉动城市经济总量增长，集聚型消费增长促进城市产业结构升级；公共消费品消费增长推动城镇化进程（刘艺容，2008）；认为消费对公共空间异化的影响，即逐渐私有化的公共空间，成为一种被消费的商品，形成公共空间的异化（徐晓燕、叶鹏，2008）；还有学者提出应注重消费文化对城市空间产生的影响（包亚明，2006；季松，2009），消费对城市设计的影响（邹晓霞，2006），以及消费对城市增长方式转型的影响（赵宇、张京祥，2009）。

消费与城镇化关系的实证分析：有学者对消费率与城镇化率之间的基本关系、消费增长与城镇化增长之间的关系进行了实证研究（俞建国，2009）；胡日东、苏梽芳（2007）通过 VAR 模型论证了城镇化发展对城市消费的影响要小于对农村消费的累积作用，所以应重视农民收入的增加，以拉动其消费；此外，还有些学者从截面数据或时间序列入手，实证研究城镇化扩大消费需求的效应（于淑波，2010；张书云，2010；蒋南平，2011 等）。另外，有一些学者从具体商品的消费与城镇化的相关性角度进行分析：如水果消费水平与城镇化的相关性（陶建平等，2004）、水产品消费与城镇化进程的相关分析（周明华，2008）、能源消费与城镇化的相关性（郑云鹤，2006；刘耀彬，2007；梁进社　洪丽璇　蔡建明，2009；黄献松，2009；成金华、陈军，2009；靳玲，2009；周国富，2011）。

农村消费与城镇化的研究：有学者分析了农民的消费结构、流动与城镇化（郭为，2002）；也有些学者分析了农村消费城镇化的现状及原因（（王延武、周晓三、杨波，2000；卢嘉瑞、马丽斌，2004；郭广辉；戎素云，2006；廖小红、李桂平，2007；丁华，

2008）；还有些学者从实证角度进行了研究，如对农村居民消费与城镇化水平的协整分析（章晓英、郑茜，2010）、农民工收入的家庭分割消费效应对城镇化的影响分析（魏剑锋，2008）。

另外，还有一小部分学者认为城镇化没有起到推动消费增长的重大影响作用，城市化对消费率上市的贡献很小（范剑平，1999；刘志飞，2004；陈南岳，2004；吴福象等，2008；李文溥等，2011），并对制约城镇化扩大消费需求的因素进行分析，并提出相关的解决对策（章铮，2009；李朴民等，2009；李林杰等，2009；国务院发展研究中心课题组，2010）。

总体看，目前的文献主要是研究新型城镇化与经济增长、新型工业化或产业结构的关系，或消费与经济增长的关系、消费需求的变动特征、影响消费需求的因素以及扩大消费需求的对策等。关于城镇化与消费方面的问题，国内研究已取得一定成绩，从最初的大量理论意义上论证城市化对城乡居民消费的拉动作用，到运用不同计量方法进行大量实证分析，但大都只是一个总体的阐析，研究缺乏分阶段的描述城镇化对消费增长的不同拉动作用。目前已有部分人从两者的单方面决定作用研究转向两者互动关系的理论实证分析研究，但消费究竟从哪些方面影响城市化仍欠理论上的深度和广度。而且大部分研究都是基于城镇化已对消费增长产生拉动作用的假设基础展开的，但事实上我国城镇化出现了一系列因动力不足阻碍消费增长的问题。因此，探寻不同阶段的城镇化对消费增长增长的不同作用和不同动力，思索如何进一步发挥其对消费增长拉动的持久动力、构建动力机制是我们在城镇化从数量、速度向质量、水平转型的新阶段中，必须面对和解决的紧迫问题，也是未来研究的趋势和重点。

第3章

新型城镇化拉动消费
增长的理论基础

　　目前国内外学者对城镇化理论、消费理论的研究已较成熟，涉及的学科极为广泛，相关研究文献数以万计，但如何解决城镇化过程中出现的一系列问题，中国到底应走什么样的城镇化道路？这是学术界和政策层面仍在不断探讨和争论的问题，21世纪以来，一些学者开始陆续提出新型城镇化的概念，如面对中共十六大提出的要"走新型工业化道路"的压力，谢志强（2007）提出，中国的城镇化道路应走"新型城镇化"的路子，各级政府也纷纷提出实施新型城镇化的战略。另一方面，1998年以来，我国经济出现了总需求不足的问题，国内学者一致认为，总需求不足的主要成因在于内需不足，其中主要是居民的消费需求不足。尤其是从2000年开始，陆续有学者提出：城镇化是解决消费需求不足的关键，这一观点目前已逐渐得到普遍的认同，并被各级政府采纳，作为实施新型城镇化战略的重要目标之一。因此，无论从理论意义还是从实践意义上，新型城镇化和消费增长之间都存在非常紧密的联系，两者在中国具备可协调发展的理论基础和机理。

3.1
政治经济学框架下的新型城镇化概念与内涵特征

3.1.1　关于新型城镇化与有中国特色城镇化的提法之争

国内外有关文献表明，Urbanization 的表述有"城市化"、"城镇化"、"都市化"三种。国外由于城市化水平已经很高，因此理论界主要采用"城市化"提法，关于这一概念的争议也不大。在我国普遍采用的是前两种表述，而且这两种提法在很多情况下混用，以至于有时用得不够确切：中共中央的正式提法一般是城镇化，尤其是最近两年，这一提法越来越明确化；而学界大多的提法是"城市化"。并且对两者概念是否有区别的争议较大，有人认为在我国城市系统由市和镇两部分组成，因此两个概念在本质上是一致的；有人认为根据 1998 年 8 月 13 日颁布、并于 1999 年 2 月 1 日实施的《中华人民共和国国家标准·GB/T50280 - 98，城市规划基本术语标准》的有关规定，两者完全是同义的；另还有人认为从严格意义上说，两者是有所区别的，广义的城市化包括城镇化，但城镇化更偏重于小城市以及县域重点镇的发展，而城市化更偏向于大中城市的发展。此外，也有人认为城市化仅仅指大、中、小城市，但不包括镇；而城镇化既包括小城镇，也包括城市，故而城镇化的概念要大于城市化。至于"都市化"的提法，一般是日本和我国台湾的译法，国内外学者一般不采用。

关于新型城镇化的提法，国外学者并无人使用这一概念，目前更多的是可持续发展的城镇化的提法。而我国政府部门的官方正式用语也非新型城镇化，更多的提法为有中国特色的城镇化。究其原因是为了避免误导，使人狭义地误解为"城镇化就是主要发展大、中城市，不把小城镇的发展包括在内"。如在党的十七大报告中，胡锦涛主席提出了的五条"具体道路"之一就是"中国特色城镇化道路";另中共中央在 2010 年 10 月提出的"关于制定'十二五'规划的建议"中,也提出积极稳妥推进城镇化、坚持走中国特色城镇化道路。但学界人士、有关社会组织和研究机构人士大多认为,城市化概念涉及的范畴比城镇化更大、更广,而且为了与新型工业化的提法相适应,多采用新型城市化的概念,提出中国应走新型城市化道路;如 2010 年 6 月 12 日的《北京日报》就发表了"以新型城市化助推北京迈向世界城市"一文;而 2010 年 10 月 9 日,中国发展研究基金会在上海作的《中国发展报告 (2010)》中,也提出促进人的发展的中国新型城镇化战略这一概念。当然政界人士在一些文章或一些地方政府会议报告中,也同学界一样使用新型城镇化概念,如在习近平担任浙江省委书记时,曾在 2006 年浙江城市工作会议上发表"坚定不移走新型城镇化道路"的报告;再如湖南省在 2006 年底就提出新型城镇化战略,并将长株潭城市群作为为"两型"社会综合配套改革试验区;原湖南省委书记张春贤多次在作报告和答记者问时提到新型城镇化问题等。

　　而本书秉持的观点与大部分学界同仁相似,认为广义的城镇化就包括了城镇化概念。广义上的城镇化是指在社会生产力推动下城市数量增多和区域规模扩大,人口、资源、产业、市场、资本向城市集中,经济、政治、文化等社会活动向城市集中,城市的物质、精神、文化等诸方面文明不断扩散和影响着乡村,农村生活和生产方式向城市生活和生产方式转变、乡村经济向城市经济转化、产业结构不断升级转换的过程;应该说,广义的城镇化既指乡村城镇化,也包括城市自身的发展。狭义的城镇化主要偏重于规模扩张式,强调的是大型城市的发展、城市群的扩张。而城镇化是指以中小城市和城镇的发展为主,在人口的数量规模上小于大城市,不仅强调扩大居民居住点的规划范围,变集体土地为国有土地、变农村居民为城镇居民,靠投资和工业拉动城市建设和经济增长;而且更注重的是城镇化质量的提高,包括城镇综合承载能力的提高、进城农民社保体系的建立和健全、避免中小城镇"产业高度同构同质"现象的重复出现、强调具有本地特色而又有竞争力的产业发展，户籍制度改革的同时配套改革土地制度等。

同时本人认为，我国尚属于发展中国家、处于社会转型期，而我国农村地区地域广大、农村人口占总人口的比重很大又较分散、城镇化总体水平低；如只从大城市来看，现在我国大城市的发展和发达国家的大城市相比毫不逊色、但中小城市和城镇的发展与发达国家相比却有较大差距，未起到应有的集聚和辐射作用。基于这些现实而言，按中央提法走中国特色城镇化道路、建设布局合理的城镇体系、实现城乡一体化协调发展，是具体、切实、可行的，有很强的现实意义；可以说，城镇化道路是城镇化进程必经的一个阶段，是推动城镇化的一种方式和途径。但从长期看，从发达国家的城市化历程来看，中小城镇会走向城镇化，即城镇自身规模的发展、城市质量和水平的提高、综合功能以及辐射带头作用的增强。本书研究的出发点不仅着眼于现在，还放眼于未来，故而在书中全部的提法都统一为新型城镇化。

3.1.2 政治经济学框架下的新型城镇化的内涵特征

城市的发展在人类历史上已有 6000 多年，但城市化起源于 18 世纪的英国产业革命，其发展才 200 多年，而城市化一词在百余年前出现。由于城市化是一个复杂系统的过程，涉及多个学科领域，因此，城镇化一词的定义和内涵一直都是众说纷纭，各持己见。新型城镇化概念是我国独创性的提法，国外学者的研究中一般无此概念，我国学界关于新型城镇化的内涵也并未完全达成一致共识，主要有三种观点作为代表：第一种观点如王永昌等人认为新型城镇化就是在政治、经济、文化、社会等四个方面一体化的城镇化，坚持以人为本，集约、统筹、和谐发展的城镇化。第二种观点如程必定等人认为，传统城镇化是人口转移型、是初级形态的城镇化，而新型城镇化是人口转移的基础上进行的结构转移型、是高级形态的城镇化。第三种观点如许经勇等人认为新型城镇化是推动农村发展的城镇化，包括农村人口的城镇化，城镇系统密切联系的建立，以及农村居民生存条件、生活方式和生活质量等的城镇化。但这三种观点都是从某一方面来对新型城镇化概念进行阐释，并不能全面、完整地反映和概括新型城镇化的本质特征。另外，新型城镇化理论或"范式"要建立的第一步就是要科学地阐释新型城镇化的基本概念与内涵特征，本书愿在此抛砖引玉。按照马克思主义相关的经典城市理论，并批判性地借鉴西方马克思主义的城市理论，吸收演化经济学的一些观点，本书分析认为新型城镇化应包括以下几点特征：

第一，在《经济学手稿》一书中，马克思曾指出了农村向城市转化的历史必然顺序规律："现代的历史是乡村城镇化，而不像古代一样，是城市乡村化"。根据马克思这一农村城镇化的历史发展顺序，新型城镇化绝对不是封建社会的城市乡村化，也绝对不是20世纪60年代开始在西方发达国家出现的逆城市化，由于城市拥挤和环境恶化等城市病的出现，而使人口、功能区的设置等方面呈郊区化的趋势。新型城镇化应是乡村城镇化，是人口、产业、财富、智力、信息向城市聚集，城市功能不断完善；但在肯定和强化城市的主体地位的同时，又注重发挥城市功能和作用对农村偏远地区的辐射效应和涓滴效应、防止极化效应的出现，城市反哺于农村、带动农村的协调发展。

第二，马克思、恩格斯从城乡分离、城乡对立的关系开始研究城市问题，分析了城市起源是劳动分工和生产关系间矛盾的产物，城乡分离有其必然性和合理性。在《资本论》中，马克思指出："一切发达的、以商品交换为媒介的分工的基础，都是城乡的分离。可以说，社会的全部经济史，都概括为这种对立的运动。"可见，马克思认为城乡分离实质上就是城乡对立运动，这种对立运动是推动人类社会进步的一种动力。在《德意志意识形态》、《反杜林论》、《〈法兰西内战〉初稿》等多处，马克思、恩格斯分析了人类历史上两次大的城乡分离，充分肯定了两次分离对人类物质和精神劳动的积极意义和主要贡献；但同时也指出表现在个人劳动和生活方式、生产方式对立上的城乡分离和对立，引起了城乡在财产、身份、政治、交换等众多领域的矛盾，由于城市拥有乡村无法比拟的优越条件，始终占据主导地位且左右着乡村经济生活的诸多方面，城乡间的利益差异最终导致矛盾和冲突的形成。并且认为"大工业在全国的尽可能均衡的分布是消灭城乡分离的条件。"从马克思、恩格斯的分析中，我们认为新型城镇化绝对不是在短期内将所有乡村全都变为城市，城市与乡村各有对人类社会发展推动作用的侧重点，两者并存是人类社会发展的必然长期趋势，是新型城镇化发生过程的历史必然。这种乡村与城市的差异以及对立矛盾冲突，是传统与现代、落后与先进的差异与对立，在一定特殊历史阶段、在生产力还不够发达之际，只有存在这种矛盾和对立，才能更好地推进人类历史的进步。而城乡分离与对立的最终消灭取决于生产力的高度发展、工业化的最终完成，是一个长期的过程；因此，新型城镇化应与新型工业化向适应，从新型工业化的成果中取得的其发展所依赖的基础和条件。

第三，马克思、恩格斯立足于资本主义的历史背景下分析城市化这一历史发展进程，肯定了城乡分离的作用，同时也批判了城乡差异与矛盾引起的弊端以及对立的不合理性，并且吸收了早期社会主义者傅里叶和欧文的人道主义思想，认为按照人类历史发展的逻辑性，城乡差异和矛盾对立终究会消灭、最终将实现城乡融合。马克思、恩格斯在《共产党宣言》中指出："把农业与工业结合起来，促使城乡对立逐步消灭。"① 恩格斯在《反杜林论》、《共产主义原理》等多处，明确地提出了"城乡融合"的理念，认为只要工业和农业发展达到一定水平，城镇化进程中实现城乡融合、以解

---

① 《马克思恩格斯全集》第 1 卷，人民出版社 1995 年版，第 294 页。

决城乡发展的矛盾和问题就具有了可能性和必然性。马克思认为：
"城市和乡村的对立消灭不仅是可能的，而且已经成为工业生产本身的直接需要，同样也已经成为农业生产和公共卫生事业的需要。"① 根据马克思主义关于城镇化进程的前景——城乡对立消除直至一体化的历史发展必然规律，新型城镇化绝对不是像传统城镇化那样一味强调农村支持城市、更加加大城乡分离的二元经济结构系数，绝不是以牺牲农村的利益来换取城市的发展，最终因城乡、区域间差异过大而导致城乡分离、社会对抗；而是致力于走城市反哺和支持农村、城乡统筹的道路，通过城乡互补、共同发展，来促进整个社会的和谐；致力于逐步消除二元经济结构带来的种种弊端，形成城乡间获取财富与分享国家经济发展的成果的机会均等、实现公共服务城乡均质，最终达到共同富裕；实现城乡的相互依存、协同发展，以及人类经济社会环境与生态环境的协调发展。

　　第四，马克思认为："工厂城市把所有的水都变成臭气熏天的污水，——每个工业资本家总是力图离开资本主义生产所必然造成的大城市，而迁移到农村地区去经营。——资本主义大工业不断地从城市迁往农村，因而不断地造成新的大城市。"② 根据马克思对由于城市发展中由于工业化带来的环境污染的恶性循环和现代工业矛盾产生等问题的描述，新型城镇化道路的选择应结合城市生态化，走环境友好型道路。在传统城镇化的进程中为了配合粗放型、外延式经济增长方式的发展，往往忽略了生态恶化对人类社会生存的影响。而随着集约型、内涵式经济增长方式的转变，城市应注重培养其生态功能，尽量发展可持续发展城市、绿色城市、生态城市。因为，城市生态功能的培育和发挥将影响着新型工业化发展、信息产业发展的趋势和方向，同时也将影响到与外围城市或区域的关系。另外，根据马克思关于环境治理途径的分析："只有通过城

---

　　① 中共中央马克思恩格斯列宁斯大林著作编译局：《马克思恩格斯文集》第 9 卷，人民出版社 2009 年 12 月版，第 313 页。
　　② 同上。

市和乡村的融合，现在的空气、水和土地的污染才能排除，才能使目前城市中病弱群众的粪便不致引起疾病，而被用做植物的肥料。"① 由此可见，新型城镇化一定应致力于城乡的统筹和融合，以解决一系列伴随工业化而产生的环境污染问题。

第五，马克思、恩格斯认为，城市最初的作用，是为了防御外敌入侵，但由于社会分工的进一步细化、各种阶层和利益集团的矛盾冲突加剧，也使城市管理趋于复杂化、行政机构设置增多，城市具有了政治功能；其后城市的文化功能和生产功能因统治阶层生活质量提高的需要和对资本的追逐而发展起来；而城市的经济功能随着近代资本主义生产力水平的提高而出现，后来随着市场经济高度发达而开始突出、逐渐占据主导地位，并且对城镇化进程起了很强大的推动力作用。城市在首先成为工业中心的基础上，又确立了商贸中心的位置，并延伸发展为金融中心、交通运输中心、科技信息中心等；而其他城市功能的作用在经济功能的带动下也得到了更好的发挥。正如列宁概括指出的："城市是经济、政治和人民的精神生活的中心，是前进的主要动力。"② 另外，城市多功能作用的发挥不仅使自身发展迅速，而且也带动了乡村经济社会各方面的剧变。诚如马克思所说，"城市的繁荣也把农业从中世纪的简陋状态中解脱出来了。"根据马克思、恩格斯关于城市作用发展的论述可以推论，走新型城镇化道路的城市作用和功能将更加复杂化、高级化。因此，新型城镇化应是使城市的诸如政治、经济、文化、社会、居住等为企业组织机构运作、城市居民日常生活和素质提高服务的基础功能，以及生产、流通和消费等经济功能得以进一步完善，其聚集效应和示范效得以进一步发挥，城市综合承载能力得以不断增强；另一方面，城市的主导功能、特殊功能应日益突出，不

---

① 中共中央马克思恩格斯列宁斯大林著作编译局：《马克思恩格斯文集》第 9 卷，人民出版社 2009 年 12 月版，第 313 页。
② 《关于德国各政党的最新材料》，引自《列宁全集》第 19 卷、人民出版社 1972 年版，第 264 页。

断培育城市的个性以最终形成城市自身特色、建设特色城市、增强城市的竞争能力以及品牌效应。如上海作为世界大都市，既是沿海港口城市，也是金融中心、贸易中心。

第六，根据马克思主义关于公共物品消费的论述，新型城镇化应该提供更多的公共物品，以便更好地为满足人的自由发展提供物质基础、为城乡统筹发展提供基础条件。马克思曾经明确将劳动产品分为两种分类："在任何社会生产（例如，自然形成的印度公社，或秘鲁人较多是人为发展的共产主义）中总是能够区分出劳动的两个部分，一个部分的产品直接由生产者及其家属用于个人的消费，另一部分即始终是剩余劳动的那个部分的产品，总是用来满足一般的社会需要，而不问这种剩余产品怎样分配，也不问谁执行这种社会需要的代表职能"。① 这里，马克思科学地分析了公共消费是为了满足人们的共同利益和公共需要。恩格斯在《反杜林论》中也提到："政治统治到处以执行某种社会职能为基础，而且只有在它执行了它的这种社会职能时才能持续下去。"指出政府的主要职能之一就是提供公共物品。马克思还指出了公共物品的来源和发展的可能性，他说："一般剩余劳动，作为超过一定的需要量的劳动，必须始终存在。——为了对偶然事故提供保险，为了保证必要的、同需要的发展以及人口的增长相适应的累进的扩大再生产，就需要一定量的剩余劳动。"马克思既肯定了满足社会公共需要的保证是剩余劳动，又指出了公共物品随着社会发展、剩余劳动的量越大，其实现的物质可能性也就大大增加。而且马克思在《哥达纲领批判》中更是进一步明确了公共消费的范围和领域："集体的劳动所得就是社会总产品。现在从它里面应扣除：（1）用于补偿消费掉的生产资料的部门。（2）用来扩大生产的追加部分。（3）用来应付不幸事故、自然灾害等的后备基金或保险基金。剩下的总产品中的另一部分是用来作为消费资料的。在把这部分进行个人分配之前，还得

---

① 《资本论》第 3 卷，人民出版社 1972 年版，第 992 页。

从里面扣除：（1）同生产没有直接关系的一般管理费用。（2）用来满足共同需要的部分，如学校、保健设施等。这一部分一开始就会显著地增加，并随着新社会的发展而日益增长。（3）为丧失劳动能力的人等设立的基金，总之，就是现在属于所谓官办济贫事业的部分。"另外，西方马克思主义者提出了有关劳动力再生产所需较小导致消费危机的论述，认为在资本主义社会里，资本和商品生产所追逐的是最大利润和尽可能多的交换价值，而劳动力再生产更多的是维持再生产而需要的实用的使用价值，这两者的不一致，使得一些对劳动力再生产来说是非常重要的、但资本和商品生产不愿意关注的消费品生产成为空白，并导致了城市社会的"集体消费"危机。因此，结合马克思的公共产品理论以及西方马克思主义者的消费危机理论，新型城镇化应重视解决劳动力再生产所需和集体性消费的问题，应该重视扩大政府消费中关于公共消费部分的支出比例，增大公共物品的提供幅度和范围，让城乡居民的公共消费得到更多更好的满足，这样才能有更多的购买力用于私人家庭消费，推动城市第三产业的发展和经济的繁荣。

第七，马克思的唯物史观认为：空间分为两种，一种是人类通过社会生产实践改造过的自然实体形态的地理空间，是人类从事生产和交往所依赖的主要场所；另一种是由人类在经济社会实践活动中所形成的政治、经济、文化、生活、生产等依存关系所构成的社会空间。20世纪发展起来的西方马克思主义者基本继承了马克思的这一唯物史观，并且认为空间并非是空洞和静止的，"城市空间并非纯客观形式，而是社会的产物。空间的生产类似于任何种类商品的生产"。① 因此，在马克思的空间观基础上，借鉴西方马克思主义有关的城市空间和生产原理，我们认为在新型城镇化过程中，农村人口等资源向城市转移的同时，应实现多元功能整合、实现时间

---

① Henri Lefebvre, Reflections on the Politics of Space, in R. Peet（ed.）, Radical Geography, Chicago: Maaroufa Press, 1977, 34.

空间的合理压缩；同时应充分发挥空间生产和聚集的作用，促进城市功能的更好利用和产业结构的更好优化；合理构建城市的物质空间和社会空间，以寻找到新型城镇化的最优途径。

第八，西方马克思主义者认为，由于通货膨胀的加剧和经济衰退的不可避免性，使得资本主义城市政府不愿投入更多财力物力人力在无利润可图的公共服务方面，而是将资源重新配置于资本运作、刺激经济增长上，于是导致出现医疗保健不够、社会保障体系不健全、保障性住房短缺、学校等教育设施以及文化娱乐设施和资源不足、交通设施落后等集体消费供给危机的出现；危机的结果使得城市出现各种反抗运动，政府不得不出于政治目的而干预消费过程，但政府对公共产品供给水平的下降的趋势使得满足下层阶级消费需求难以实现，故而造成城市下层阶层的反抗和斗争不断加剧，延伸至其他阶层。借鉴西方马克思主义者关于城市社会运动与斗争的论述，新型城镇化中应重点关注解决的城市问题，不是让所有人、所有阶层都富裕的问题，而是应重视社会财富分配的解决问题，尤其是贫困阶层的最低生活安全保障问题；防止出现因社会财富分配不均而导致的阶层分层明显和利益冲突加剧，影响社会的稳定和长治久安。

第九，根据演化经济学的思想，新型城镇化应尽量发挥其自主创新功能，城市的自主创新是衡量城市功能等级的重要标志，它涉及制度、经济、文化、社会、信息、技术等诸多方面，只有创新才能更好地保障城市整个功能体系的正常运作；只有创新才能促进其他城市功能高质量、高水平的发挥。

通过以上结合马克思主义相关的城市理论以及演化经济观点而总结的有关新型城镇化的特征描述，笔者认为所谓完整意义上的新型城镇化，不仅应是原有意义上的人口城镇化、地理空间城镇化，还应扩展到是一个包括城市自身发展、乡村城镇化、区域城镇化、城乡一体化在内的综合协调发展的过程，是一个从形式到内容、从数量到质量都达到真正城镇化的过程。笔者还认为与定义、特征相应的新型城镇化基本内涵，就是与新型工业化相适应，以满足人的全面发展需求为目标，以功能优化完善、公平公正、可持续发展为主要特征，实现城乡均衡发展、区域均质发展、小城镇与大中城市统筹发展、三大产业链协调发展；注重公共物品的提供、防止阶层矛盾；确保人口、资源、环境、社会、政治、经济、文化等诸多因素在质与量方面的提升；利用资源禀赋优势实现多元功能整合、实现时间空间的合理压缩；有选择地吸收并延续原有的城市文化传统、体现城市的特色；走城市的结构创新、城市的发展模式创新、制度创新和技术创新之路。

3.1.3 新型城镇化和传统城镇化的区别

城市引领现代政治、经济、社会和文化活动的前沿，是各种活动发展和进行的中心。因此，城镇化也就成了衡量一个国家发展水平的主要综合性指标。城镇化的发展形态随着经济社会的发展而产生了两种模式或两种发展道路：一种是属于城镇化初级形态发展模式的传统城镇化，即人口转移型加地理空间区域扩张型城镇化，强调的是人口由农村向城市的空间转移；另一种是城镇化高级形态发展模式的新型城镇化，这是城市和谐发展的理想模式，是"结构转换型"的城镇化。

这两种城镇化的发展模式和发展道路有着明显的区别，具体表现为以下几个方面：

一是两种发展道路的经济学理论基础不同。传统城镇化理论建立在城市空间聚集的传统经济分析框架、比较成本和比较利益驱动理论、产业分工理论、效率优先理论、工业主导理论和城市占主导支配理论等经济学理论基础之上；而新型城镇化的理论基础是城市空间均衡布局理论、城乡一体化理论、产业关联理论、公平与效率兼顾理论。

二是两种发展道路的产业基础和产业关系不同。传统城镇化的产业基础是工业，尤其是传统工业化的发展，注重机械化和自动化，属高消耗、高成本、低产出、忽视环境污染型的粗放型经济，容易出现较严重的失业问题；并且城镇化滞后于工业化的发展。而新型城镇化的产业基础是新型工业化，尤其是以服务业为主导的第三产业的发展，注重工业化与信息化并举，注意处理好资本技术密集型与劳动密集型产业的关系、高新技术产业和传统产业的关系，能较好地扩大和保障就业，属低消耗、低成本、高产出、环境污染少的集约型经济；并且新型城镇化进程与新型工业化进程同步，共同协调发展。另外，传统城镇化中城乡产业绝对分离、形成城市大工业和农村小农经济分割格局，且三大产业的产业链区分明显、互不衔接。而新型城镇化中城乡产业相互关联，城乡作为区域共同体进行合理分工，且三大产业的产业链界限不分明、相互渗透并相互促进发展，共同获得"发展红利"，如农村产业经济中出现观光农业，农村旅游业等农业现代化模式等。

三是两种发展道路的指导思想和出发点、目的不同。传统城镇化的指导思想是追求城市经济增长、城市数量与人口数量的增加以及城市土地面积和区域的增加；其出发点、立足点和目的都是人的一切欲望满足，是城市的发展和城市利益的实现。而新型城镇化的指导思想是科学发展观和可持续发展观；其出发点、立足点和目的是人的全面发展，是城乡、区域协同发展，人口、资源等各要素和环境协调发展。

四是两种发展道路的动力机制不同。我国传统城镇化的动力机制主要是以政府为主导、以公有经济为基础，由政府发动和包办实施的自上而下的城镇化，制约了工业化的进程、阻碍了城乡要素的流动，城镇化进程很缓慢；另外，传统城镇化主要靠区域内的诸如自然资源条件、生产力水平、地理位置、区域内的政府、企业等各种自然和人文因素组成的内生型动力机制推动。新型城镇化的动力机制是市场为主导、政府引导为辅，由公有经济、民营经济等社会力量共同推动的自下而上的城镇化，国家颁布了鼓励城镇化发展的一系列政策和举措，尤其是党的十五届五中、六中全会，提出了将城镇化作为促进经济结构调整和国民经济健康持续发展的重要战略以后，使城镇化进程迅速提升；而且，新型城镇化在靠内生型动力机制推动的基础上，还会结合实际情况，运用区域外的诸如引进区域外投资、宏观政策、建设重大工程项目、变更行政中心和行政区划等各种因素组成的外生型动力机制来推动。

五是两种发展道路的要素流动不同。传统城镇化的要素流动一般是单向流动，即人口、资源、信息、货币、技术等要素向城市聚集，城市的极化效应被强化，城镇化表现为集聚的单一特征，乡村经济发展能力被逐步削弱；而新型城镇化的要素实现了双向流动，城市的涓滴效应被强化，城镇化表现为集聚和扩散并举的特征。

六是两种发展道路产生的效应不同，包括环境效应、社会效应、经济效应的不同。传统城镇化所产生的社会效应表现为城乡二元结构加剧、贫富悬殊和区域差异逐渐加大，形成农村和城市的社会对立；环境效应表现为污染问题在城市集中、污染物向农村转移，生态系统遭到破坏、城市生存空间日益狭窄；经济效益表现为财富分布空间不平衡。而新型城镇化所产生的社会效益表现为城乡二元结构逐渐消除，贫富差距和区域差异日益缩小，最终实现城乡一体、共同富裕；环境效应表现为统一规划城乡环境、绿色城市和绿色家园逐步建立，实现生态文明；经济效益表现为财富的空间均衡分布。

七是两种发展道路的空间结构和区域联系不同。传统城镇化的空间结构是功能区过于集中的内向式，但同时又是城区范围摊大饼式的、外向扩散型结构，导致较严重的城市病出现；并且城际间各自独立、缺乏联系，不同规模城市却结构雷同、易形成恶性竞争。而新型城镇化在空间结构上寻求时间和空间压缩能力的提高，力求各种要素配置优化能力的提高和成本的节约，同时功能区又因区域均衡发展需求和物质、能量、信息等要素畅通流动要求而有所分散，以克服城镇化的产生；并且大中小城市协调建构，形成城际联盟、区域互补。

3.2

消费增长与城镇化的关系

2000 年之前关于城镇化与消费之间关系的理论研究与政策制定很少，近几年，随着城镇化进程的加快，从学界到政府开始关注这两者之间的关联关系。因为一方面，从当前看，制约中国经济增长的根本经济约束就是需求约束、是消费需求不足的问题，特别是农村居民消费需求严重不足；而另一方面，支持中国经济长期增长的一个重要动力源是城镇化，所以两者在中国这一特定经济环境背景下有着密切的关系。城镇化会引起消费需求的扩张，会对消费心理、消费观念、消费结构、消费方式、消费环境、城乡和区域消费差异等方面产生影响；而另一方面，不同类型的消费增长对城镇化也会产生不同影响。

3.2.1　城镇化消费增长的影响

1. 城镇化能够促进消费需求，尤其是迁入或转移到城市的原农村居民消费需求的扩张

总的来说，伴随着改革开放以来我国城镇化进程的加速，迁入或转移到城市的原农村居民、郊区居民的消费需求也随之增多，社会消费品市场逐渐繁荣活跃，呈现出蓬勃生机。国家统计局公布的统计年鉴数字显示，1978 年，社会消费品零售总额为 1558.6 亿元，到 2007 年全国实现 89210.0 亿元，1979~2007 年，年均增速达 15.0%。2013 年我国社会消费品零售总额更是达到 234380 亿元，比 2012 年名义增长 13.1%，扣除价格因素实际增长 11.5%。

之所以城镇化能对消费增长产生如此有力的推动，究其原因有以下几点：

第一，城镇化的发展有利于居民收入水平的提高，进而促进消费需求的增多。根据刘易斯的二元经济结构理论，农村剩余劳动力从传统部门转向现代部门、从乡村流向城市，由于城市第二、第三产业的劳动生产率高于农村的第一产业，因此转移到城市的农村剩余劳动力的相应收入水平也随之增加，终将会扩大整个社会的需求水平。另一方面，城镇化带来的聚集效应，首先表现为产业的聚集、生产要素的集聚，劳动力市场能够得到很好的培育发展，使得居民就业的机会增多、收入来源增加；而各种资源、信息的集聚，也使得居民的经济收入来源渠道更多、增长更快。此外，人口、家庭、企业的聚集会不断增加新的市场需求和竞争压力，促使企业更多地投资、进行更细的专业化分工、采用创新技术、与更广的外部市场联系，这些都促进了更多就业机会的提升，从而也就增加了居民收入的稳定性和持续性；同时也增加了迁入或转移到城市的原农村居民以及城市原有居民对未来收入的预期，进而导致其即期消费需求的增多。如 2009 年城市居民人均消费性支出为 15025 元，农村仅为 4021 元，城乡消费水平比为 3.7∶1。① 意味着按此城乡消费性支出差距计算，若城镇化水平每提高 1 个百分点，即有一千多万农村居民转移到城市，推动消费品市场几百亿元的增长空间。

第二，由于农村人口的城镇化，大量农村居民迁入或转移到城市，农民为了适应新的工作、学习环境以及生活空间的巨大改变，不得不扩大消费需求，以满足更高水平的基本生活、生存需要。城市消费的市场化程度、社会化程度比农村消费要高得多。在农村，农民以土地耕作为主业，故很多诸如粮食、肉类、蔬菜、水果、酒等吃喝所需的生活消费品几乎可以通过自给自足得到解决，而部分农村仍保留着自己生产布匹、鞋、衣物等穿、用所需消费品的习惯，因此，对市场依赖度较弱。农民的市场消费行为一般出现在逢三、六、九日以及节假日的集市，或偶尔去乡镇、县城等不太远地

---

① 国家统计局：《中国统计年鉴（2010）》，中国统计出版社 2010 年版。

区的消费。但城市居民没有土地、迁入或转移到城市的农民失去土地，也就失去了自给自足地生产相关生活消费品所必需用到的资源，因此，城市居民对市场的依赖性程度很高，消费需求也随之比农村居民增加不少。另外，城市居民以及迁入或转移到城市的农民，都需要靠找寻工作来谋求生路，成为赚取工资的劳动力，高强度的工作和紧凑的生活节奏，使城市中生活的人们没有更多时间与精力去投身于工作以外的劳动，故而增加了对诸如托儿托老服务、保姆等家务消费需求，也增加了快餐、快速交通工具等便捷快速消费需求，甚至增加了缓解精神、心理、身体等压力的消费需求，等等。

第三，城镇化的消费示范效应，使得消费需求增加。根据杜森贝里的相对收入理论得出，人们周围的消费环境决定其购买新消费品的倾向。城镇化引起农村居民生活环境的变化，进入城市后的农民，进行各种消费品的购买时，不再偏重于与以前的生活方式比较或与仍居农村的人群比较，而是更侧重于与同一收入阶层的城市居民比较，甚至还会受到比其收入高阶层的时尚消费影响，还有来自于各种广告的诱惑。从而使新迁入城市者改变原有消费习惯，增加新的消费需求，降低储蓄欲望。

2. 城镇化对城乡居民消费方式和消费行为的影响

农村居民消费方式一般比较单一，且存在从众的消费行为；同一村庄、同一乡镇的消费方式基本相同；因此在农村销售的消费品无论在品种、花色，还是质地、规格等方面都比较单一。造成这种现象的关键原因包括：一是受传统消费保守心理的影响，不愿在消费行为和方式上与众不同而被人指点。二是农村邻里间交往一般比城市居民密切，由于互相了解、又沟通方便，因此其消费购买行为容易受邻里、亲戚间口碑相传的影响，尤其是受他们认可的"精神领袖"的消费行为影响很大。三是由于农民受教育程度低、知识水平有限、而了解产品信息的渠道又少，容易导致其相信他人和邻里的购买，从而出现模仿消费的现象。四是普遍存在的相互攀比的消费心理，农民能省则省的简朴、克俭的消费理念在日常生活上表现明显，但一遇上重点节气或婚丧嫁娶、生子考学等重要场合时，相互攀比的消费心理异常明显；甚至有人为了讲面子、光宗耀祖，不惜借债来大操大办，日后再节衣缩食来还债。五是因为受消费环境影响，并非所有消费品的价格都实现了市场化，而且也没有从根本上消除消费品供给的约束。六是农村消费者并不能完全取决于自己的主观偏好来选择消费品和劳务，主要还是受收入、预算等条件约束，自由选择度较低。

另外，农村居民消费者行为和消费方式有较强的季节性。春耕时主要是生产资料消费，秋收后主要是生活消费。而农村市场由于平时忙于农业生产和外出打工，故而冬季春节期间，农民一般会将一年的大部分收入集中进行大宗消费品的购买；重要节气日以及老人小孩生日也是农村集中消费的时节。另外，农民由于一般都是"日出而作，日落而息"的生活方式，再加上交通不通畅等因素，所以一般日常生活用品的购买行为基本发生在白天。与城市消费方式不同的另一个表现就是，农村还大量存在原始的物物交换，有很多小商贩，直接将车开到各家门前销售诸如糖果、食品、油盐等，用以交换粮食等农副产品。

而城镇化会改变城乡居民尤其是新迁入原农村居民的消费行为和消费方式。首先表现在消费将日趋理性，超负荷的畸形攀比消费相对减少。如在中国传统文化和习俗中，住房是最能显示主人的成就、地位和财富的象征，故我国农民消费往往首选的就是建造住房，甚至有些人不计成本地多次将住房更新。农民的住房消费长期来一直是仅次于食品的主要消费之一，一般在消费结构中占14%~18%之多。很多在外务工农民长期省吃俭用，就为了完成长辈心愿，在同乡面前争光，即使今后不再回乡生活，但也要负债完成建两三层甚至四层楼房的"大事"。可实际居住者为老人和孩子；一旦老人过世，即成为空楼，极大地浪费了土地、资本等，农村居民其他消费需求层次的提高因此而受到限制。① 而城镇化后生活的五彩斑斓、消费品的多元化、使新迁入者的消费目标也多样化；再加上一般失地农民都住上了政府、开发商统一建的楼房，减少了对土地和资金的占用，也无须再为此类畸形攀比消费付出代价，能有更多的资本进行其他消费，增强其消费能力。再如，城镇化后由于高楼大厦阻隔了邻里间的沟通、距离远以及休闲时间短减少了亲戚友人间的往来。因此，农村中广泛存在的即使超出自己的承受能力、也要随礼的传统人情消费的观念也日趋淡薄。

其次，表现为消费行为不再具有很强的季节性，平时不消费、积攒到春节集中消费的方式以及晚上不进行交换与消费的生活方式都将极大改变。城镇居民由于是工资性劳动者，其消费已基本市场化、商品化，而不同消费者有着不同的工作和闲暇时间；再加上一些居民为了排解工作和心理压力，将利用下班后的空闲时间进行购物、旅游等消费作为自己的一种生活方式，因此，一般日常生活用品的消费时间并无时间的集中性。但不可否认的是，城镇居民对大型的耐用消费品和贵重奢侈品的购买行为，也会受各大厂商均将节假日作为促销的黄金时刻的影响，而表现为节假日比较集中。

再其次，表现在消费方式日趋时尚化、现代化、高科技化。城镇化后，大量"80 后"、"90 后"的新生代新居民受教育程度一般较高，家庭负担轻，基本没有务农经验，对农村的生活环境早已不再适应，因此他们内心渴望更快速实质性地融入城市，与老一代新居民在消费观、消费行为和方式上方面有着明显的区别。新生代新居民消费欲望明显增强、消费内容显著增多、消费形式更多样化：购买空调、电脑、手机等时尚品和高科技含量商品的消费比老一代新居民有了很大幅度的提升；新生代新居民也希望通过自己的努力不要再走父辈干体力劳动辛苦挣钱又少的这条老路，因此对技能培

---

① 胡若痴：《二元经济结构下我国农村消费的情况、制约因素与对策研究》，载《消费经济》，2010 第 1 期。

训等教育消费的欲望十分强烈；为了能尽早更快改善居住生活环境，新生代新居民对住房消费的需求明显增加，另外，通过对高档商品和时尚商品的购买来体现自己身份和价值的消费行为也日益增多。

最后，还表现在对消费品的品牌和价格偏好的改变。农村收入水平低、社保体系很不健全，几乎完全靠自己的储蓄，而消费重点又是生儿育女、建房养老，导致农民有钱也不敢随笔花，再加上消费意识不强，所以农村居民消费一般处于必需品消费阶段，只要物美价廉，不看重品牌。而城镇化后，受原城市居民影响，除对消费品的性能最为关心以外，对品牌的关注度不断增加，概念性、奢侈性消费也逐渐增多，而价格因素在一定程度上被忽略。

3. 不同阶段城镇化对城乡居民消费心理和消费观念的影响

（1）对农村居民、农民工和被城镇化的新市民消费心理和消费观念的影响。

农村文化思想由于受"中庸之道"这一传统文化价值取向的影响，具有很强的保守性和单一性。农民的消费观念和消费心理，一般存在较强烈的求同、从众思想，缺乏个性化消费。而且由于受自古以来生产生活"自给自足、丰衣足食"、"量入为出"、"攒钱养老"等的历史传统观念的影响，形成了克勤克简的淳朴消费习惯，因此，农民的消费购买意愿普遍不强。尤其是现在主要留守的是老人、小孩，以及部分青壮女劳动力，而大多数农村青壮男劳动力都会利用农闲时间、甚至长年进城务工；留守人群中，老人承袭传统消费观念，缺乏购买欲望；小孩则无实际消费购买能力，而留守妇女一般多局限于消费购买日常生活用品。另外，农村居民仍然有大多数农民会根据亲疏关系、对方送礼的数额以及周边亲戚邻里送礼的多少等来决定自己人情消费的多少。另外，仍有很多农村居民认为随礼风气是我国的传统美德，现在这一风气虽然越来越严重，有些超出自己的承受能力，但是被认为这属于人之常情，是应该继承和发扬光大的传统。

随着城镇化进程的加速、越来越多的郊区、交通发达的乡村地区被城镇化，仍属于农村的居民消费理念难免会受到距离最近的城镇居民消费理念的影响，而被城镇化了的新市民以及大量的农民工进城后不可避免地受到城市居民消费观念的影响、消费心理或多或少地将被改变，进而对城市居民的消费方式进行模仿，将城市居民的消费潮流、畅销的消费品带回农村，从而影响更多的农村居民的消费需求心理和消费观念。特别是城乡公交系统的发展、电视、通信技术的快速发展，使越来越多的城市消费动态让农村居民足不出户便可随时了解，这些都加速了城乡消费观念一体化的进程。牛奶、可乐等饮品在农村也迅速普及，假冒名牌在农村畅销，都是由于城市居民消费理念对农村居民的影响。

但农村居民长期形成的消费观念、消费心理具有持久性和连续性，很难在短时间内转变；再加上传统的城镇化主要表现为人口城镇化和地区城镇化，不是结构性城镇化，因此被城镇化的农村市民以及大量进城的农民工只是在身份、所处生活空间位置、消费环境上有所改变，但在职业上、被城市认可程度上、接受再教育提高收入的可能性上改变不大，这些人由于技术水平差、受教育程度低，一般从事的职业种类以建筑工人、清洁工、小商贩等体力劳动为主，且十之八九要付出比正常城镇工人多的劳动时间。因此，这些人虽然消费观念，尤其是消费心理有所改变，也想追求多样化消费、更好地融入城市生活，但受收入、社会地位和就业生活环境的限制，无法很好地与城市消费理念融合，其消费观念和消费状况改变状况并未达到实质的、理想的状态，大部分人仍保持着农村时克简节约的消费习惯。虽然相比老一代农民工把工资寄回老家的观念而言，新生代农民工的消费观念正在逐步被城镇化改变，更多地愿意将收入用于自己的吃穿住行，但由于存在诸如由于对土地的眷恋、缺乏社会福利和社会保障、不被原有城市居民认可和接纳等原因，所以其消费心理仍属节衣缩食型，消费仍以满足生存、"打工攒钱回家生活"或"省钱尽量在城市立足"观念为主。农民工的主要消费就是基本生活必需品费或子女上学费以及父母看重病费。住房消费占其全部消费的比重偏低,大都居住在企业单位的集体宿舍、工棚或工地,或租赁在城乡接合部、郊区、城中村的民房中,以及寄宿于亲友处;闲暇消费更是少得可怜,大多为看电视、打牌和打麻将、聊天等花钱很少的消费活动,还有少数的年轻农民工通过上网打发时间。可以说,大多数农村务工人员并未真正享受到城市各种文化娱乐设施消费带来的好处。而被城镇化了的新市民由于失去赖以生存的土地,最低生活保障制度、农村医疗保险、养老保险制度等解决其基本生存需要的社会保障体制尚未完全建立,又没有及时发展满足这部分人就业需求的工业和第三产业,再加上自身素质无法满足就业岗位的需求,未来的收入和支出充满了不确定性,导致他们存在普遍的悲观预期,故而这些人虽然得到了失地补偿、有些人也住上了城镇化的商品房,收入虽有所增加,但购买传统和消费习惯与过去并无很大区别,消费意识仍较滞后,消费心理上仍以预防性储蓄为主,消费信心不足、有效需求不足仍然存在。

而新型城镇化,强调的是城乡统筹、协调发展,农村也将建立、健全与城市居民相同的农村居民最低生活保障制度、养老保险制度、农村医疗保险等基本社会福利和社会保障体制,这将在很大程度上消除和减少农民消费心理预期的不确定性;此外,新型城镇化将更关注农民工这一城镇化进程中出现的特殊群体,其职业身份和社会身份将得到官方和社会的肯定和认同,进而弱化其消费的预防心理。这些因素都会对消除市民化的农民以及农民工对未来生活和福利的不确定性产生良好的影响,从而大为改变其原有的消费心理和消费观念,促使其与城市居民消费观念同步,将大量预防性储蓄转化为强大的消费能力。另外,新型城镇化,也使新生代新居民不再像老一代新居民在消费上仅与没进城的老乡比,却不敢也不愿与城里人比;新生代新居民的消费观点已完全城镇化,消费心理也基本从传统转变为前卫。

（2）对城市原有居民消费心理和消费观念的影响。

传统城镇化主要指的是农村居民的城镇化、城市地域范围的扩张，影响的主要是隐形城镇化人口（即户籍身份仍是农民，因具备一定的劳动技能和较为固定的工作岗位，城市工作、生活时间在一年中占很大部分，但又为城市排斥的人群）、和被城镇化了的新市民的消费观念和消费心理，因此对城市原有居民的消费理念影响并不大。这些人的消费观念主要受当地人文历史因素影响，若一个地方长期以来都是极其节约的生活方式，则这种传统历史心态很难在短时期内转变。人口结构因素也会影响市民消费结构，一个城市若35~50 岁之间的中青年消费群体偏多，则这部分人除满足自身消费需求以外，更多要受子女教育、父母养老等因素影响，从而削弱其消费信心；而若按中国社科院 2010 白皮书的提法，我国城市将逐渐进入老龄化社会，而老年人由于收入减少、健康担忧等自身因素，一般不属于消费的主体，而若无适应老年消费的相关产业的发展，其消费理念无法提升，消费能力无法促进。另外，城市本身的地理位置也会影响市民消费心理。一般大城市由于地理位置优越、信息传播更快、交通更发达、产业更多、收入更高，因此更高层次、更高质量的消费需求偏多，市民的消费观念更时尚、多变；而若是偏远的小城镇，一般仍未脱离原有历史因素影响，消费心理更偏传统机械保守型；而介于大城市间、交通业便利的中等城市，则其市民一般的消费心理是：必要的生活用品消费在本市，而服装、化妆品、高科技产品等高档、高端用品消费，则去大城市消费，导致本地的消费氛围、商业氛围不浓。

新型城镇化由于信息传递在城市的快速性和方便性，与国际接轨的距离更近，空间距离的缩短，使居民消费心理更趋时尚性，消费观念的稳定性和连续性减少、消费意识更易超前。而生活节奏的加快，工作压力的加大等因素，对排解压力、解放自我的消费需求不断增加。另外，以人为本的城镇化理念，将使越来越多的城镇居民，尤其是年轻一代，强调突出自我、个性张扬的消费理念。另外，区域间的协调发展、城市群的出现更将使消费心理和消费习惯的地域性差异减少。

4. 不同阶段城镇化对城乡居民消费环境的影响

人类的生存、发展以及一切活动都离不开环境。消费环境中的自然生态环境和人工物质环境要素为消费活动提供了有形的空间和场所，而消费的社会经济文化等环境要素为消费活动提供了无形的空间和场所。与此同时，也为有形物质消费品以及精神文化娱乐等无形消费品的生产与形成提供和创造了条件，从而影响着消费结构的变动。可以说消费环境是消费增长的必需条件，消费环境影响着消费结构、消费质量和消费水平，是消费质量和消费水平提高的前提和保障。良好的自然环境能提供结构合理、优质的消费品，良好的人工物质消费环境能使人们消费活动方便、舒适、安全、更加健康、更能陶冶情操，良好的社会经济文化环境，能有利于人们在消费过程中建立平等、友爱、文明、公正的关系，形成有利于消费增长的经济制度、经济政策、市场环境和经济法规，形成正确的消费价值观念、消费习俗和消费道德规范，这些环境因素都影响着消费质量的增长和消费水平的提高。

城镇化有利于城乡消费环境的改善。消费环境分为软环境和硬环境、社会环境和自然环境。这些年来，我国城镇硬消费环境变化非常明显，诸如商场、超市、购物中心等业态在内的商业配套设施逐渐健全，流通市场较健全，水电供应充足；向广大市民提供公共消费服务的，包括医疗、教育、文化和体育方面的公共基础设施也在逐步建设中；再如城镇绿地、公园、休闲广场等公共基础设施和条件也改善明显，这些都成为城镇居民消费环境质量提高的主要标志。我国城镇软消费环境的变化也较显著，城镇居民的养老制度、医疗保险制度逐渐建立起来；为城镇居民在房产、汽车等消费领域提供信贷的金融业务也在不断扩张；并且城市居民在进行消费决策时，可以通过互联网络改善信息不对称状况；城镇居民消费者的权益保护途径更畅通，法律意识更强。

而与此同时，农村居民消费环境和消费条件虽然也有一定改观，但无论是交通通讯、文化体育、医疗教育，还是水电供应、商业网点等生活配套设施在内的硬环境建设在数量、质量和规模等不同方面都显然比城市滞后，散居于农村的群众享受不到按城市标准比例配备的公共消防设施；农村消费市场化程度低、市场秩序差、流通途径不够畅通；农村消费信息环境滞后，信息的不对称导致假冒伪劣商品盛行；农村金融系统为农民提供的生活消费信贷业务发展缓慢，这些对制约农村消费起了明显作用。另外，农村居民消费质量的提高还取决于在养老、就业、医疗等管理体制的完善程度，而我国传统的城镇化，由于主要是政府推动型，带有很大程度上的被动性和被迫性，大量农村人口涌入城市，主要是因为城乡的极大差距、农村产业的衰退等原因，如农村居民大多没有参加医疗保险，在多数边远地区尤为缺乏医疗保健设施和高水平的医护人员；再加上缺乏一个公正、公开、合理、有效、有序社会制度的引导和维护，诸如此类的因素都拉大了城乡居民消费环境软环境之间的差距。

传统城镇化进程中，由于收入水平的提高，使得居民生活方式趋向于炫耀性、非理性消费，因此随处可见消费过程中浪费资源、破坏生态环境的现象，城市居民的现代生活消费方式也会产生大量的生活垃圾污染环境。城镇化发展战略以追求经济发展、GDP增长为核心，企业更追求的是经济效益，而忽视了社会效益，故而企业生产经营服务过程中产生了大量的废水废气废渣等"三废"物质污染环境。总之，由于居民、企业、社会团体等城镇化中的主体的行为方式，使得地理地貌、水文气候、野生生物、水资源、矿产资源等作为人类消费资料主要来源和消费的自然环境遭到较严重的破坏，因此，使得消费对象的质量降低、消费品加工程度日益加深，供给的可持续性受到影响。另一方面，消费的社会环境也有所破坏：由于传统城镇化追求的是物质文明，在一定程度上导致社会风气的破坏，犯罪率有所上升，消费者的安全感、舒适感降低，影响了正常消费活动的开展。

新型城镇化进程中，商业机构层出不穷、类型多样，各项服务功能不断完善，可通达性更强，购物更快捷方便；商品信息的沟通交流因城市社区的高度聚集和信息传递渠道的通畅而变得更加迅捷，攀比效应和示范效应使得城市居民的消费观念提高到更高层次的水准。而且全社会将会以保护消费者的合法权益为共同责任，各方面共同努力尽量创造最佳的消费自然环境和社会环境，以提高消费者的消费质量。如城市主体之一的企业将承担更多社会责任，更多考虑消费者的利益。如企业所有的生产经营行为，出售产品和提供服务等行为，都会尽量以保证产品的质量、为消费者提供更优质服务、最大限度满足消费者需求为立足点。而且企业的部分利润将用于公益事业、慈善事业，努力为消费者创造更多更好的消费软环境。此外，新型城镇化追求物质文明和精神文明的并重，与消费活动相关的社会风气、社会治安、社会秩序、社会关系等都有了很大改观，人与人之间日益和谐，进而提高了消费社会环境的质量。新型城镇化由于改变了传统城镇化仅注重小城镇建设的策略，鼓励大中小城市共同协调发展以及城市群的发展，有利于城市规模效应的更好发挥，使工业"三废"的治理与利用更为集中有效，使垃圾处理设施正常运转，生态逐渐回复平衡，消费的自然环境得以好转，消费环境的质量得以提高。

5. 不同阶段城镇化对城乡消费、区域消费差异的影响

在我国传统城镇化阶段实施的小城镇发展战略以及农民就地城镇化战略，是一种低水平条件下的以城市人口占总人口比例大小为标志的战略，主要关注城市发展，追求物质文明，各种要素呈单向流动，绝大部分都在城市尤其是大城市聚集，使得城乡居民的消费差异愈加明显、区域之间的消费均质性减少而差异性增加。

农村居民的消费心理、消费观念、消费方式本来就具有较强的地域差异特色。我国地域宽广，不同民族、不同地区的消费习惯和

消费心理均不同。即使是同一县区，在农村也会存在"三里不同风，五里不同俗"的情况。传统城镇化并未完全消除城乡居民的消费差异，反而因为户籍制度的阻拦、农民工社会和职业身份的不被认可、新迁入的农民市民被原城镇居民的歧视等因素，使这些人的消费理念、消费方式、消费结构不可能完全城镇化，在一定程度上加剧了城乡居民的消费差异。

重城市而轻农村，财富空间在城乡间、城际间以及区域间分布不均衡的传统城镇化发展战略，使我国农村经济发展不平衡，不同区域的农户收入水平存在显著差距，以至于东、中、西部地区农民生活消费水平的差异很大，分布明显呈区域梯度。我国东部沿海经济发达地区农民的人均纯收入水平很高，农村居民的消费水平和消费支付能力也明显高于其他中西部地区。如 2009 年我国城镇居民家庭人均可支配收入为 17174.7 元，农村居民家庭人均纯收入 5153.2 元，城市明显高于农村；东、中、西部三地区农民的人均纯收入分别为 7156 元、4793 元和 3816 元，而北京、上海、浙江等经济发达富裕地区的农村居民家庭人均纯收入更是分别为 11668.59 元、12482.94 元、10007.31 元，接近或甚至超过一些中小城市居民；也远远高于中西部地区，如甘肃和贵州分别只有 2980.10 元和 3005.41 元。收入的显著差异使得东、中、西部三地区农民的消费能力也差异明显。2013 年，我国城镇居民人均可支配收入为 29547 元，农村居民人均纯收入 8896 元，虽然增速上农村居民更高，但收入金额上城市仍明显高于农村。

再如，农村居民的消费结构也呈现出区域差异。东部地区大部分农民的食品消费支出比重一般低于全国平均水平，在其他诸如住房、家庭耐用品、交通通讯、医疗保健、文教娱乐用品以及服务支出等方面的消费支出额却明显高出中西部地区。再者，我国农村消费区域差异还表现在商品化率上。东部沿海地区和大城市郊区农村居民非农收入很高，消费有较高的商品化和市场化程度，且消费市场物流渠道畅通、又秩序较规范。如 2011 年，北京、上海、浙江的城镇和农村居民家庭平均每人生活消费现金支出分别为 21984.37 元和 11021.24 元；25102.14 元和 10834.1 元；20437.45 元和 9792.5 元，而中部地区如湖北、湖南分别只有 13163.77 元和 4382.95 元；13402.87 元和 4355.7 元，西部地区如甘肃、西藏分别为 11188.57 元和 3151.1 元；10398.91 元和 2235.62 元。可见，城镇现金消费支出是农村的 3 倍，东部是中西部的 2~4 倍，城乡、区域消费差异仍然较显著。[①]

而新型城镇化认为大中小城市之间的城际关系、区域关系，以及城乡关系，都处于一种功能互补、有序共生的、统一的复杂系统中，因此其采取的发展战略、秉承的发展理念、遵守的发展原则，将使城乡消费和区域消费的差异逐渐减少。根据新型城镇化的理论认为，大中小城市的发展都立足于广大农村基础上，并在此基础上相应发挥着各自的功能，因此不同等级城市的消费功能应立足于辐射、反哺、支持农村的消费；由于社会分工不同以及创造能力的差异，城际、区域和城乡之间在获取、支配、消费财富上也存在差异，但都有一个共同遵守的最低消费需求准则：让区域内的每一个成员都机会均等，能达到体面生活的消费水平；城际、区域和城乡之间的产业链和产业集群布局，既有内在不同的分工和合作，又有外在的联系和相互制约，它们之间是互补而又密不可分的，彼此的界限不再分明，因此无论农村是作为第一产业的集中地，还是城市作为第二、第三产业的集中地，都决定和影响着城乡居民的消费，都要为满足城乡居民的生存、享受和发展等消费需求而共同协调分工、布局和升级发展；城际、区域和城乡之间的人口、资本、技术、信息等要素流动符合梯度原则，在城乡间双向流动，城市消费功能的聚集和扩散效应并重，影响和带动农村的消费，形成互动双赢。

---

① 参见：《中国统计年鉴（2012）》，中国统计出版社 2012 年版。

6. 不同阶段城镇化对城乡居民消费结构的影响作用

根据乔根森模型揭示的原理，一般社会对农产品的需求是有限度的，而对工业品的需求却是多样无限的，因此当农产品的需求得到满足时，农村要素就会转移到城市工业部门，农民的消费行为、消费结构在这一城镇化过程中得到改变，这种城镇化的拉动效应将推动整个国民消费结构的升级。在现实社会中也的确如此，但是不同城镇化对城乡居民消费结构影响的作用大小不尽相同。

第一，表现在恩格尔系数的降低。根据统计资料显示，城镇居民恩格尔系数由 1978 年的 57.5% 下降为 2009 年的 36.5%，而农村居民家庭恩格尔系数由 1978 年的 67.7% 下降为 2009 年的 41.0%。虽然城镇居民的收入水平比农村高很多，但是城镇居民恩格尔系数下降幅度也比农村居民快。因为城镇化后的农民消费，会改变原有的自产自用、尽量减少食物支出消费的模式，而增强对市场的依赖度，其中增加最多的是对粮食和鲜菜的消费需求，另外主要副食品的肉类消费量也不断在增加，显示出被城镇化后的新居民的食品消费质量也在稳步提高。而城镇原有居民食品消费的市场化程度本来就很高，只是随着新型城镇化的发展，食品消费从数量的需求转变为对质量的需求，而且消费品种也有所改变，原来传统城镇化阶段多以谷物主食消费、油脂调味料支出为主，而现在包括未来的趋势，都将是用于调节饮食结构，促进健康的肉、禽、蛋、牛奶、水产品等副食品以及水果消费比重上升，尤其是牛奶、水产品、水果消费等营养膳食比重提升加快，食品消费逐渐朝高科技含量化、营养化、高品质化、多样化方面发展。这表明新型城镇化进程中，城镇居民将从小康社会逐步步入富裕型，而农村居民也正逐步全面小康型。但是城镇居民恩格尔系数有可能下降幅度减少，因为人们将越来越讲究吃，而用于改善饮食质量、营养丰富的高科技、绿色生态食品的价格往往是普通食品的几倍；城市居民生活节奏加快，导致为节约时间而购买加工食品的消费增加；另外，洋快餐、中餐店充斥城市的各个角落，上班族在外用餐比例不断提高，以便获得较多的休闲时间。这些都是导致新型城镇化后城镇居民恩格尔系数下降幅度可能低于农村居民的原因。

第二，表现在衣着消费支出比重的下降。城镇化使农村居民改变对衣服只需满足保暖、遮体、区分性别的基本功能的观念，也逐步认同城市人群对衣服功能的认识：能带来美感、使人舒适、体现人的身份和地位。因此人均用于衣着消费的支出不断增加，但支出比重却逐年下降，在生活消费总支出中的比重远落后于食品、居住、交通通讯、文教娱乐用品及服务、医疗保健等。另由于受收入水平、生活环境、生活方式等因素影响，购买的档次要比城镇居民低、做工较粗糙、质量较差，而价格较便宜的仿冒假名牌服饰一般在这些人群中很有市场。而城镇居民一般对衣服的款式、色泽、时髦、美感等诸多方面有较高要求，尤其是新型城镇化进程后，城镇居民已由生存型消费需求阶段，逐步过渡到发展型和享受型消费的阶段，因此，衣着消费更追求个性化、时装化、名牌化、成衣化。

第三，表现在家庭耐用消费品方面。首先，在住房消费方面，城镇居民由传统城镇化阶段对住房消费的要求从面积大小、户型朝向、独立性、私密性等基本需求方面，逐步过渡到新型城镇化阶段的住房的室内装饰、配套设施、物业管理、周边生态环境、社区文化、邻里关系等更高品质的需求上。而农村居民对住房的消费需求，也不仅限于楼层的多少、朝向位置是否符合风水、外表是否显示气派等传统城镇化阶段的观念，更倾向于房屋的安全性，卫生设备、饮水做饭等生活条件的方便性，可以说，农民建房、修房的规格和质量也在随着新型城镇化下城乡统筹的进程而不断提高。其次，家用电器等设备耐用品消费方面。城镇原有居民在传统城镇化阶段出现的，对彩电、空调、洗衣机、冰箱等基本传统家用耐用品消费的需求已基本饱和，而新型城镇化阶段对家用电脑、移动电话、家用汽车等处较高消费层次、现代化创新产品的需求不断增加，同时，许多原有耐用品也进入了更新周期；而农村居民在新型城镇化阶段，由于消费环境的改善，农村基础设施建设的完善，各类家庭基本耐用电器品消费需求仍处于增长期。

第四，表现在医疗保健和文化教育消费支出比重方面。在传统城镇化阶段，随着生活水平的提高，城镇居民越来越重视教育消费，城镇居民用于文化教育支出的比重逐年增加；而且随着收入的增加，人们越来越重视自身的身体健康，希望能更长时间、更好地享受现代化生活带来的种种益处，因此医疗健康保健支出也会随之相应提高比重。但在进入新型城镇化阶段后，未来医疗保健比重会有所下降，关键原因就在于生活水平的提高会使疾病的发生率降低或者疾病的严重程度得到缓解。而新迁入的新市民身份发生很大变化，由农业生产经营者转变为拿工资的劳动者，增加收入的途径不再是通过增加对土地、化肥、种子等农业生产资料的投入，或利用农闲时去城镇打工获得兼业收入。因此，必须增加自身以及子女的教育和培训投入，以增强就业竞争能力、适应城市生活工作需求；另外，"身体是革命的本钱"这一城镇居民常用的口头禅，也影响了这些新市民；为了提高生活质量、增强融入城市社会的自信心和能力，教育和医疗保健支出成为城市工资劳动者消费支出的重要内容。

第五，表现在交通和通讯消费的快速增长。由于城镇化的进程不断加快，城区面积不断增加，人们工作地点与生活地点的位置不断分离，导致城镇居民用于交通的支出不断增加比重；不少城镇居民随着我国汽车工业的发展，已购买家用小汽车，并且无论在拥有数量以及品牌档次上都进入了升级状态。另外为了联系的便捷性，移动电话逐步取代固定电话，已经成为迅速普及的通讯工具。而新迁入的原农村居民也受到影响，这方面的支出不断增加，将拖拉机、三轮车等农用交通工具，换成城镇用的摩托甚至小排量汽车；手机、固定电话等通讯工具在日常家庭生活中得到普及。

第六，表现为消费支出热点的改变。农村的传统习俗是依靠劳动力数量和男性强壮劳动力来拉动的传统农业生产为主，故而对农村父母来说，多生育孩子尤其是男孩，能带来更多的生活与精神满足。因此，为了增加生产经营收入、"多子多福"、比较讲究排场等需求，其消费主要放在生产投资、结婚生子、孩子抚养、家庭建房等方面，这四大消费在农村家庭消费中被列为头等大事，农民宁可勒紧裤腰带、借款也要筹备。城镇化后，随着社会身份的转变、收入的增加，生活水平的提高、所处环境的改变、周边城镇居民消费结构的影响，新迁入的原农村居民逐步改变了消费支出重点：吃、穿方面的消费比重不断增加，居住、家庭耐用电器设备用品方面的消费逐步增加，人均服务性消费支出也必然随之增多。尤其是随着受教育程度以及机会的增多，其接受新鲜事物、新型消费产品、新消费方式的能力增强，对大件耐用消费品、高科技含量产品需求增加。可以说，农民的消费方向从基本型生活消费开始向享受型生活消费转变。

在传统城镇化阶段，由于城镇化加大了生活成本，因此对于城市普通居民和一些收入相对较高家庭而言，购买基本生活必需品的消费支出虽趋于减少，但子女教育和住房是家庭消费中最主要的部分，其他消费可以随时为之调整。而进入新型城镇化阶段后，除低收入群体仍受预算约束，消费结构和内容仍以满足基本生活为主、滞后于新型城镇化步伐外，中高收入群体基本已转变了以耐用消费品为主的消费结构，交通通信等缩短时空位置距离的信息消费、医疗保健、文教娱乐、旅游休闲等发展性和享受性消费、带来人们生活便捷的服务性消费等支出将逐渐增加份额，对技术创新带来的高科技产品、可以实现人的自尊需要和自由全面发展需要的消费支出需求将快速增加。

3.2.2　消费增长对城镇化的推动作用

1. 居民不同类型消费需求对城镇化的影响

随着社会经济的不断发展，人们生活水平的不断提高和需求的不断提升，城市的中心功能已从生产功能、政治功能逐渐转为满足城市居民生活和消费需要的功能为主。消费对城市而言，如同一把"双刃剑"：一方面消费的集聚作用刺激了城市经济增长和区域的繁荣，给城市增加了更多魅力和活力，因消费而聚集的人气、财力、资源等为城市集聚功能的更好发挥提供了基础，也为城镇化的进一步发展提供了条件。另一方面，当消费成为人们融入城市生活的一种重要方式，成为人们标榜其身份和地位的一种方式，甚至成为人们价值评判的一个主要标准时，消费的异化会使城市仿佛变为"欲望之都"，出现一些不和谐发展的因素。

居民的消费有不同类型，这些不同类型的消费对城镇化的目标、水平的影响范围和程度均不相同。当人们偏重于对食品、衣物、住房等基本生存需要的消费时，影响到城镇化的目标以单纯地追求 GDP 的增长、追求经济效益，尽可能地生产大量物品以满足人们的生存需求消费为主；因此，需要牺牲农村的利益，不断地为城市提供源源不断的生活必需品，此时的城镇化水平属于低级的重数量阶段。而当人们的消费需要上升到社交层次和要受到尊重的层次，但是对社交和尊重的理解概念产生歧义时，往往认为消费可以补偿在其他社会领域遭受的挫折，认为消费物品的价值越大、消费数量越多，就越能在人际交往中取得其他社会成员的承认、获得强烈的归属感，就越能让他人认同自己的幸福并更加尊重自己，使自己得到满足，因此某些消费者通常会通过对消费资料的不计成本地占有以便显示自己的身份和地位，宣泄自己的不满，从而往往造成消费的浪费，消费者的这种需求心理，影响到城市建设中出现超豪华的、占用大量宝贵土地的建筑设计，影响到城市商业和产业都注重的是商品的包装和品牌，而非主要重视商品的使用价值，很多商品质量和款型上很容易过时和损坏，且难以维修。城市追求的利益在于不断地将奢侈品生产出来，以最大限度地提高消费者的异化需求，从而使城市的发展理念走入一种歧途，实质仍遵循量化的原则，仍是在低水平层次以资源浪费为基础的发展，更增加了对生态环境的破坏，甚至出现过度城镇化。

而随着技术水平的提高、消费品的极大丰富，市民的素质也随着社会经济水平的发展、消费水平的提高和消费结构的优化得以全面提高。当市民消费从以前仅为满足基本物质生活需要为目的的单一购买行为，提升为满足物质和精神文化生活双重需要为目的的多元购买行为时，尤其是当居民消费需求上升到自我发展和实现层次上以及对社会和子孙后代的责任层次上时，消费观念和消费方式得以改变，不再将生活的价值、幸福的指数与占有消费品数量的多少、与追求奢华品的消费方式联系起来，而更多地认为应是与自我实现的劳动与有益的消费相匹配，追求的是消费理性，是在一种轻松、快乐、简约的对资源的适度控制的消费方式中实现人与自然的和谐相处。而此时，城镇化发展的目标将围绕着消费需要的最高层次——人的全面发展而展开，城镇化开始注重内涵集约式发展，以节约资源、保持生态平衡为原则，城镇化水平提高追求更高质量的层次。而且更多地为满足人的全面发展的城市产业和城市基础设施将会得到长足增长，城市的功能和特点也会随之增加和创新。比如知识经济时代，学习成为一种常态，居民为了子女的教育和前途必须有相应的支出，而且每个人都需要通过学习新知识、新技能，进行业务技能、职业素质等方面的培训，以满足提高自身竞争实力、提升职位职称、变更更符合自己需要的工作岗位等各方面的需求，因此，教育消费成为一个消费的热点，促进了城市相关第三产业的发展，成为城镇化的后续动力之一。而学习型也成为城市未来的功能之一、成为新型城镇化的一个重要特征，城市相关的教育机构和教育服务性公共设施也不断在增加。我国在党的十六大报告中也明确强调："要形成全民学习、终生学习的学习型社会，促进人的全面发展。"很多专家和地方政府官员也相继提出建设学习型城市是社会发展的必然趋势，是实现城市现代化的必由之路。

2. 不同阶层、不同群体消费对城镇化的影响

由于消费者在社会经济生活中获取消费品资源的能力、机会、结果不同，因此消费在一定程度上促成了社会的分化，使其分成了高低有序的等级或层次，我国现阶段在城乡都有不同的消费者阶层和群体，这些不同阶层、不同群体消费对城镇化的影响也是不同的。

农村居民具有双重身份：农村居民的职业与生俱来就是从事农业生产，而这一产业在我国自古以来就是个体、家庭式生产和销售，因此作为农业生产经营者这一特定身份，决定其主要将收入用于购买农业生产资料的消费中；当然，农村消费者为了自己和家庭成员的生活需要，还会以生活资料消费者身份购买、使用商品或接受服务，但这一消费占总支出的比例总是被农民用能省则省的消费理念和消费方式所支配而实行弹性缩减。即使都是农民身份，但由于自身所在村庄与城市距离远近不同、与农业生产经营结合度不同、与城市经济生活的联系紧密程度不同等因素的影响，其消费层次和消费水平等均不同。目前在我国农村居民大概分为五种消费需求层次和消费行为：一是贫困型，其消费能力和消费水平极低；二是温饱型，主要消费集中在生活必需品，对消费品的数量和品种要求不多、消费品的规格和品质要求不高；三是温饱向小康过渡型，对消费品数量的追求过渡到质量提高需求；四是小康型，其消费观念和消费方式趋向城镇化、升级消费结构欲望强烈；五是富裕型，其消费观念和消费行为已完全城镇化的。这些不同区域、不同消费层次的农村消费者的购买能力、消费需求标准完全不同。后三种尤其是小康型和富裕型农村消费者的消费能力很强，消费水平很高，有的甚至超过一般城市居民，如著名的华西村等村民户户有别墅、洋楼，家家有大额存款和小汽车，村村公园化环境和集体管理，让很多城市居民都羡慕不已。因此，近些年，在我国大城市郊区、长三角、珠三角等经济发达、农村工业化发展迅速的地区的农业户籍

远比城市户籍含金量高，甚至部分地区如浙江 2010 年曝出"非转农"现象，出现了疑似"逆城镇化"的局面，这对原有的传统城镇化的人口、户籍城镇化战略提出了很大的疑问。而我国一些偏远山区仍大量存在贫困型和温饱型农村消费群体，这些群体由于消费能力有限、消费观念传统，对城市经济、流通、消费功能的集聚效应、扩散效应、示范效应、溢出效应和极化—涓滴效应产生抵触，弱化了城镇化作用的强度。

城市消费者也可分为三种不同消费群体：原城市居民、新迁入城市的原农村居民、农民工。传统城镇化仅是使人口城镇化，但其消费心理和消费行为仍未有实质变化，另外，农民工和新迁入农村市民由于受教育程度低、职业受限、收入来源渠道欠广、收入少、社交范围狭窄、消费习惯和心理暂时未完全脱离农村传统等原因，容易对城市原居民群体产生产生逆反和疏离感；再加上由于消费品的市场化程度不同，导致城市的生活成本比农村要高得多，因此，农民工群体虽然大量时间在城市中生活、工作，但由于缺少改善消费水平的条件，使其在城市的消费却是尽量缩减，主要将钱寄回家用于建房、嫁娶等，或积攒下来利用每年春节等重大节假日回乡才大肆消费，可是这些人由于平时很少在农村生活，故彩电、冰箱等耐用消费品的添置需求很少，更缺少享受型和发展型消费的需求，主要仍是日常生活必需品的消费或畸形的攀比消费。可以说，农民工这种虽为正式农民却是隐性市民的"双重身份"导致无法实现人口消费方式向城镇化的转变，阻碍了其消费结构的升级。而新迁入城市的原农村居民的消费方式虽然从农村半自给自足向城市商品化转变，农民身份也实质改变，进而推动了其消费结构的升级，但传统城镇化中"农村人口就地城镇化"模式，缺乏新增小城镇社会保障机制，使得这些依靠当地乡镇企业发展而城镇化的原农村居民消费信心不高，消费需求不足，更愿意仍按照农村的生活方式去消费，阻碍了城镇化能改变人口消费方式、带动消费需求扩张和消费结构升级的作用的发挥。

原城市居民可分为高、中、低消费阶层，原城市居民没有如农村居民般必须支付的生产资料消费支出，一般只进行生活资料的消费，因此其消费能力相对而言更高、消费欲望更强。但传统城镇化中，城市原有的基础设施由于农村剩余劳动力、新迁入农村市民大量涌入而显得日益缺乏，城市原有的社会秩序和生活格局受到了冲击；城镇化进程中各种由于人口增多所带来的城市社会问题以及城市犯罪率的增加、城市居民不安全感的强化。使得城市原有居民对农民工以及新迁入农村市民的偏见和歧视工表现明显。尤其是 20 世纪 90 年代以来，大批国有企业职工下岗，城市人口与农民工两大群体的就业竞争和冲突日益激烈。因此，原城市居民对未来的不确定性增强，尤其是低消费阶层和庞大的中等消费阶层都增加了预防性储蓄进行自我保险的动力，减少了消费需求。另外，高消费阶层也因消费渠道不畅，没有适合其阶层需求的高品质含量的高档消费产品等而在国内城市消费欲望不足，另外由于没有对这部分阶层消费的有效引导，导致出现一些畸形的炫耀性的异化消费的出现。

由于不同阶层、群体消费需求不足的情况，使得城镇化的质量提升受到阻碍，使得城镇化的社会效应表现为贫富悬殊、地区差异过大，进而出现不同阶层、群体消费者的对抗。另外，城市的实质和魅力之一在于聚集不同阶层、群体人群在公共场所的交往，其消费行为能持续地聚集人气和各类资源，促使人流、物流、信息流、货币流在城乡的双向流动，但消费需求的不足减少了城市的魅力，降低了城市的竞争力，同时也减少了城市的经济增长动力。

3. 政府消费、私人消费、社会团体消费对城镇化的影响

社会总消费包括私人消费、公共消费以及社会团体消费，三者占社会总消费的比例不同，对城镇化影响的后果也就不同。一般的研究很少涉及社会团体消费，认为社会团体主要由企业、事业单位和其他社会团体组成，而企业是纯粹的生产者，不存在消费行为，

而实际上，企业除了用于购买原材料、燃料、生产工具、机器厂房设备等的生产消费外，还有很多企业团体生活消费开支。如以企业名义办消费券、消费卡等形式再转发给员工，或以单位名义集团采购消费品再转给员工个人和家庭使用；并且企业本身为了生产经营必须购买办公用品、家具、办公用房、装饰、报纸杂志、取暖设备、空调、车辆甚至药品和医疗器材等企业共有消费品；还有企业在组织大型团体活动时，也有消费开支，如集体观光旅游、节假日庆典演出等。另外，一般还认为事业单位和其他社会团体，都是非营利社会组织，也不存在消费行为。但事实上，这些团体也有和企业生活消费开支内容相同的团体消费开支。社会团体消费的增多一方面使居民实际收入提高，也能使居民的消费能力得到提升，使居民消费需求呈现多元化类型，而这些不同类型的居民消费对城镇化的目标、水平的影响范围和程度产生不同的影响，前面已有论述，此处不再复述。另一方面，社会团体尤其是企业作为城市经济组织，以自身利益为前提，总期望投入最小成本而换取最大利润，从而在城市的一定地域内聚集成为一个特殊的空间区域。因此，工业企业总是为了尽量降低土地、厂房、办公用房等的消费投入，而选择地价和房租较便宜、地理位置较偏远之处；并且依据各种原材料和产品的交通运输条件和要求，服务配套设施、基础设施、各种资源的共同利用程度和关联度，在空间上相互聚集，形成工业区。而商业、金融、贸易等企业从各自活动特点寻找能获得最大利益的相应区位，更愿选择人口聚集、交通便利之地，并依相互交换和信息交流的程度进行区位配置，向市中心聚集形成中央商务区。可以说，社会团体的消费取向影响了城市用地功能分区，进而对城市空间结构的演变起到了重大推动作用。

广义的政府消费既包括政府部门自身的消费支出，又包括政府公共消费支出和政府转移性支出。政府部门自身的消费支出与社团消费的团体生活消费开支大体相似，分为公务消费、个人工资支出、福利性支出和个人消费性支出。政府公共消费支出的项目很多，主要支出项目包括：国防支出、公共医疗保健支出、公共文化教育支出、公共交通支出、公共服务类设施支出、公共水电气支出等。而政府转移性支出的主要内容有：社会保障支出、财政补贴和捐赠等。后两者是政府消费的最主要方式。私人消费一般指居民的个人消费以及家庭消费，在文中多处提及，本段不再重述。

传统城镇化进程中，主要消费方式为个人消费和家庭消费为代表的私人消费，而公共消费以及社会团体消费相对而言较少。私人消费一般用于劳动力再生产，满足差异巨大的个人和家庭生存、发展和享受型消费需求。但诸如保持身体健康、获得文化教育培训、享有稳定安全的社会秩序等很多发展与享受型消费需求必须由公共消费来满足；而且私人消费由于较分散、单个个人和家庭的消费能力有限，因此对城市空间、城市产业结构、城市整体布局等方面的影响，在一定程度上明显不如公共消费的影响力。纵观发达国家城镇化的历史进程可以发现，由于城镇化和郊区城镇化增加和更新了城乡公共设施，城乡社区的公共消费对城市产业结构的调整和产品更新换代的推动作用，比城乡居民个人消费所起的推动作用更大、时间持续性也更长。政府对城乡公共设施的消费支出，不仅带来居民生活的改善，而且也使新的消费市场和消费热点层出不穷，既解决了更多居民的就业问题，也保护了生态环境和社会环境，从而给城市经济发展创造了新的机会。提高政府公共消费支出的比例，能丰富城市资源禀赋的数量质量、调整资源匹配组合状况，为城市发展提供更多更好的空间和物质基础；能降低城镇化成本、提高城市生产率，提高城市经济发展水平；还能增强城市基础设施能力，解决城市基础设施滞后或存量不足等制约城镇化进程和建设的不良影响因素，推动城市发展。而政府转移性支出的增加，能减少居民对未来不确定性的担忧，提高其消费能力。

总之，提高政府消费和以企业为代表的社团消费的比例、减少劳动者的消费，一方面能增强城市基础实力，城市只有在基础总量达到一定的数量和水平后，才能取得相应的规模效应；还能健全的城市功能、引导城市建设、优化城市生态环境、保障城市经济社会治安；从而促使城市发展的力度和速度越强大、发展的基础越夯实。另一方面，能促进城市就业、提高居民收入、提升居民的消费能力、改善居民的消费结构，进而影响城市产业结构的调整、促进都市旅游的发展、推动城市经济增长、增强城市的魅力和吸引力，城市的竞争力也更进一步加强。

4. 居民消费结构对城市产业结构的影响

马克思关于生产与消费关系的理论精辟地指出，生产决定消费，而消费在一定程度上又影响着生产。国际经验和产业结构演进的规律也表明了：产业结构决定居民消费结构的质量和水平，产业结构的变动决定了消费结构变动的方向；但同时消费结构变化是引导产业结构变动的主导力量和重要动力，居民消费结构的升级和消费需求的不断扩张，将通过产业关联度这一传导机制在产业间扩散进而促进城市产业结构的调整和升级，大大提升以服务业为主的第三产业在整个国民经济中所占的比重。

首先，城市产业结构的调整必须以居民对消费产品的偏好程度为依据，生产适合消费者需求数量、质量和种类的产品是产业结构更新换代的立足点。否则生产出来的产品无法寻找到合适的销售对象、大量挤压，而消费者喜爱的产品又购买不到，这种结构性的"长"、"短"线，不利于城市经济功能的发挥，也无法实现社会生产和城市发展的最终目的：满足人们不断增长的、现实的以及潜在的精神和物质文化需要，实现人全面发展的需求。比如，我国现实经济生活中，这些年城乡居民储蓄大幅度增加，据国家统计局和中国人民银行公布的储蓄数据显示，1952 年只有 8.6 亿元，1978 年增加到 210.6 亿元，我国储蓄率 1980 年仅为 11.9%，1992 ~ 2000 年基本维持在 40% 的水平，2012 年上升至 52%，到 2013 年 8 月，中国居民储蓄余额连续 3 个月突破 43 万亿元，已成为全球储蓄金额、人均储蓄额最多的国家，也是全球储蓄率最高的国家之一，仅次于卡塔尔和科威特。① 储蓄的增速比居民收入的增速高了近三倍，这不得不让人深思：储蓄高速增长的原因除居民收入的迅速增加外，还有何更重要的影响因素？收入等于居民收入减居民消费，因此，恐怕要从居民消费增长速度慢于居民收入增长速度中寻找原因。转型期间人们对未来不确定性增加在一定程度上阻碍了消费的增长，但最近两年出现的中产阶级、富裕阶层在海外对奢侈品以及住房的大肆购买，第三次投资移民潮等现象，不得不让我们对中国城市的产业结构的不足进行反思：消费品的生产和供应结构与消费结构不能适应的结构性矛盾，造成人民群众真正需要的消费品买不到，迫使普通消费者将大部分收入转为储蓄，而那些富裕阶层的消费者则到海外寻求满足其消费需求的渠道和途径。

其次，城市产业结构调整的方向取决于消费结构的变化，我国居民消费结构呈低级向高级化的变化趋势：从满足基本生存需要的吃穿住行消费，到开始注重提高品位和价值、追求享受与发展的文化教育、旅游、娱乐、信息等服务和享受型消费；尤其是城镇居民对第三业的服务需求更是明显增多。这种消费结构的变化促使产业结构为更好地满足消费者的需求，而不得不改变其组成、运行方向、匹配模式，降低第一、第二产业的比重，提升第三产业的比重。而以服务业为主的第三产业的发展正是需要人口集聚到一定程度，产生对商业连锁、餐饮、酒店、金融保险、信息咨询、教育、文化娱乐、体育卫生、旅游、绿色消费等服务业的巨大消费需求时，才能更好地发挥规模效益、得以更好地推动其向纵深发展。可以说，城市现代化规模越大，追求享受型和发展型消费的人口数量越多，对服务业的需求就越大、对城市产业结构的升级调整推动作用也就越大。事实上，欧美城市中更能满足消费者结构升级的信息技术产业、文化产业以及服务业，正逐步取得以制造业为主的传统

---

① "最能存钱国家：中国仅次于中东土豪"，搜狐财经，2013 年 11 月 22 日，http：//business. sohu. com/20131122/n390602801. shtml。

产业成为城市的主导产业。而我国城市三次产业结构也随着城乡居民消费结构的变化而优化升级过程。三次产业结构比例逐渐趋于合理，第三产业对国民经济发展的作用日趋重要（具体数据见表3-1）。三次产业对国内生产总值的贡献率也随着产业结构的调整而有所变化，尤以第一和第三产业的比率变化明显，1990年，三次产业贡献率分别为：41.7%、41.0%和17.3%，而到2009年，这三者比率变为4.5%、52.5%和42.9%。[①]

表3-1   三次产业情况列表

	1949 年		1977 年		2007 年		2007：1949 增长倍数
	绝对额（亿元）	比重（%）	绝对额（亿元）	比重（%）	绝对额（亿元）	比重（%）	
国内生产总值	358	100	2659	100	249529.9	100	69.7
第一产业	245	68.4	984	37.0	28095.0	11.3	11.3
第二产业	46	12.9	1316	49.5	121381.3	48.6	262
第三产业	67	18.7	359	13.5	100053.5	40.1	149
交通运输业	12	3.3	106	4.0	14604.1	5.9	121
商业	55	15.4	253	9.5	18169.5	7.3	33

资料来源：宗寒：《是什么改变了中国》红旗出版社2009年版，第39页。

再其次，消费结构的阶段性、层次性上升还会促使新产品的产生与新技术的运用，以缩短某些已步入成熟期，尤其是衰退期产品与服务的生命周期，给产业结构规模的扩大和优化升级转型带来机遇。如随着居民的消费总体水平快速攀升，居民家庭耐用消费品的升级换代速度加快，也促使家电行业产业结构的不断升级、新技术新产品层出不穷：在20世纪70年代，流行的是俗称"老三件"（又叫"三转"）和"一响"，"三转"指的是自行车、手表和缝纫机；而"一响"指的是收音机；进入80年代，老百姓生活水平有

---

① 国家统计局：《中国统计摘要2010》，中国统计出版社2010年版，第25页。

了普遍提高，"老三件"逐渐被"新三件"（电视机、冰箱、洗衣机）替代。而进入 21 世纪，这些传统电器早已降温，随着人们越来越注重生活质量，新兴家用耐用品、高科技含量的高档消费品进入寻常百姓家。如移动电话、电脑、空调、微波炉、液晶电视和私家车等，正在取代传统电器的位置成为现阶段"消费"热点，而我国的城市产业结构调整就是围绕这些热点消费品的产业链效应逐步展开的。消费结构的初级升级阶段，在居民消费中占很大比重的食品、服装类消费支出，带动了轻纺工业和农产品加工业的较快发展；而第二次消费结构升级阶段中，电冰箱、洗衣机等家庭耐用品开始进入居民家庭，驱使了电子、钢铁、机械制造等行业的大力发展；现阶段即第三次消费结构升级时期，消费者在"住"与"行"等方面的支出增加迅速，推动了建筑、汽车及其相关行业的快速发展；而这些产品的产业链较长，能分别带动相关的五十几个产业的长足发展，可以说，拉动作用范围广、消费与生产层次高，又与城市社会生产和人民的生活息息相关，合理利用这些消费热点的导向作用对产业结构的调整很有意义。

另外，消费结构通过商品的相对购买力的变化会对产业结构产生影响。当价格既定时，人们收入水平提高将使高档消费品和享受型服务的收入价格弹性下降，从而提高对高档消费品的相对购买力和购买需求，这种变化将刺激产业部门进行结构调整，增加对高档消费品和享受型服务的生产经营投入、减少一般消费品的生产经营项目。换而言之，从弹性原理出发，服务产品、工业产品、农产品的收入弹性依次降低，随着消费结构的升级，提供这些产品的产业比重也就依次减少，农产品的比重下降幅度最大，而工业品先升后降，服务产品比重迅速上升，成为三大产业中增长最快的部门。另一方面，受产业结构调整的影响较大的一般是生产高价格弹性产品的产业，如奢侈品、高科技含量的高档消费品的产业；而生产低价格弹性产品的产业，如农业相对稳定，因此，在产业结构的不断调整中其比重也就逐渐降低。

最后，消费结构的优化也为产业管理部门在制定产业政策时提供思索与参考，必须考虑与消费结构调整相配套，才能在宏观上最终达到供需均衡、实现资源的配置优化。

目前，我国农村居民的消费结构层次较低，而农村人口仍占全国人口50%以上的比重，这使得产业结构的升级在一定范围和程度上受到限制，因此，必须通过新型城镇化，提高城乡居民收入，增加人们对未来预期收入的看好，提升居民家庭消费水平，使其消费结构升级。

5. 居民消费对城市空间结构的影响

作为人的本能需求之一的消费需求，必须是在特定的空间内得到满足，因此消费与空间结构有着密不可分的关系。随着经济、社会、文化、制度转型的出现，消费由一种单纯地满足人们的物质需求的行为，演化为一种促使城市空间关系建构的动因，并为社会空间再生产提供保证途径，城市空间生产在很大程度上被消费所左右，消费空间也因此大量出现。

消费对城市物质空间结构的影响，主要表现在：人们生活水平的提高、消费结构的升级，对其生活环境和消费质量的要求也越来越高，进而促动了与个人、家庭生活活动息息相关的城市物质空间尤其是消费物质空间布局的变化，进而影响新的城市形态。如开发商更多会依据不同收入、身份、地位和阶层消费者的不同需求，来开发不同类型、风格、装修的住宅，来建设数量、规模、种类、等级等不同的商业、金融、娱乐、健身、医疗、教育等服务的生活配套设施。如随着消费分层越来越明显，购物场所这一消费空间也出现了差异性，如出现了跳蚤市场、超市、普通商场、精品购物中心并存的局面，消费者在这些不同地点消费时，可以得到完全不同的空间体验。再如不同类型居民的不同交通消费需求，对城市规划中地铁、公交、航空、水运等交通体系道路路线和站点的规划以及配套设施的安排设置也产生着不同的影响；而且由于轻轨、汽车等交通消费和信息技术消费的普及、"通勤居住"的出现，城市空间形态也随着城市内部组织机构和联系方式的变化，而逐渐由最初的紧凑型的集聚形态向松散型的扩散形态演化，城市空间远比靠步行和马车等交通消费方式年代放大了几十倍，改变了原有传统的向心城市结构，出现了边缘城市、多核心城市，甚至出现了以大城市为核心的巨型城市区。如周素红和阎小培（2005）曾对广州市典型街区居民通勤行为进行分析，得出实体空间的现状及其演化基本能从居民通勤行为空间上反映出来，并且城市社会空间也能从中得到一定的反映的结论。

消费对城市社会空间结构的影响，主要表现在：不同消费能力和水平的人群的聚居，也会对城市社会空间结构产生一定的影响，形成不同等级、类型的社区分布。我国郊区化与西方发达国家不一样之处在于，我国是被动式郊区化、居住郊区化和扩展式郊区化，一些城市中心旧城区通过改造，环境得到很大改善，高消费能力的城市白领和富裕阶层喜欢聚居在城市中心，享受都市的繁华与生活的便利，但偶尔为了寻求宁静而清新的环境也会选择去乡村别墅小憩；另一方面，城市中心区的高地租、高房价和高生活消费成本，使中心区原中低收入居民，和其他的新迁入的农村市民、农民工等低收入低消费水平的人群一样，为了减少生活成本，而被迫聚居在城市边缘区，这些空间由于摊饼式的扩展，一般发达程度和便利性都不够。而同时，一些未被改造的旧城区仍居住着大量的原有贫困阶层，这种中心繁荣区与郊区化并存的状况，使我国城市的社会空间结构在阶层分异上表现非常明显。

城市经济空间的配置属于人类经济行为的产物，不同空间位置和不同规模、职能之间有机密切地依某些秩序和某些原则而并存着，而消费作为其中一种因素影响着城市经济空间结构，对城市经济空间功能分区、发展模式产生了较大程度的影响。随着城市人消费需求的不断升级和消费方式的差异化，个人拥有的城市空间和具有"到场权"的城市空间也趋于多重化，一般分为生产空间、商业空间、居住空间和交往休闲空间等，后三者都与居民的消费直接相关，而且这些空间的发展模式、功能分区也会因消费行为的变化而变化。比如从 20 世纪 90 年代中期开始，人们逐渐告别了"短缺经济"时代的消费需求，在宅时间减少、进入休闲消费时代，因此城市经济空间就逐渐分离出更多的交往休闲空间和商业空间；再如人们的购物消费行为方式的变化，由原来的直接付现金购买型，发展到现在越来越多的人群喜欢刷卡信贷消费，而与之配套的金融服务业空间格局也有较为显著的变动，商业区附近一般也就有更多的金融服务机构或金融服务配套设施。

6. 消费文化对城市特色的影响

消费作为一种经济行为和社会行为的综合，体现了一种文化的传承和历史的延续性。消费者由于生活在特定的文化背景下，从属于不同的文化模式，因国家、民族、地区、阶层文化的差异性，而产生不同的消费文化，并通过一定的消费习俗、消费习惯和消费方式表现出来。由于城市是人群的聚集地，而消费是城市居民每天必需的行为，因此对城市自然产生很多的影响，每个城市由于所处的自然环境不同，所经历的历史阶段不同，城市原有的主导人群所承袭的文化传统不同，产生了不同的消费文化，并且为这种消费文化所主导，进而通过各种消费行为、消费理念影响所在城市特色的形成。城市特色是自然特质的一种积淀、历史人文的一种传承；既可以通过外在形象表现出来，也可以从城市人内在素养中得到体现。而不同城市的消费文化就能从某个方面很好地折射出该城市的特色，并影响城市特色的进一步塑造。消费文化一般可细分为物质文化、精神文化和生态文化。三种文化既各自独立，又相互关联。物质消费文化的差异性，使得承载不同消费主体的城市借助具体消费物品，通过名称、标志性建筑物等表现出外在形象特色的差异性。近些年来，我国一些城市纷纷以提高品消费的具体形式来塑造城市的特色，如景德镇的瓷都、贵州仁怀的酒都、福建安溪的茶都等。

而对精神消费文化和生态消费文化这两个更高层次的消费文化的追求，使得城市在优美的、和谐的、可持续发展的消费环境中，更注重通过城市人消费的伦理、道德、价值观念、审美意识等内涵素质来体现城市的魅力和特色。

全球化的消费主义文化是在 20 世纪 60 年代后欧美、日本等发达资本主义国家逐渐步入消费社会之后掀起的，在这种文化影响下，从制造业到以教育、健康、信息、娱乐、休闲为主的服务业的生产者，都热衷于运作资本、创造"消费需求"，这是非物质商品的生产；消费者追求的是除商品使用价值与价值以外的，以符号价值、体验价值、信息价值为属性的第三种价值。全球化的消费主义文化对世界各地的城市建设和城市特点的影响也是颇为深刻的。在我国的旧城改造中，就有很多这样的实例。如 1999 年，上海的"新天地"动工，采用后现代性质的拼贴手法，保留上海本地的石库门建筑样式，但在其中加入大量全球化的消费主义文化元素，在那里有着不同国家和地区的风情餐厅和酒吧、精品商店，大型健身中心、影城、文化艺术长廊甚至汽车展示厅，营造出一个有活力、具娱乐性，可供不同人群购物、用餐、散步、参观、谈生意的人造特色显著的完美都市环境；此后，在杭州、重庆、北京等地大量出现了"新天地"系列的复制品，并被认为是中国城市走向国际化的一个重要目标和标志。而在创建全球化消费文化空间的过程中，具有明显本地历史文化地域特色的传统城市空间被放在次要、辅助地位，甚至被任意分段，而占据主导地位的是所谓的全球化的时尚消费元素；这些全球化消费主义文化的产物，在给人们提供国际消费时尚的城市新空间的同时，既改变了人们传统的居住空间和消费环境，也磨灭了旧城区的生活形态、转变了人们的生活方式和生存体验状态。如北京的新街口作为旧城区曾经的繁华商业区，街道两边有着林立的商铺，曾经吸引了许多消费者的驻足光顾，但现在的都市人群有很多不愿沿街购物、认为太过消耗体力，且风吹雨淋会降低购物的热情，因此更愿在环境舒适时尚、购物便利的商厦中，乘坐自动扶梯、自由地在林立的货架前选择、逛累了或饥渴时还可随时休憩和餐饮。于是，新街口这一旧城区的商业繁荣日益凋零。可以说，新天地式的超大购物休闲娱乐建筑群的出现，彻底改变了人们与街道店铺之间的传统意义上的关系，城市真正传统意义上的特色正在逐渐消失，而即使保留的部分也仅是为了创造更多的经济价值而非人文价值。另外，全球化的消费主义文化盛行，使得城市空间的改造和建设中，遗失了原住民这一群体，很多原住民被迫迁移到他处，他们世世代代所熟悉和传承的生活方式和生存状态中反映出来的传统特色文化、所体现的城市真实形象也随之荡然无存。如何保留和重塑城市特色以及城市消费文化，是颇值得深思和重视的问题。

第*4*章

消费增长与城镇化关系的
实证分析

　　消费增长的内容具体可反映在三方面：一是消费水平的提高。消费水平指一定时期内人口平均消费的消费品和服务所达到的数量、规模和水平，可用货币、实物等形态表示。二是真正的消费增长既包括消费品数量的增加，也包括消费结构的改善。消费结构是指不同类型的消费主体在消费过程中所消费的各种消费资料（包括劳务）的组合和比例关系。消费结构的范围和层次会随着消费水平的提高，而出现从低到高的梯度转移。三是消费质量的提高。一般情况下，反映消费质量增长的因素主要有：消费者的精神文化素质、闲暇时间数量及形式和内容、消费的自然环境状况等。

　　消费增长与城镇化是互动的，两者之间的关系是一种动态的相互作用和相互影响的关系。其基本逻辑如下：消费增长与经济增长是同步的，大量研究表明，消费与 GDP 这两个时间序列是紧密联动的，消费是顺周期、同步、可变性小于 GDP 的变量。[①] 现代经济增长是工业革命以后才出现的事实，工业化是推动经济增长的最重要的动力，而城镇化又是工业化的结果。城镇化反过来又促进工业化的发展，促进经济增长，从而也促进消费增长。第 4 章从理论上

---

　　① 斯蒂芬·D·威廉森：《宏观经济学》（第三版），中国人民大学出版社 2010 年版，第 64 页。

分析了消费增长与城镇化之间互动的机理，本章对消费增长与城镇化之间的协整关系和格兰杰（Granger）因果动态关系进行实证分析。由于消费质量的提高较难量化，因此这里仅把消费增长定义为居民消费支出的增加引起的消费水平的提高和消费结构的变化。

4.1
分析方法

4.1.1 格兰杰（Granger）因果关系和平稳性

Granger 因果关系检验是一种较通用的也是一种较简单方便的因果关系检验方法，它假定每一变量预测的信息全部包含在这些变量的时间序列中，一个变量如果受到其他变量的滞后影响，则称它们具有 Granger 因果关系。假设有两个变量 X 和 Y，利用过去的 Y 值和过去 X 值对现在的 Y（被解释变量）进行回归。如果过去的 X 值是显著的，那么 X 对 Y 就是一种 Granger 因果关系。即如果 X 的变化引起 Y 的变化，则 X 的变化应当发生在 Y 的变化之前。在断定 X 影响 Y 时，必须满足两个条件：第一，能够根据 X 预测 Y。即根据 Y 的过去值或滞后值对 Y 进行回归时，如果加上 X 的过去值或滞后值，能显著增强回归的解释能力。第二，不能根据 Y 预测 X，因为如果根据 X 预测 Y，又能根据 Y 预测 X，很可能 X 和 Y 都是由第三个或更多的其他变量决定的。Granger 解决了 x 是否引起 Y 的问题，主要看现在的 Y 能够在多大程度上被过去的 x 解释，加入 x 的滞后项是否使解释程度提高。如果 x 在 y 的预测中有帮助，或者 x 与 y 的相关系数在统计上显著时，就可以说 "y 是由 X Granger 引起的"。相对于其他可选用的技术方法，Granger 因果关系检验方法特别适合小样本实证分析。

根据 Granger 因果关系分析方法，建立下列两变量模型：

$$y_t = \alpha_0 + \sum_{i=1}^{q} \alpha_i x_{t-i} + \sum_{j=1}^{q} \beta_j y_{t-j} + \mu_{1t} \qquad (4.1)$$

$$x_t = \lambda_0 + \sum_{i=1}^{s} \lambda_i x_{t-i} + \sum_{j=1}^{s} \delta_j y_{t-j} + \mu_{2t} \qquad (4.2)$$

其中假定白噪音 μ_{1t} 和 μ_{2t} 不相关。

Granger 因果关系检验要求所使用的时间序列必须是平稳的。如果使用非平稳的时间序列数据，很可能会导致因果关系结论错误。所以，要确保每个变量的平稳性，有必要先对两个时间序列 X 和 Y 进行单位根检验。

检验序列平稳性的标准方法是单位根检验，在现有的检验方法中，应用得最为广泛的主要有 Dickey – Fuller（DF）检验、Augmented Dickey – Fuller（ADF）检验、Phillips – Perron（PP）检验、Kwiatkowski – Phillips – Schmidt – Shin（KPSS）检验、Elliott – Rothenberg – Stock（ERS）检验和 Ng – Perron（NP）检验。本书采用 PP 检验法，该方法主要是用来检验各时间序列的相关性及从属于时间的异方差。只要一个变量非平稳，就应当进行差分处理，然后再对差分之后的变量做 Granger 因果关系检验。PP 检验用一种非参数方法来检验一阶自回归过程 AR（1）的平稳性，其 t 统计量的构造相对于 DF 检验的统计量更为稳健。对于方程

$$\Delta yt = \gamma yt - 1 + a + ut \qquad t = 1, 2, \cdots, T \qquad (4.3)$$

原假设和备择假设为

$$\begin{cases} H_0: \gamma = 0 \\ H_1: \gamma < 0 \end{cases} \qquad (4.4)$$

接受原假设，意味着存在单位根；反之，拒绝原假设，就意味着不存在单位根。

4.1.2　协整

协整是指两变量存在长期的均衡关系，它反映的是长期内两个

或多个变量存在一个系统的共同运动。根据恩格尔和格兰杰（Engle & Granger，1987）[1] 的观点，如果变量 X 和 Y 都是非平稳的，那么变量 X 和 Y 的线性组合就会出现随机游走的情况。虽然一些经济变量的本身是非平稳序列，但如果它们的线性组合 Z = X − bY 是平稳的，那么就可以说，变量 X 和 Y 存在着协整关系，即存在长期稳定的均衡关系。

如果两时间序列 $y_t \sim I(d)$，$x_t \sim I(d)$，并且这两个时间序列的线性组合 $a_1 y_t + a_2 x_t$ 是 $(d-b)$ 阶单整的，即 $a_1 y_t + a_2 x_t \sim I(d-b)$ $(d \geq b \geq 0)$，则 y_t 和 x_t 是 (d, b) 阶协整的。记为

$$y_t, \ x_t \sim CI(d-b)$$

对于 k 个时间序列，协整的定义与此类似。

只有两个时间序列在相同的阶数是协整时，才可以就其协整关系的存在与否进行检验，本书使用 Johansen 协整来检验。

4.1.3　误差修正模型（ECM）

假如 X 和 Y 是非平稳的，却是协整的，则 Granger 因果关系推断无论怎样都将是非法的。这时，应当使用误差修正模型（ECM）来进行因果关系检验。在 ECM 建立过程中，若 X 的滞后变量的参数估计值或来自协整回归的误差形式的滞后变量的参数估计值在统计上是显著的，就意味着 X 是 Y 变化的原因。同理，若 Y 的滞后变量的参数估计值或者来自协整回归的误差形式的滞后变量的参数估计值在统计上是显著的，则意味着 Y 就是 X 变化的原因。这一具有长期均衡的调整存在于短期均衡之外特点的过程，考虑到了两个或多个变量之间均衡关系的因果联系。

用于 Granger 因果关系的误差修正模型可表述为：

[1] Engle, Robert F. & Granger, Clive W. J., 1987. "Co-integration and Error Correction: Representation, Estimation, and Testing," Econometrica, Vol. 55（2），pp. 251 – 276.

　　如果两个变量是非平稳性的，但对它们进行差分处理后，变得平稳而且是协整的，那么，用于 Granger 因果关系的误差修正模型能够表述如下：

$$\Delta Y_t = \beta_{10} + \sum_{t=1}^{l_{11}} \beta_{11i}\Delta Y_{t-i} + \sum_{j=1}^{l_{12}} \beta_{12j}\Delta X_{t-j} + \beta_{13}\varepsilon_{t-1} + u_{1t} \quad (4.5)$$

$$\Delta X_t = \beta_{20} + \sum_{t=1}^{l_{21}} \beta_{21i}\Delta X_{t-i} + \sum_{j=1}^{l_{22}} \beta_{22j}\Delta Y_{t-j} + \beta_{23}\varepsilon_{t-1} + u_{2t} \quad (4.6)$$

　　其中，X_t 和 Y_t 表示两个时间序列，Δ 表示变化量，L 表示滞后期数，β 就是被估计的参数，u_t 表示误差项，ε_{t-1} 是误差修正机制（ECT），得自长期协整关系 $Y_t = \eta_0 + \eta_1 X_t + \varepsilon_t$（$\eta$ 表示被估计参数和 ε_t 是误差）。

　　在每个方程中，因变量的变化不单是由于自变量和因变量的滞后变量引入的，并且也是因为前期水平的不平衡（ε_{t-1}）所引发的。按此规则，即可检验短期和长期的因果关系。在方程（4.5）中，如所有的 β_{12} 在统计意义上是显著的，那么即表明，在短期内，X 是 Y 变化的原因，这可通过 F 值来进行检验；长期因果关系可通过对 ECM 的参数估计值 β_{13} 的显著性的 t 检验来确定。对于强 Granger 因果关系，则可通过对 β_{12} 和 β_{13} 统计意义上的显著性进行共同的 F 检验来判定。同样原理，可对方程（4.6）也可进行类似的检验，来判定 Y 是不是 X 变化的原因。[①]

4.2

居民消费水平和城镇化的关系的实证分析

　　我国居民消费和城镇化之间是否存在因果关系？如果存在因果关系，那么究竟谁因谁果？本书将采用 1978 ~ 2009 年的全国人均消费支出、农村居民人均消费支出、城镇居民人均消费支出

---

　　① 宁军明、张丽：《我国能源消费与经济增长的关系》，载《河南商业高等专科学校学报》，2008 年第 7 期。

和城镇化率的数据进行分析，所有数据来自《中国统计年鉴》。首先，对所选的数据进行简单的描述；然后依次对各变量进行单位根检验，以确保各变量的平稳性；接着，进行协整检验，得出存在因果关系的可能结果；最后，利用误差修正模型判定因果关系的方向。

4.2.1 居民消费水平和城镇化的统计描述

居民消费水平用居民人均消费支出代理，城镇化水平用城镇化率表示，指城镇人口在总人口中所占的比重。由于从统计年鉴上得到的居民人均消费支出数据是以当年价格计算的，没有考虑物价因素，为更真实地反映居民消费水平，我们利用消费价格指数对人均消费支出进行调整。以 1978 年为基准，根据 1979 ~ 2009 年的消费价格指数，对按当年价格计算的居民消费水平进行调整，得到居民的人均实际消费支出，得到全国人均实际消费支出、城镇居民人均实际消费支出。由于农村居民消费价格指数 1985 年才有，因此农村居民人均实际消费支出的样本期间为 1985 ~ 2009 年，1985 年为基期。这样，这里的变量有：全国人均实际消费支出（PC）、城镇居民人均实际消费支出（PCu）、农村居民人均实际消费支出（PCr）和城镇化率（UR）。

1978 年，全国居民人均消费支出为 184 元，2009 年名义人均消费支出为 9098 元，实际人均消费支出为 1752.99 元（以 1978 年为基期），实际年均增长 7.54%。城镇居民人均消费支出 405 元，2009 年人均名义消费支出为 15025 元，人均实际消费支出 2690.72 元，实际年均增长 6.30%。农村居民人均消费支出 1985 年为 349 元，2009 年人均名义消费支出为 4021 元，人均实际消费支出为 1032.35 元（以 1985 年为基期），实际年均增长 4.62%。

图 4 - 1 显示了全国人均实际消费支出、城镇居民人均实际消费支出在 1978 ~ 2009 年间的变动情况和 1985 ~ 2009 年间的农村

居民人均实际消费支出情况。图 4 - 2 显示了我国 1978 年以来的城镇化率水平。从这两个图中，可看出所有变量的变化路径非常相似，都呈不断上升的趋势，显然，它们都是非平稳的时间序列。

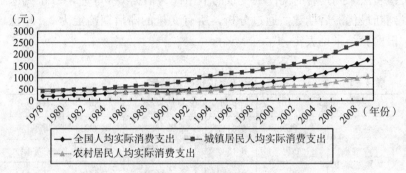

图 4 - 1 我国 1978 ~ 2009 年居民消费支出情况

资料来源：作者根据相关资料计算整理。

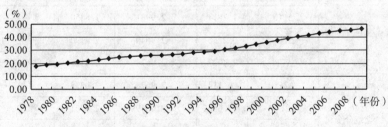

图 4 - 2 我国 1978 ~ 2009 年的城镇化率

资料来源：作者根据相关资料计算整理而得。

从相关性来看，全国人均消费支出与城镇化率的相关系数为 0.9774，城镇居民人均消费支出与城镇化率的相关系数为 0.9824，农村居民人均消费支出与城镇化率的相关系数为 0.9697。那么，居民消费水平与城镇化之间到底存在何种关系呢？是居民消费的增加促进了城镇化的发展，还是城镇化推动了居民消费的增加呢？

4.2.2 序列平稳性的单位根检验

各时间序列变量的平稳性是协整分析的前提条件，下面用 PP 检验法来判定各时间序列变量的平稳性，根据 Newey – West 准则来判断最优滞后期数。通过分析，所有变量的滞后期确定为 2。单位根检验结果见表 4 – 1。

表 4 – 1　　　　　　　　PP 法单位根检验结果

变量		PP 值	临界值（5%）	DW	结论
初始变量	PC	6.0117	− 3.5629	1.4831	非平稳
	PCr	0.1347	− 3.6122	1.3663	非平稳
	PCu	2.6882	− 3.5629	1.5316	非平稳
	UR	− 1.1898	− 3.5684	0.7982	非平稳
一阶差分变量	ΔPC	0.9371	− 2.9640	2.2886	非平稳
	ΔPCr	− 1.7814	− 2.9981	1.8850	非平稳
	ΔPCu	− 0.2256	− 2.9640	2.4196	非平稳
	ΔUR	− 2.4907	− 2.9678	2.4125	非平稳
二阶差分变量	$\Delta 2PC$	− 6.1141	− 2.9678	2.0338	平稳
	$\Delta 2PCr$	− 7.6561	− 3.0049	2.0361	平稳
	$\Delta 2PCu$	− 7.6736	− 2.9678	2.0577	平稳
	$\Delta 2UR$	− 8.1584	− 2.9719	2.0135	平稳

从表 4 – 1 中可发现，在 5% 的显著性水平下，所有初始变量 PC、PCr、PCu、UR 和各自相应的一阶差分变量的 PP 值都大于临界值，表明样本期间全国居民人均消费支出、农村居民人均消费支出、城镇居民人均消费支出和城镇化率都是非平稳序列。而对所有变量进行二阶差分后，其 PP 值都小于 5% 水平下的临界值，表示

都拒绝存在单位根假设，也就是说，通过二阶差分后，所有变量的序列都是平稳的，因此可以进行协整分析。

4.2.3　协整分析

从表 4-1 中可看出，初始的四个时间序列都是非平稳的，而经过二阶差分后，它们却是平稳的，即 PC、PCu、PCr 与 UR 都是 I（2）序列。为了判定 PC、PCu、PCr 与 UR 各自之间的因果关系，下面将对它们分别进行协整检验。

从表 4-2 中可看出，全国居民人均消费支出、城镇居民人均消费支出、农村居民人均消费支出都与城镇化率存在协整关系。变量之间存在协整关系，意味着两变量之间存在长期的均衡关系，存在因果关系；反之，则表明两变量之间不存在长期均衡关系，不存在因果关系。下面将进一步分析，以确定因果关系的具体方向。

表 4-2　　　　　　　　　Johansen 协整检验结果

序列（变量）	特征值	轨迹统计量	临界值（5%）	是否协整
PC - UR	0.5958	25.4806	15.4947	协整
PCu - UR	0.5056	24.9623	15.4947	协整
PCr - UR	0.6424	22.6699	15.4947	协整

4.2.4　误差修正模型（ECM）

根据 Granger 定理，如果协整关系成立，则可以建立误差修正模型，来分析存在某种长期稳定关系的变量之间的短期动态关系。下面在上述三个协整检验的基础上，分别建立三个误差修正模型，来分析全国居民人均消费支出、城镇居民人均消费支出、农村居民人均消费支出都与城镇化率之间的短期动态特征。

下面用 $\Delta2PC$、$\Delta2Pcu$、$\Delta2PCr$ 和 $\Delta2UR$ 作为内生变量来建立 VAR 模型，通过 AIC 和 SC 准则取最小值，经过反复比较，变量滞后期确定为 2 期，比较结果见表 4 - 3。

表 4 - 3　　　　　　　　　VAR 模型整体检验结果

序列（变量）	判断准则	滞后 1 期	滞后 2 期	滞后 3 期	滞后 4 期
PC - UR	AIC 准则	9. 3762	9. 2044	9. 3455	9. 6559
	SC 准则	9. 6565	9. 6759	10. 0116	10. 5198
PCu - UR	AIC 准则	10. 6358	10. 0025	10. 1835	10. 5216
	SC 准则	10. 9160	10. 4740	10. 8496	11. 3955
PCr - UR	AIC 准则	10. 0756	9. 0709	9. 2990	9. 2460
	SC 准则	10. 3701	9. 5646	9. 9933	10. 1413

分别考察全国居民人均消费支出、城镇居民人均消费支出、农村居民人均消费支出与城镇化之间的动态关系，模型估计结果如下：

$$\Delta2PC = 50.3853 + 0.3155\Delta2PC_{t-1} - 0.3602\Delta2PC_{t-2} + 0.8184\Delta2UR_{t-1}$$
$$- 1.5334\Delta2UR_{t-2} + 0.1627ecm_{t-1} \qquad (4.7)$$
$$(3.2872) \qquad (1.2843) \qquad (-1.3952) \qquad (0.0775)$$
$$(-0.1368) \qquad (3.2872)$$

$R^2 = 0.8540$　　　$F = 25.7341$　　　$AIC = 8.5869$　　　$SC = 8.8724$

$$\Delta2UR = 0.3317 - 0.0041\Delta2PC_{t-1} + 0.0016\Delta2PC_{t-2} + 0.4844\Delta2UR_{t-1}$$
$$+ 0.3004\Delta2UR_{t-2} + 0.0004ecm_{t-1} \qquad (4.8)$$
$$(1.0513) \qquad (-0.8828) \qquad (0.3286) \qquad (2.4001)$$
$$(1.4029) \qquad (0.4323)$$

$R^2 = 0.5445$　　　$F = 5.2604$　　　$AIC = 0.6714$　　　$SC = 0.9569$

$$\begin{cases} \Delta2PCu = 121.4690 + 0.1265\Delta2PCu_{t-1} - 0.2594\Delta2PCu_{t-2} \\ \qquad\qquad - 39.4732\Delta2UR_{t-1} - 5.8490\Delta2UR_{t-2} + 0.1627ecm_{t-1} \\ \qquad\qquad\qquad\qquad\qquad\qquad\qquad\qquad\qquad (4.9) \\ \quad (3.4222) \qquad (0.5551) \qquad (-1.1233) \\ \quad (-1.9987) \qquad (-0.2796) \qquad (3.5205) \\ R^2 = 0.8540 \quad F = 25.7341 \quad AIC = 9.7294 \quad SC = 10.0149 \end{cases}$$

$$\Delta2UR = 0.4502 - 0.0032\Delta2PCu_{t-1} + 0.0014\Delta2PCu_{t-2} + 0.4611\Delta2UR_{t-1}$$
$$+ 0.2066\Delta2UR_{t-2} + 0.0002ecm_{t-1} \qquad\qquad (4.10)$$

$$(1.2066) \quad (-1.3478) \qquad (0.5787) \qquad\qquad (2.2208)$$
$$(0.9400) \qquad (0.6983)$$

$$R^2 = 0.5677 \quad F = 5.7787 \quad AIC = 0.6191 \quad SC = 0.9046$$

$$\begin{cases} \Delta2PCr = 51.1786 + 0.3945\Delta2PCr_{t-1} - 0.1463\Delta2PCr_{t-2} - 8.1382\Delta2UR_{t-1} \\ \qquad\qquad - 21.5424\Delta2UR_{t-2} - 0.1235ecm_{t-1} \qquad\qquad (4.11) \\ \quad (3.1223) \quad (1.7118) \qquad (-0.6948) \qquad (-0.4604) \\ \quad (-0.9707) \qquad (-3.2791) \\ R^2 = 0.7581 \quad F = 7.0378 \quad AIC = 8.8921 \quad SC = 9.1896 \end{cases}$$

$$\Delta2UR = 0.01496 + 0.0038\Delta2PCr_{t-1} - 0.0025\Delta2PCr_{t-2} + 0.7148\Delta2UR_{t-1}$$
$$+ 0.2299\Delta2UR_{t-2} + 0.0004ecm_{t-1} \qquad\qquad (4.12)$$

$$(0.0628) \quad (1.1191) \qquad (-0.8160) \qquad\qquad (2.7795)$$
$$(0.7120) \qquad (0.6588)$$

$$R^2 = 0.7179 \quad F = 8.1420 \quad AIC = 0.4313 \quad SC = 0.7289$$

(4.7) 式到 (4.12) 式下面括号里的值是 t 统计量检验值, 从估计结果可以看出, 模型的变量大多数是显著的, 只有少数变量不显著, 这是由于模型的滞后项存在多重共线性, 没对模型的变量进行挑选 (这在 VAR 模型里是常见的做法)。

在上面的误差修正模型中, 差分项反映了短期波动的影响。消费 (或城镇化) 的短期波动分为两部分: 一部分是短期城镇化 (或消费) 波动的影响; 另一部分是偏离长期均衡的影响。误差修正项 ECM 的系数的大小反映了对偏离长期均衡的调整力度。全国居民人均消费支出、城镇居民人均消费支出和城镇化对均衡关系均呈现为一种正向修正的机制，但农村居民人均消费支出对均衡关系则表现为反向修正。

根据估计结果，可以看出城镇化水平受自身的影响非常大，不过随着时间的滞后逐渐减小，但受居民消费支出的影响不太大。而居民消费水平受城镇化的影响比较大，受自身的影响随着时间的滞后也逐渐减小。

4.2.5 因果关系检验

前面的协整检验结果证明我国居民消费与城镇化之间存在长期稳定的均衡关系，而协整方程只反映各变量之间的长期均衡关系，并不能说明它们之间的回归关系，因此这种均衡关系是否构成因果关系，还需要进一步验证。下面用格兰杰因果关系检验法进行检验，结果如表 4 – 4 所示。

表 4 – 4　　　　　　　　格兰杰因果关系检验结果

格兰杰因果性	滞后期数	F 值	P 值	结论
UR 不是 PC 的格兰杰原因	2	0.1248	0.8833	接受
PC 不是 UR 的格兰杰原因	2	0.5824	0.5663	接受
UR 不是 PCu 的格兰杰原因	2	2.8356	0.0784	接受
PCu 不是 UR 的格兰杰原因	2	5.1851	0.0134	拒绝
UR 不是 PCr 的格兰杰原因	2	3.0270	0.0736	接受
PCr 不是 UR 的格兰杰原因	2	0.2796	0.7593	接受

从滞后 2 期的情况来看，在 5% 的显著性水平下，拒绝 "PCu 不是 UR 的格兰杰原因"，而其他检验都不拒绝原假设。这说明城镇居民消费是城镇化的格兰杰原因，扩大城镇居民消费能促进城镇化的发展。不过，总体上，居民消费与城镇化的格兰杰因果关系并不显著。

4.3
居民消费结构和城镇化的关系的实证分析

4.3.1　居民消费结构和城镇化的统计描述

随着经济的增长和城镇化的发展，消费结构会不断发生变化，其中最明显的变动是恩格尔系数不断下降，恩格尔系数是指食品支出金额在生活消费总支出金额中所占的比例。本书以恩格尔系数为消费结构的代理变量，分析消费结构和城镇化之间的关系。UE 表示城镇居民的恩格尔系数，RE 表示农村居民的恩格尔系数，城镇化率仍用 UR 表示。

1978 年，我国城镇居民的恩格尔系数是 57.2%，农村居民的恩格尔系数是 67.7%，到 2009 年，分别为 36.5% 和 41.0%，分别下降了 20.7 个和 26.7 个百分点。图 4 – 3 显示了我国城乡居民恩格尔系数和城镇化率在 1978 ~ 2009 年间的变动情况，从中可以看出，恩格尔系数不断下降，城镇化率不断上升，两者呈一种负相关关系。同时，也可发现它们都是非平稳的时间序列。

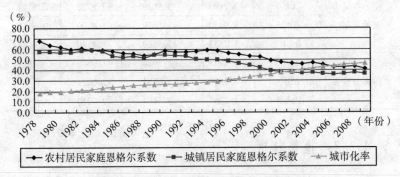

图 4 – 3　城乡居民恩格尔系数与城市化率

从相关性来看，城镇居民恩格尔系数与城镇化率的相关系数为 -0.9710，农村居民恩格尔系数与城镇化率的相关系数为 -0.9608。那么，消费结构与城镇化之间到底存在何种关系呢？是消费结构的变动促进了城镇化的发展，还是城镇化推动了居民消费结构的优化呢？

4.3.2 序列平稳性的单位根检验

下面同样使用 PP 检验法来判定各时间序列变量的平稳性，用 Newey - West 准则来确定最优滞后期数。根据分析，所有变量的滞后期数确定为 2。在 5% 的显著性水平下，由于 UR 需要进行二阶差分才能达到平稳，而 UE 和 RE 只需要进行一阶差分就可达到平稳，因此，这里对 UR 进行对数处理。结果，对所有变量进行一阶差分后，其 PP 值都小于 5% 水平下的临界值，表示都拒绝存在单位根的假设，即所有变量在进行一阶差分后的序列是平稳的，可用于协整分析。表 4 - 5 列出了单位根检验结果。

表 4 - 5 　　　　　　　　PP 法单位根检验结果

变量		PP 值	临界值（5%）	DW	结论
初始变量	UE	-2.2106	-3.5629	1.5730	非平稳
	RE	-1.9450	-3.5629	1.4606	非平稳
	lnUR	-1.7533	-3.5629	1.4140	非平稳
一阶差分变量	ΔUE	-4.4443	-3.5684	1.9646	平稳
	ΔRE	-4.6505	-3.5684	2.0221	平稳
	ΔlnUR	-4.2864	-3.5684	2.0210	平稳

4.3.3 协整分析

表 4 - 5 显示，三个时间序列都是非平稳的，但是一阶差分后，

这几个序列是平稳的，即 UE、RE 与 lnUR 都是 I（1）序列。为了判定 UE、RE 与 lnUR 各自之间的因果关系，需要对它们分别进行协整检验。

从表 4-6 中可看出，城镇居民恩格尔系数与城镇化率存在协整关系。变量之间存在协整关系，意味着两变量之间存在长期的均衡关系，存在因果关系。而农村居民的恩格尔系数与城镇化率不存在协整关系，这表明农村居民的恩格尔系数与城镇化率之间不存在长期均衡关系，不存在因果关系。

表 4-6　　　　　　　　　　Johansen 协整检验结果

序列（变量）	特征值	轨迹统计量	临界值（5%）	是否协整
UE-lnUR	0.4037	15.8014	15.4947	是
RE-lnUR	0.1440	5.5851	15.4947	否

4.3.4　误差修正模型（ECM）

由于根据 Granger 定理，协整关系成立，才可以建立误差修正模型，来分析存在某种长期稳定关系的变量之间的短期动态关系。因此下面只分析城镇居民的恩格尔系数与城镇化率之间的短期动态特征。

下面用 ΔUE、ΔlnUR 作为内生变量来建立 VAR 模型，通过 AIC 和 SC 准则取最小值来确定滞后阶数。但从表 4-7 中无法根据 AIC 和 SC 准则来确定最优滞后阶数。通过计算各种标准，来选择无约束 VAR 模型的滞后阶数，表 4-8 中用 "＊" 表示的是从每一列标准中选的滞后数。综合比较，最优滞后阶数确定为 2。

表 4-7　　　　　　　　　　VAR 模型整体检验结果

序列（变量）	判断准则	滞后 1 期	滞后 2 期	滞后 3 期	滞后 4 期
UE-lnUR	AIC 准则	-2.0956	-2.2006	-2.2130	-2.3752
	SC 准则	-1.8180	-1.7336	-1.5529	-1.5188

表4-8　　　　　　　　　　滞后长度标准

Lag	logL	LR	FPE	AIC	SC	HQ
0	-42.68695	NA	0.142026	3.723913	3.822084	3.749958
1	40.54217	145.6510	0.000193	-2.878514	-2.584000	-2.800379
2	47.59609	11.16871*	0.000151*	-3.133007	-2.642152*	-3.002783*
3	50.09717	3.543193	0.000175	-3.008097	-2.320899	-2.825783
4	52.98575	3.610722	0.000201	-2.915479	-2.031938	-2.681075
5	57.61411	5.014067	0.000204	-2.967843	-1.887960	-2.681350
6	59.35587	1.596605	0.000276	-2.779655	-1.503431	-2.441073
7	63.20877	2.889680	0.000332	-2.767398	-1.294830	-2.376725
8	72.02723	5.144103	0.000291	-3.168936*	-1.500027	-2.726174

下面考察城镇居民的恩格尔系数与城镇化率之间的动态关系，模型估计结果如下：

$$\Delta UE = 2.0978 + 0.1516\Delta UE_{t-1} + 0.0485UE_{t-2} - 49.0160\Delta \ln UR_{t-1}$$
$$- 37.1192\Delta \ln UR_{t-2} - 0.6081ecm_{t-1} \tag{4.13}$$
$$(2.5822) \quad (0.9128) \quad (0.2956) \quad (-2.8125)$$
$$(-1.8141) \quad (-4.0187)$$

$R^2 = 0.5166 \quad F = 4.9153 \quad AIC = 3.4104 \quad SC = 3.6933$

$$\Delta \ln UR = 0.0137 + 0.0001UE_{t-1} + 0.0016\Delta UE_{t-2} + 0.2193\Delta \ln UR_{t-1}$$
$$+ 0.3506\Delta \ln UR_{t-2} - 0.0010ecm_{t-1} \tag{4.14}$$
$$(1.5477) \quad (0.0070) \quad (0.8893) \quad (1.1513)$$
$$(1.5678) \quad (-0.6344)$$

$R^2 = 0.2614 \quad F = 1.6276 \quad AIC = -5.6222 \quad SC = -5.3393$

（4.13）式、（4.14）式下面括号里的值是 t 统计量检验值，从估计结果可以看出，（4.13）式总体上是显著的，而（4.14）式总体上不显著，这是由于模型的滞后项存在多重共线性，没对模型的变量进行挑选（这在 VAR 模型里是常见的做法）。

在上面的误差修正模型中，误差修正项 ecm 的系数的大小反映了对偏离长期均衡的调整力度。城镇化和消费结构对均衡关系均呈现为一种反向修正的机制。根据估计结果，可以看出城镇化水平受自身的影响非常大，受城镇居民消费结构的影响非常小。而城镇居民消费结构受城镇化的影响非常大，受自身的影响随着时间的滞后也逐渐减小。这里得到的基本结论是城镇化会促进城镇居民消费结构的优化和升级，而城镇居民消费结构的升级对城镇化的影响却微乎其微。

4.3.5　因果关系检验

前面的协整检验结果证明我国城镇居民消费结构与城镇化之间存在长期稳定的均衡关系，而协整方程只反映各变量之间的长期均衡关系，并不能说明它们之间的回归关系，因此这种均衡关系是否构成因果关系，还需要进一步验证。表4-9用格兰杰因果关系检验法进行的检验。

表4-9　　　　　　　　格兰杰因果关系检验结果

格兰杰因果性	滞后期数	F值	P值	结论
lnUR 不是 UE 的格兰杰原因	1	4.2061	0.0497	拒绝
UE 不是 lnUR 的格兰杰原因	1	2.0462	0.1637	接受
lnUR 不是 UE 的格兰杰原因	2	9.1678	0.0010	拒绝
UE 不是 lnUR 的格兰杰原因	2	0.5790	0.5678	接受
lnUR 不是 UE 的格兰杰原因	3	7.4196	0.0013	拒绝
UE 不是 lnUR 的格兰杰原因	3	0.1879	0.9035	接受
lnUR 不是 UE 的格兰杰原因	4	10.0116	0.0002	拒绝
UE 不是 lnUR 的格兰杰原因	4	0.2991	0.8749	接受

从滞后1~4期的情况来看，在5%的显著性水平下，拒绝"lnUR 不是 UE 的格兰杰原因"，而"UE 不是 lnUR 的格兰杰原因"则被接受。这说明城镇化是城镇居民消费结构变动的格兰杰原因，它们之间存在一种单向因果关系，城镇化的发展能促进城镇居民消费结构的升级。

第5章

国外城市化拉动消费
增长的经验教训

5.1
发展中国家的教训及启示

5.1.1 发展中国家以城市化拉动消费的总体状况

就理论而言，城市化的加快与深入，本应能在各个方面影响居民的消费心理、消费习惯、消费方式，促进消费结构和消费环境的优化以及消费水平的提高，进而拉动消费增长，但是这一作用在发展中国家的实践过程中似乎并不显著。

1. 城市化与经济发展水平不同步，消费水平有差异

经济发展水平直接影响着一个国家城市化拉动消费的速度与效果。作为过渡型城市化的典型，巴西城市化率不断提升，2012年城市化率已经达到 84.87%，最终消费率达到 83.79%，与发达国家持平（如表 5-1 所示）。仅从数字上看，巴西的城市化率与消费率已十分接近发达国家，但细究分析，巴西城市化率与其经济发展水平的差异，让这一高消费率存在着很大的隐患。在巴西城市化高速进展的过程中，脱离经济基础的高消费让巴西这个国家债台高筑，巴西陷入十年的萧条。根据世界银行历年公布的统计数据显示，美国于 1989 年实现了 75% 的城市化率，当时其人均 GNI 在 22760 美元。相比之下，1992 年巴西城市化率达到 75%，其人均 GNI 仅为 5290 美元，是美国同一城市化率下的 1/4。2012 年美国、巴西的城市化率分别为 82.6%、84.9%，人均 GNI 分别为 52610 美元、11530 美元，相差近 5 倍。对比之后不难得出结论，巴西的高城市化率与高消费率与其经济发展水平、收入水平不相吻合，缺乏强劲的经济发展、收入增加和刚性需求、现实购买能力等要素作支撑基础，其消费水平的可持续性自然受到质疑。

表 5 – 1　　　　巴西、印度城市化、消费率与经济发展水平

年份	城镇化率（%）		最终消费（%）		人均 GNI（美元）	
	巴西	印度	巴西	印度	巴西	印度
1965	51.04	18.78	77.80	85.46	—	—
1970	55.91	19.76	79.88	84.78	—	—
1975	60.79	21.33	77.13	82.51	2060	—
1980	65.47	23.01	78.91	85.0	3530	430
1985	69.86	24.35	75.65	78.88	4210	630
1990	73.92	25.55	78.60	76.47	5080	870
1995	77.61	26.61	83.49	75.11	6230	1150
2000	81.19	27.67	83.51	76.78	6840	1530
2005	82.83	29.24	80.19	68.47	8260	2220
2010	84.34	30.93	80.79	67.39	10890	3400
2011	84.60	31.29	81.01	71.00	11300	3640
2012	84.87	31.66	83.79	72.09	11530	3910

数据来源：根据世界银行 1965～2012 年数据整理得出。

作为发展中国家滞后城市化典型之一的印度，最终消费率与其经济发展水平、城市化进程很不吻合，2012 年消费率为 72.09%，其人均 GNI 只有 3910 美元，仅是巴西的 1/3 左右，城市化率也刚

超过 30%。表 5 - 1 数据显示，印度的最终消费率并不比巴西低很多，这主要是因为印度人均收入偏低，居民大部分收入都用来购买生活必需品，另一个原因是印度拥有相对完善的社会保障体系，居民医疗、教育支出占家庭总支出的比重并不大，一定程度上刺激了居民在其他方面的消费。近些年，随着印度的对外开放，印度的GDP 基本保持着 5% 的增长，人均 GNI 保持着年均 7% 的增长，但低城市化率、高消费率的状况仍未得到很快转变，从中我们不难看出，一方面，印度商品还处于供不应求的状态，居民自发消费比重大，虽然消费率处于高位，但是消费水平依然偏低；另一方面，印度严重滞后的城市化，使得 70% 的居民居住在农村，农村传统的消费观念与封闭的消费环境大大抑制了居民的消费需求，以至于自1965 年以来的最终消费率非但没有增长，反而逐年下降，仅近几年略有回升，但增长相对缓慢，由此可见，与经济发展水平不协调的过度城市化抑或滞后城市化，都无法维持消费的可持续稳定增长。

2. 人口结构、就业结构不同，消费结构有差异

城市化是推进就业结构不断调整和优化的主要力量，而就业人员的性别结构差异在一定程度上引致消费结构的差异。过度城市化的巴西服务业较为发达，世界银行数据显示，2012 年服务业占GDP 的比重在 68%，信息产业、旅游业与运输通讯业发展最为迅速。而且巴西有 64.6% 的从业人员从事服务业，其中，女性在服务业中的从业人数占全体女性从业人数的 77.1%，男性占 52.1%。印度服务业发展也很快，占 GDP 的 58% 左右，以软件、金融业最为突出，但是滞后的城市化让印度半数从业者从事农业工作，女性从业者 60% 集中在农业，男性也达 43%（如图 5 - 1 所示）。巴西女性人口占总人口的 50.8%，印度这一比例为 48.3%，再加上女性从业者产业分布的巨大差异，让巴西、印度两国女性消费结构大为不同。以美容品为例，巴西职业女性在美容方面的花费增长迅速，2012 年巴西消费者对美容品牌的关注度增加了 49%，巴西消

费者每年花费在美容和个人护理产品上的金额为 2.6 亿美元，超过 90% 的消费者对香水和化妆品予以关注①，巴西也成为仅次于美国的世界上第二大美容护理用品市场。相比之下，印度女性在化妆品方面的消费虽然逐年增加，2008 年印度女性对知名化妆品的人均消费仅为 0.68 美元，不足巴西的 5%②。

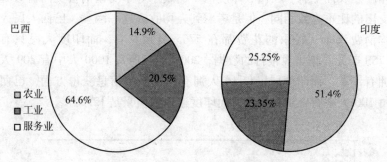

图 5 - 1　巴西与印度从业人数比例
数据来源：世界银行（2012）。

据世界银行数据显示，巴西城乡人口比为 5.6∶1，印度为 0.46∶1，巨大的城乡人口差异、人口从业结构差异造成巴西、印度两国人口城乡分布与人均收入大不相同，影响居民的消费观念与消费行为。据世界银行数据显示，2012 年巴西人均收入达到 11530 美元，比印度多出 3 倍多，从而两国消费结构存在巨大差异。首先，巴西生存型消费低于印度。以食品消费为例，随着巴西城市化的推进，巴西食品消费支出占家庭总支出的比例从 20 世纪 50 年代的过半降到 80 年代的 36%，2000 年以来又逐步降到 2012 年的 15%。相比之下，印度大量的农业从业人口导致人均收入普遍偏低，食品支出占家庭总支出的比重较高，2012 年为 22%，而且农村居民食

---

① The Economicst, Brazil Special Report, 2013 (9).
② The Times if India, India's cosmetics market set to grow, http:∥timesofindia. indiatimes. com/, 2008 (6).

品支出所占比重高于城市的现象。其次，巴西发展型消费不同于印度。印度家庭更加注重教育支出，尤其是软件技能的培训，约占家庭总支出的10%，而巴西这一比例仅为4%。同时，服务业的发展使得巴西人民更加关注健康，以至于在医疗支出方面，巴西居民8.5%的家庭开支高于印度的5%。再其次，享受型消费巴西远高于印度。表面上看，巴西、印度汽车、娱乐等享受型消费支出占家庭支出的比重大致相同，但是考虑到人均收入这一因素，巴西人民人均消费汽车、娱乐的花费都在5765美元左右，而印度人民只有1759美元。据世界银行的数据，2008年巴西每1000人中有209人拥有汽车，而印度居民仅16人拥有；在网络信息获得方面，巴西每100人中有一半是网民，而印度这一数值只是12.6。

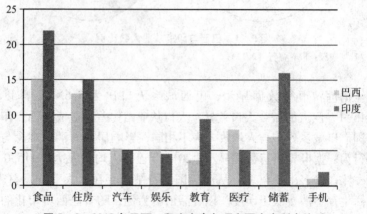

图 5 – 2　2012 年巴西、印度家庭各项主要支出所占比重

数据来源：Derek Thompson, How Families Spend in Brazil, Russia, China, India, Egypt, Turkey, Indonesia, and Saudi Arabia, The Atlantic, 2012 (9).

3. 城市化进程中贫困问题严重，消费分层差异大

发展中国家城市化进程中贫困问题不仅没有解决还有加剧的倾向，居民消费分层现象十分明显。巴西贫富差距的悬殊程度很高，据世界银行公布的数据，2012年巴西城市化率达到84.87%，但贫

民窟泛滥，遍及巴西所有大城市，低于国家贫困线的人口占总人口的 15.9%，平均有 10.8% 的人口每天收入低于 2 美元。印度贫困问题更为严重，2012 年印度城市化率刚到 30%，但是低于国家贫困线的人口占总人口的比例达到 21.9%，平均有 68.8% 的人口每天收入低于 2 美元，是巴西的 6 倍。随着经济的发展，巴西中等收入人群不断扩大，经济合作与发展组织数据显示，2012 年巴西中产阶级人口占总人口的 54%，而印度不足 30%。相比之下，高收入人群财富聚集但是人数并不多，2014 年《全球财富报告》称，2013 年巴西百万富翁人数突破 20 万人，印度超过 14 万人，但是相比于巨大的人口基数，所占比例依然很小。

据联合国人居署 2009 年公布的一份报告显示，在巴西，50% 的财富集中在 10% 的富人手里，而最穷的 10% 只有 0.8% 的财富，贫富悬殊加剧了居民的消费分层差异。在《福布斯》2014 年发布的全球亿万富豪排行榜上，有 65 位巴西亿万富豪上榜，主要有富商、财富新贵与富二代，这类人群热衷于奢侈品与高端商品消费，主要交通工具不乏私人飞机、防弹进口轿车。相比之下，人数不断壮大的中产阶级也逐渐增加对奢侈品与高端消费品的消费，以显示自己的社会地位，尤其是最新被纳入中产阶级的各类白领，将近一半的收入都用在此类消费上。巴西中低收入人群除了基本的生存性消费外，信贷消费政策拉动了此类人群对耐用消费品的消费，巴西国家地理统计局的数据显示，2008 年 12 月到 2009 年 5 月间，巴西耐用消费品（包括汽车、冰箱和洗衣机等）的生产增长了 92%，约 72% 的中低收入人群采用分期付款的形式购买汽车、电脑、手机等耐用消费品。而贫困人群家庭 50% 以上的收入用于食品支出，教育与医疗费用基本无法支付，生活极其艰难。

印度高收入人群与贫困人群的反差也很强烈。2014 年《福布斯》发布的全球亿万富豪榜上，有 56 位印度富豪财富达到亿美元以上，这些人富可敌国，住别墅建水塔，乘坐私人飞机出行，坐拥数十处房产，爱好收藏各类豪车、游艇、飞机。随着印度现代服务业的发展，印度银行、金融、保险、房地产等行业爆发出诸多中产阶级，这类人群以消费汽车、摩托车、彩色电视和电话为标志，尤其是高学历高收入的 35 岁以下的年轻人群，他们努力扩大奢侈品与高档商品的消费，增加享受型消费。中低收入人群在保持基本生存消费的基础上，逐渐增加耐用消费品的消费，尤以农村手机消费的增多最为显著。但同时，据世界银行提供的数据显示，印度仍有 4 亿人口处在贫困线以下，他们大多无法实现基本的生存性消费，很多小孩营养不良，有病无处医治，即使在 40°高温下也用不起空调。

4.　区域经济发展不同，地域消费有差异

区域发展不平衡是发展中国家以城市化拉动消费进程中的又一个极为突出特征。发展中国家一般会优先发展一定区域，并希望这一区域的发展能够带动整个地区的进步。但发展中国家经济部门的密闭性使得优先发展的区域飞速发展，但并没能有效带动其他区域，造成了"强者更强、弱者更弱"的局面。

巴西的区域发展差异加剧于巴西经济腾飞之时，并且发展良好的区域相对集中，主要集中在东南部的沿海地区。1970 年巴西南方占全国总人口超过 60%，区域生产总值占全国 GDP 的 82%，人均收入北方为 157 克鲁塞罗，南方为 381 克鲁塞罗。巴西地理统计局数据显示，2010 年巴西人口普查南方总人口占比下降到 56.5%，北方上升至 43.5%，南方城市化率已经超过 90%，南方人均收入达到 13403 美元，北方人均收入只有 8377 美元[①]。收入的多寡直接决定着南北区域居民的消费模式。在巴西北方，较低的人均收入使得居民消费更加理性，生活相对节约，消费商品的数量和质量更为合理，而巴西南部居民因较高收入水平影响其生活方式与消费观念，使得居民浪费型消费占日常消费比重较大，政府浪费型消费严

---

① Rajeev Kumar, Brazil's north-south imbalance: the great GDP divide, Brazilian Bubble, 2012 (7).

重。巴西南部居民更加注重消费品位，追求华丽的包装与精美的食品，在服装上也是力求时尚，日常生活中能源浪费严重，以至于南部每人每天制造的纸张、金属、玻璃与塑料等垃圾数量都明显高于北方。较为显著的就是生活在南部的中等收入阶级，他们周边富人居多，为了维持自己个人地位，这一部分"新贵"在消费中更倾向于自我的"炫耀性消费"，进一步拉高了南方居民浪费型消费比重。

印度发达区域分布得则较为零散。印度 95.5% 的人口集中在 15 个邦中，这 15 个邦中位于西部和南部的 8 个邦正在蓬勃发展，尤其以位于西部的马哈拉施特拉邦与古杰拉特邦最为显著，这两个邦在 20 世纪 70 年代初城镇化率就已经突破了 30%，目前已经过半。马哈拉施特拉邦盛产棉花、甘蔗与谷物，工业以纺织业与制糖而闻名，古杰拉特邦是印度工业化率最高的邦落，电气、水泥工业发达，是推动印度整体经济发展的主力军。居民中有更多的年轻高学历"新贵"，他们拥有时尚的消费理念，喜欢便捷的消费方式，追求自己的消费品位，更偏向于追求奢侈品牌，更加倾向于炫耀性消费，经常光顾印度高等消费场所，大约年收入的一半用于此类消费。而在城市化率仅有 10 多个百分点甚至不足 10% 的北部和东部区域，印度人民依然按照传统的生活方式生存，很多城市居民处于贫困线以下，更不用说农村居民了，在一些地区，水、电等资源是奢侈品，居民的消费模式基本上是一般性消费。

5. 中心城市功能失调，消费环境有差异

一个城市需要将行政、居住、科技、教育、商贸、金融、交通、旅游、生产等功能有机地联系在一起，而作为中心城市除了完成上述任务之外，还要利用发达的联系通道，辐射、带动都市圈范围内其他城市及农村地域的一体化发展[1]。过高的城市化率使得巴

---

[1] 张强、陈怀录：《都市圈中心城市的功能组织研究》，载《城市问题》，2010 年 3 月，第 21~27 页。

西人口大量的涌入城市特别是几个大城市和特大城市，而小城镇发展缓慢，造成巴西中心大城市众多市政功能失调。以巴西最大的工业城市、商业、金融与文化中心圣保罗为例，2011 年其人口总数达到 2039 万人，城镇化率在 95% 以上，是南半球最大的城市。然而，这座中心城市却没能充分发挥其应有功能，表现出诸多失调现象：过度的人口集中使得这座城市成为南美洲的"堵"城之首；失业问题严重；城市贫困现象突出，贫民窟不断扩大，成为巴西贫民窟之首；市政基本供给不足，卫生条件极差，犯罪活动猖獗；对周边地区的辐射功能较弱。这样一座功能严重失调的中心城市，造成了城市中心居民与周边居民消费存在诸多差异。首先，消费方式方面，圣保罗市为市区人们提供了健全的消费信贷制度，可用于信贷消费的商品很多，而周边居民由于较低的收入与信用额度，只能对此望而却步。其次，消费便利程度方面，圣保罗市可谓是人们的购物天堂，各种咖啡厅、高档会所、购物中心遍布市中心，而且还有专门针对小区的便利店，居民消费十分方便。而市周边地区房屋狭小拥挤，商店、超市和游乐场等配套设施缺乏，就连居民的一些基本生存消费都难以保证。

印度的中心城市功能失调现象有过之而无不及。印度拥有全球最大的"堵"城——首都新德里，印度第二大城市孟买有世界第二、亚洲第一的达哈维贫民窟，这些中心城市都存在着严重的基础设施与公共用品不足的问题，无法起到辐射带动周边地区发展的功能作用，甚至不得不以牺牲周边地区和中小城市来发展中心城市，自然形成了市中心与周边地区消费环境悬殊的局面。而且印度消费安全方面的差异问题尤为突出，在印度中心城市的市中心商店陈列商品一般必须通过重重检验质量合格才可以摆放，保证了居民的消费安全，而一些质量不合格的商品就通过非法渠道流向了周边地区，居民的消费安全存在很大的隐患。对于医疗支付能力本就不足的城市周边居民而言，消费不安全商品带来的后果很严重，如婴幼儿死亡率明显高于中心城市。

5.1.2　发展中国家以城市化拉动消费失败的成因分析

造成发展中国家以城镇化拉动消费效果不明显的因素有很多，包括人为因素与非人为因素。非人为因素主要指地理环境、气候条件、人文文化等不易改变的因素。受篇幅所限，本书着重分析人为因素。

1. 政府力量与市场作用不协调

巴西在城市化拉动消费进程之初是典型的国家统治经济、采用的是政府主导的市场经济模式，但由于经济发展战略、政策没有根据经济社会需求的变化而及时调整，阻碍了国家经济的持续健康快速发展。20 世纪 90 年代初之前，巴西的重工业、城市建设都集中在几个主要大城市，以此来刺激经济的发展，推行"进口替代"内向工业化发展战略。但是事与愿违，政府主导型模式使得巴西经历两次经济飞跃后，带来的是过度城镇化、经济泡沫破灭后的持续萎缩，不得不接受国际货币基金组织的紧急贷款，一直到 2004 年之前的二十年，巴西的经济增长速度都只有 2% 左右。90 年代之后，新自由主义发展模式在拉美广泛推行，巴西政府重新考虑政府干预的作用和范围，意识到政府应转变职能、主要应集中在社会领域，并实行全面开放的经济，让市场自由发展。近些年巴西政府在刺激居民消费方面采取了很多措施，不仅实施消费者补贴计划、扩张消费信贷、提高低收入者收入，还通过宣传国家的饮食文化、特色建筑、足球文化和传统节日，给居民创造各种各样的消费机会，再加上巴西人天性热情、乐于享受、喜欢消费，使得巴西家庭消费增长强劲。但依靠消费信贷和初级产品出口拉动的增长模式也受到了一系列的挑战，而与此同时，巴西投资占 GDP 的比重非常低，固定资产投资率长期维持在较低水平，政府又没有进行适当有效的引导，造成巴西空有高城市化率、高消费率，却失去经济增长的坚实基础和长远驱动力。

印度在城市化拉动消费进程中政府主导力量过于强大，影响了市场正常作用的发挥，导致低城市化率严重影响国家经济的发展，居民消费水平偏低，可持续性不强。长久以来，印度倡导自己是一个农业国家，印度政府更是制造各种难题让进城农民无法在城市立足，导致印度城市化进程严重落后于其工业化进程。这种滞后的城市化自然造就了农村居民是印度消费主体的客观现实，也给印度最终消费率贴上了"必需消费占比大"的标签。另外，印度政府引导居民就地消费，却没有提供居民就地发展的机会。滞后的城市化让印度的消费主体是农村居民，为了提高国家消费率、刺激经济发展，印度政府鼓励农村居民消费手机、电视、自行车等耐用消费品，但是却未注重改善农村居民的生活环境，吸引企业入驻以增加农村居民的发展机会，造成了印度农村居民消费率高但是消费能力不足的局面。

2. 产业结构畸形

发达国家经验表明，城市化与工业化的互动协调发展，才能很好地拉动消费，但发展中国家的产业结构不合理是普遍存在的现象。巴西产业结构畸形由来已久，长期存在"虚高度化"。据世界银行数据，1970 年巴西农业仅占国民经济总量的 11.7%，工业和服务业分别占 35.4% 和 52.9%，而到 2011 年，巴西服务业不断扩张，服务业增加值占 GDP 比重高达 67%；但制造业萎缩，制造业增加值仅占 GDP 的 27.5%。另一方面，巴西积极发展资本和技术密集型产业，以满足富人阶层的需求，忽略了劳动密集型产业的发展，形成了耐用消费品、汽车、中高档住房供应充足，而生活必需品、廉价住房供应短缺的局面，造成了国家享受型消费偏高、生存与发展型消费不足的消费结构。巴西形成如此产业结构的原因主要有两个：一是巴西军政府时期收入分配的集中化。这种收入分配结构造成财富大量地集中在富人手中，富人的消费需求很大程度上决定了国家的产业结构。二是巴西偏离国情的产业政策。在 1960 ~ 1980 年经济飞速发展过程中，巴西基本上采取依靠优越的农业生产条件为本国工业发展积累资本的产业政策，即"以农养工"，这种产业政策导致巴西农业比重大幅下降。而资本密集型产业的发展又对工人素质要求较高，加剧了财富的集聚，阻碍了工业的发展。

印度的产业结构整体呈现出第一产业比重逐渐下降、第二产业比重不高、第三产业比重过半的特征，依据世界银行的数据，其服务业比重从 1950 年的 27.51% 迅速增长到 2012 年的 56.3%。超前发展的第三产业使得印度经济不稳定，农业与制造业发展不足成为印度发展"瓶颈"的现象逐渐显现。另一方面，印度服务业一般对员工有较高的素质要求，吸收农村过剩劳动力极为有限，再加上服务业本身对城市基本设施刺激的作用就小，更难以推动印度经济长期高速增长。印度形成这种产业结构的原因主要有三个：一是印度人口众多，对服务的需求量很大，自然需要服务业的大力发展以满足印度居民的生活需求；二是印度落后的基础设施严重阻碍了工业的有效发展，同时服务业高效率、低污染、对资源需求量小的特点也可以使得印度在国际竞争中争得一席之地；三是印度土地资源较为丰富，农民有地可耕，加上政府也并不希望农村居民的大量转移，所以这种产业结构也可以减轻农民进城的要求。

3. 收入分配不均等诸多因素引致的社会分层

收入决定着个人和家庭的消费质量。由收入分配不均引致的社会分层直接导致了各个社会阶层居民消费水平、消费模式、消费结构、消费心理、消费品位等各方面的差异。目前巴西中产阶级占 52%，穷人占 38%，根据世界银行的数据显示，2009 年巴西收入最高的 20% 的人口获得了总收入的 58.6%，次高的 20% 的人口获得了总收入的 7.1%，中间的 20% 的人口获得了总收入的 12.4%，次低的 20% 的人口获得了总收入的 19.0%，最低的 20% 的人口获得了总收入的 2.9%。其中，收入最高的 10% 的人获得了全部总收入的 42.9%，收入最低的 10% 人口仅仅获得了总收入的 0.8%，前者是后者的 54 倍。这种由收入分配不均带来的社会分层使得巴西中产阶级成为社会的主体，社会需求结构也相应发生着转变，对城市质量与基础设施的要求越来越迫切。同时，巴西歧视性的社会保障制度与消除贫困与不平衡的政策让中高收入阶层与穷人分别成为受益者，中产阶级生活并没出现大的改观，而且被列入中产阶级的部分人群随时有可能再退回到低收入阶层，进一步加剧了巴西的社会分层现象。

印度中高收入阶层的人数在不断增加，低收入人群比重有所下降，但是收入分配不均的现象依然存在而且比较严重。根据世界银行的数据，2010 年印度收入最高的 20% 的人口获得了总收入的 42.8%，次高的 20% 的人口获得了总收入的 12.1%，中间的 20% 的人口获得了总收入的 15.7%，次低的 20% 的人口获得了总收入的 20.8%，最低的 20% 的人口获得了总收入的 8.5%。印度收入前 10% 的人口拥有全国 28.8% 的总收入，而收入最后 10% 的人口仅拥有总收入的 3.7%。印度的收入分配结构让印度形成了金三角式的社会层级结构，即便中等收入阶级日益庞大，但是依靠他们来拉动整体的城镇化水平与消费水平简直是杯水车薪，因为印度 70% 的居民是农民。另一方面，印度固有的层级观念和种族制度，使得社会分层现象更为具体。在印度，不仅整体居民分层，即使农民也有上中下等级，不同的等级对应不同的职业与社会地位，而且等级之间很难转化，尤其是低收入阶级想靠自己的条件进入中等收入更是难上加难，因为他们根本无法支付得起教育或者培训的费用，也就无法掌握相应的能使自己向上一阶级迈进的技能。此外，印度经济权力的集中，中上等收入阶层垄断了经济发展的福利，而农民的生产力低下，收入增长微乎其微，再加上通话膨胀劫贫济富的特性，印度各个阶层界限日益明显。

4. 政策支持不均衡

发展中国家通常会给予发展良好的区域与中心城市更多的财政支持，完善区域的基础设施与城市建设，结果进一步加剧了区域发展不平衡、城市发展不平衡的现状，经济的不平衡带来人均收入的不平衡，导致出现消费环境悬殊、消费水平不同的状况。巴西区域不平衡、中心城市功能失调等问题就是加剧于此，导致城镇化拉动消费的效果不显著。受殖民主义遗留的历史因素影响，巴西南部沿海地区率先发展起来，从此巴西开始了长达一个世纪之久的重南轻北格局。政府给予南方更多的倾斜政策与更多的财政支持，1948～1956 年间，平均每年有 1400 万美元的财富从东北部转至中南部，对南部的财政拨款也是北部的两倍以上，南部城市中心也拥有全国最好的商业、服务、交通等基本设施，绿化率高，居民生活与消费环境舒适。巴西重南轻北的政策来源于巴西急功近利的经济发展目标。在经济实力尚未殷实阶段，将有限的资金投入到发展良好的区域比投入到落后区域会带来更为丰厚的回报，而且经济风险更小，这样经济发展速度会更加迅速。这虽然对于各个国家发展初期都是常态，但是大多数发展中国家都没有依据经济的发展进度而进行调整，各种发展不平衡问题愈演愈烈，最终导致城镇化拉动消费的失败。

印度区域发展不均衡问题同样严峻，而且印度是以牺牲中小城市的发展来求得中心城市的繁华。随着印度服务业在世界经济中立足，服务业聚集的区域与城市随之发展起来，印度软件业形成了以南部城市班加罗尔为中心的城市群，是世界最大的软件服务外包基地，国家对服务业的支持也自然流向这些区域与城市。在班加罗尔创立之初，印度政府自行融资增建发电厂，扩建电信设施，改善当地的基础设施，并大力补贴专业技术人才，吸引大量的软件开发技术人员前来工作，大大推动了该区域的发展，也进一步加剧了区域发展不平衡。另一方面，印度政府在改善农村居民生活条件上的投入很少，而且故意阻碍农村居民入城以维持中心城市的发展，不仅延缓了城镇化进程，也对农村居民消费形成诸多不利影响。

5.1.3　发展中国家的教训对我国的启示

1. 城镇化实现由政府主导型向市场与政府协同主导型转变以更有效拉动消费增长

目前我国城镇化拉动消费进程中政府主导的痕迹十分明显，20 世纪 90 年代以来，我国最终消费支出中政府消费占比不断增大的同时，居民消费占比不断下降，导致我国城镇化中投资结构失衡、地方债务负担沉重，不能有效地以市场为导向来引导城镇化拉动消费健康发展。结合发展中国家的教训，我国以城镇化拉动消费的实践中，应在动态发展中不断调整变化政府与市场的关系，由"政府主导"转变为"政府引导"，让市场机制在人口迁移、要素集聚与扩散、城市产业结构调整、城市空间结构的外部扩张、城乡关系调整等方面充分发挥作用，当然政府调控也不能缺位。实践证明，市场经济的健康发展必须需要市场自发调节同政府宏观调控相结合，这才是决定一个国家经济改革是否能够成功的核心所在①。首先，要大力推进就业制度、户籍制度、土地制度、社会保障制度、城市建设投融资制度等各种阻碍人口流动、阻碍城镇化、阻碍消费增长的制度改革，以市场为导向引导农村居民流向各级城镇，能更快、更广泛地融入新城镇生活，适应城市现代化的生活方式，转变消费观念、消费模式，提升消费结构，更大幅度地提高整体消费率。其次，以市场为主导，政府引导推进，转变城镇化中的政府观念和职能。政府不应侧重投身

---

① 张琳力：《巴西经济发展的历史回顾及经济改革发展的经验启示》，载《才智》，2011 年 6 月，第 218~220 页。

生产性、竞争性项目，而应侧重于民生性、公益性项目，将工作重点放在制度建设、法律保障和经济社会服务方面上来，这样有利于增强消费预期，优化消费环境，培育和提高我国居民消费能力，再次，给企业松绑放权、激发民间资本活力，让社会公众广泛参与规划建设，形成市场、政府和社会这三股推动新型城镇化、城市尤其是小城镇建设、扩大消费的力量。

2. 合理布局产业结构，优化居民消费结构

长期以来，我国一直着力发展劳动密集型产业，以吸收广大的剩余劳动力，但是产业结构升级没有跟上。根据中国统计年鉴2000～2013年数据整理发现，2000年以来我国社会消费品零售总额增速一直在10%以上，2008年超过20%，但是，这些年来我国的最终消费率增速却基本上都是负增长，由于社会消费品零售总额不包括服务性消费以及实物性消费、自产自用消费和其他虚拟消费，从一定程度上反映了我国服务业消费的增速不尽如人意，也反映了我国服务业总量虽已快速增长多年，但结构仍不合理，新型产业发展乏力。因此，通过推进新型城镇化，合理布局我国的产业结构，力求各种要素配置优化能力的提高和成本的节约，推动工业、服务业的创新升级，以实现提高各产业人均收入水平，减轻居民消费压力，促进消费结构优化、拓宽消费品领域的供给、满足日益增多的多元化消费需求，这对于提高我国以城镇化拉动消费效果意义重大。第一，提升服务业专业化程度，减少垄断因素，尤其要鼓励乡镇服务业的发展，向居民提供更快速与更优质的服务产品，吸引居民增加服务性消费。第二，加大普通消费品产业发展，提高普通商品质量与品位，以减少我国居民对于奢侈品、高档消费品的盲目消费。第三，引导发展型与享受型消费产业升级，特别是教育与信息产业的优化，创新新产品，增加对专业技能的培训，提升居民自身素质，培育新的消费增长点。我国产业结构升级旨在引领居民消费观念与消费习惯的改变，引导居民逐步扩大教育、医疗等发展型消

费和旅游、娱乐等享受型消费在家庭支出中的比重，加大对耐用消费品的购买，减少盲目型与浪费型消费，这又会进一步推动产业结构的优化升级，形成良性循环。

3. 切实解决城市贫困，有重点分层次促进居民消费

我国随着城镇化的推进，收入差距、贫富差距不断扩大，根据国家统计局公布的数据显示，2003 年至 2012 年 10 年间的中国居民收入基尼系数，其数值全部分布在 0.47 ~ 0.49 之间，早已超过 0.4 的国际公认警戒线。可以说，目前我国收入差距大已是不争事实，并导致我国城乡居民尤其是城市居民的消费分层化特征日益明显，我们必须承认并重视消费分层的出现，注重根据消费群体的多元差异性、分层性采取不同的引导措施，才能真正达到刺激消费需求、在稳中求进中推动经济社会发展的目的。对于高收入者，一方面应采取政策放松投资环境、拓宽投资渠道，引导其进行生产经营性投资尤其是实体经济领域的投资，也可吸引其参与资本市场。另一方面应发挥税收等政策的作用，引导其更多的理性消费，尽量减少奢侈炫耀性消费，投入更多的公益消费与提升自己品位的消费。对于中等收入阶层，应通过完善消费政策、改善产品供给、优化消费环境、健全社会保障等措施增强其消费信心，充分发挥其扩大消费主力军作用；并引导中等收入者适度消费，不进行过度奢侈挥霍性消费，提高对绿色生态消费、精神消费等发展型和享受型消费品需求的比例和消费能力。

我国城镇化率逐年上升的同时，城市贫困率也逐年上升。城市贫困人主要包括低收入行业以及下岗、离岗人群造成的城市贫困，以及退休、残疾等形成的城市贫困。这两类贫困人口消费能力低下，食品消费占比大，储蓄意愿强烈。面对这一现状，我国既要提升低收入人群谋生能力，又要增加对老弱病残的转移支付，切实提高他们的收入，以有效缓解城市贫困问题，改善城市贫困人口消费行为。首先，缩小各行业各部门收入之间的差距，加大对欠发达区

域就业的优惠与扶持，缓解由国家发展不平衡造成的城市贫困问题；同时减少居民消费成本，提高居民消费意愿。其次，国家应给予更多的补贴与资助，以增加对低收入行业人群的技术培训，提供更多就业信息，加大对下岗职工再就业与创业的宣传教育，让受教育者在提升适应现代技术工作的能力、增加收入的同时，改变自己传统的储蓄观念，加大教育、医疗等发展型消费。再其次，应加大社会保障力度，保障其基本生活，尤其要加大对无劳动能力人口的补贴，着力满足与其实际需要和经济条件相符的生活必需品消费。

而对于农村居民，政府要增加对农民的转移性支出，发展生态农业，让农民的收入有相对稳定的基础；并且引导农民形成科学的消费观，加大优惠措施提高农村居民耐用消费品的消费。此外，还要在农村营造便捷的消费环境，挖掘适合农村地区居民消费的新型产品和新型服务，去掉浮华且昂贵的包装，满足农村居民物美价廉的消费需求。

4. 平衡不同区域的协调发展，优化区域消费环境

目前我国城镇化率的区域差距较大，2012 年我国东中西部城镇化率分别是 66.52%、49.81% 和 44.26%，最大差距为 22 个百分点，城乡消费比分别是 2.42、2.61 和 3.15，区域发展差异使得不同区域居民的消费水平、消费结构、消费观念不同，消费环境也差距较大。所以，首先，应通过新型城镇化平衡区域间的协调发展，不同区域、不同等级城市的消费功能都应立足于辐射、反哺、支持农村的消费；应推进区域间公共服务均等化，尽量让区域内的每一个成员都有均等的消费机会，实现消费环境公平，能达到体面生活的消费水平；城际、区域和城乡之间的产业链和产业集群布局，在保持比较优势的同时，都要为满足城乡居民的生存、享受和发展等消费需求而共同协调分工、布局和升级发展。其次，我国应针对不同的经济发展地区制定不同的城镇化拉动消费的措施。对于长三角

地区与泛珠三角地区城镇化率很高，居民收入水平高，消费观念前卫，重点应注重优化城镇结构、推进发展好的村镇改市，要注意引导此区域居民更加理性的投资性消费，减少奢侈炫耀性消费；环渤海地区，其城镇化率也高于全国平均水平，居民人均收入较高但消费观念相对保守，对此应注重提高城镇化质量，增加服务业比重，提升消费者品位，引导居民发展型消费与享受型消费，减少浪费型消费；而中西部地区城镇化率和城镇化水平相对较低，城镇化发展仍停留在侧重人口和地域城镇化的数量上，应抓紧落实解决2014年《政府工作报告》中提出的"引导约1亿人在中西部地区就近城镇化"问题，将移民和工业化、城镇化、农业现代化结合起来，提高产业发展和集聚人口能力、吸引就近从业；加快推进基础设施建设；重点优先发展中心城市，强化省会或重点中心城市的生产、流通、商贸、科教等功能；加快发展壮大中小城市以及重点小城镇，提高区域城镇化率，增强该区域城市群和城镇发展后劲儿，切实提高居民收入、改善消费条件、优化消费环境，以有效增加消费。至于东北地区，作为老工业基地，其城镇化率较低，落后过剩产能相对较多，导致居民收入水平不高，消费能力有限。应尽快推进化工业区、粮食主产区、资源型产业衰退区等地区城镇化发展模式的转型，发挥主导产业和优势产业集聚对城镇化的带动作用；还要强化城市管理能力，增强人口流入的城市吸引力，增加就业机会，进而改善居民消费环境，提升居民消费观念，提高城乡居民消费能力。

5. 注重大城市发展质量的提升、协调大中小城市和小城镇的同步发展，以有效拉动消费

我国城镇化与大多数发展中国家同样面临一线城市城镇化发展过度，而中小城镇发展不足的问题。对此，我国既要重视城镇化发展速度，又要重视城镇化发展质量，协调大中小城市和小城镇的同步发展。首先，对于大的一二线中心城市，其城镇化率、消费率都已超出全国平均水平，进入新的"瓶颈"深水区，迫切需要从人口、经济、空间、生态环境、公共服务、城乡一体化等多个涉及城镇化质量提升的方面，探索与消费可持续性拉动联动发展的优化路径。一方面要完善其中心城市功能建设，提高城市中心发展质量、升级城市规划，注重发挥中心城市在产业结构、空间、交通、文化、经济、消费等方面的集聚和辐射效应，尽量有效解决大城市病，增强居民的消费意愿、提高居民的消费满意度；另一方面要尽量在郊区或者直接在农村地区设立销售基地，或者将办公、仓储、研发等迁移至郊区，强化郊区的功能性；适当发展大都市的卫星城镇，作为大城市的产业补充、功能补充；还可通过城市群的发展，以此形成强大的经济核心区，在更大范围内实现资源的优化配置，推动城镇化的集约化发展，提高周边区域居民的消费能力。其次，要加速中小城市和小城镇的发展步伐，中小城市和小城镇发展不应再像过去低水平模仿综合性大城市模式、追求一二三产业小而全的比重，而应重点突出地域特色，发展当地消费特色产业，增强城市识别度，循序渐进培育新兴产业，吸引外来消费，并带动本地消费。同时，政府应大力鼓励企业总部向中小城市转移，带动中小城市发展，并给予小城镇企业、乡镇企业，尤其是服务型乡镇企业更多的帮扶，以带动区域居民就业与创业，提高城乡居民平均收入水平和消费能力。

5.2

发达国家城镇化拉动消费增长的经验启示

5.2.1　英国提升城市发展质量，升级居民消费观念

英国是世界上第一个完成城市化的国家，也成功地通过城市化拉动了消费，通过城市质量的提高奠定了居民的消费信心。城市化的快速进展给英国带来了一系列始料未及的难题，据世界银行数

据，20 世纪中后期，英国城镇化率达到 78.3%，消费率 80.5%，但此时人口负增长、交通拥堵、环境恶化等问题愈演愈烈，伦敦"雾都"也持续半个世纪之久，严重影响居民的消费结构与消费行为。面对这一情况，英国通过提升城市发展质量，成功地化解了城镇化快速发展期遗留的各种城市问题，并从中发掘出居民消费新的增长点，据世界银行数据，2012 年消费率实现 87.4%。

1. 提升城市中心质量，增加居民休闲消费

英国对城市中心质量的提升主要集中在两个方面：一是大幅增加城市公共空间，改善城市环境。19 世纪中期开始，英国大规模修建城市公共空间，满足居民日益增长的休闲消费需求，公园、图书馆、博物馆、画廊等建筑逐渐向市民开放，海德公园、维多利亚公园、菲利普公园、诺丁汉绿色园林带都在这一时期建成并对外开放。同时，游乐场、咖啡厅等场所也日益增多，满足居民娱乐与休息不同的消费目的。而且，公园具有明显的阶级特色，富人阶层的公园更加注重休闲，而工人阶层的公园偏向实用性，以满足各类消费人群的不同消费需求。此外，去公园散步带动了市民中高档服装的消费，因为这样在与邻居聊天时可以表现出自己的身份地位。

二是拓宽城市道路，重新规划交通网络。英国的城镇化完全是随着工业化的进程自发进行的，城市发展与建设毫无规章，道路狭窄拥堵，给居民带来许多不便。在解决商业区交通拥堵上，英国一改城市中心区仅一条核心干道的做法，而是将城市核心区域留给市民，将以往的核心干道改成商业步行街，并设有长椅，方便居民购物与休闲，营造良好的消费环境。在市中区外围，英国设计了大型停车楼与环路，一方面化解了居民开车来市中心的拥堵，另一方面也可以对路边停放的车辆采取高收费进行管理，大大改善了居民的出行环境，维持居民消费动力。

城市中心质量的提高激发英国居民休闲消费的高涨。在体育休闲消费方面，公共空间的建设大大增强了居民的健康意识与消费户

外装备的热情，诸如贝豪斯、锐步等一些专业户外运动品牌在这段时间迅猛发展。2000 年英国居民与体育休闲相关的消费额共计是115 亿元，占英国的家庭消费总额的 2.8%。① 在海滨休闲消费方面，最初英国上流社会是消费主体，随后众多中产阶级与工人阶级加入消费群体，进一步促进了英国海滨休闲城市的发展，剧院、音乐厅、游泳池、动物园、公园、现代的游乐场供应充足，据英国统计局调查数据，2012 年英国居民每周平均娱乐消费支出 61.5 镑，占家庭支出的 12.58%。

2. 提升城市郊区发展，加大耐用消费品消费

城市人口的增加缩小了人们生活中的私人空间，市中心环境的拥堵让越来越多的贵族阶层开始向郊区迁移，建设自己的花园与广场。这种良好的生活环境吸引了更多的市民，市区工作、郊区睡觉的生活方式也逐渐被居民接受。随着居民生活的郊区化，郊区逐渐发展起来，满足居民便利消费的需求。英国非常注重郊区新城的建设，到 20 世纪 70 年代中期，英国建立了 33 座新城，拥有完善的基础设施、生活服务设施和娱乐文化设施。以超市为例，英国的大型超市选址在郊区，有自己的加工厂，自产自销，减少库存，增加盈利渠道。而且超市在服装、玩具、美肤品、香水等领域的涉足，连锁经营的方式又提高自己的知名度，可以吸引更多消费者消费。此外，各个超市针对的目标群体各有侧重，并以方便顾客、刺激消费为核心进行各种各样的创新，引领消费者消费最新产品，升级消费结构。

城市郊区的发展带动了耐用消费品的消费。随着居民向郊区迁移，通信、汽车、洗衣机等耐用消费品的消费逐渐增多。20 世纪60 年代，约半数以上家庭有一台洗衣机，在北方普及更广；三分之

---

① 叶浩彬：《浅谈英国体育休闲产业及对我国的启示》，载《体育文化导刊》，2006 年第 8 期，第 115 页。

一家庭有一台冰箱，在南方比例更高；三分之一家庭有一台小汽车。① 据英国统计局数据显示，2012 年英国居民平均每周交通与住房支出分别为 64.1 英镑与 68 英镑，占家庭消费的 13.1% 与 13.9%，半数以上的人拥有小汽车，87% 的人是网民。

5.2.2 日本把握城市化进度，鼓励居民国内消费

在日本城市化进程中，政府干预力量很大，而且始终坚持"城市是居民的城市"的原则，是政府主导型城市化的典范。20 世纪 50 年代初至 70 年代末，日本城市化步伐加速，城市化率由 37.3% 快速上涨至 72.1%，消费率也达到 67.6%。随着城市化模式逐渐成熟，日本城市化进程继续推进，2012 年城市化率达到 91.7%，消费率也增加至 81.4%。综观日本城镇化拉动消费进程，其最突出的特点就是政府充分参考城乡居民的消费需求与消费习惯，在不同阶段引导居民调整消费结构，居民就地消费量大。

1. 在城市化快速发展期，引领城乡居民消费平衡

据世界银行数据，1960~1975 年期间，日本居民消费率一直在 60% 左右，消费对日本经济增长的贡献率居于首位。这一时期，日本给予国内幼稚产业足够的保护，制定高进口关税，让国内居民最大程度地消费国产产品。一方面，对于城市居民，依据城镇化进度与居民储蓄情况，日本政府依次鼓励居民消费收音机、缝纫机、自行车"三大件"，洗衣机、电冰箱、黑白电视机"三大件"和彩电、空调、小汽车"三大件"，引导城市居民升级消费结构。另一方面，增加农村居民人均收入，提高农村居民消费能力。这一时期，日本制定一系列农业激励措施，使日本农村家庭的可支配收入

---

① 宋大振：《20 世纪英国"大众消费时代"及与日本和西德的比较》，载《理论界》，2010 年第 4 期，第 116 页。

从 1960 年的 46.59 万日元增加到 1970 年的 144.88 万日元[1]，而且日本农村居民享受平等的医疗、教育保障，农村居民消费无压力，食品消费结构升级，耐用消费品消费数量大量增加，消费指数甚至超过城市居民，如表 5 - 2 所示。

表 5 - 2　　　　　　　日本城乡消费水平指数（1951 = 100）

年份	城市	农村
1955	138.9	121.1
1960	179.3	148.1
1965	227.3	203.4
1970	288	298.8
1972	315.6	352.9

数据来源：彭明朗：《日本消费模式初探》，载《消费经济》，1991 年第 5 期，第 22 页。

日本这种引领城乡居民共同消费国内产品的城市化拉动消费模式，十分适合当时日本的经济发展水平，城乡居民消费不断提高，同时，这种方式也让日本在短短 20 年迅速积累了大量资金，这是国家长远发展的经济基石。

2. 在城市化成熟期，引导居民理性消费

随着城市化步入成熟期，日本居民消费观念慢慢由节俭转化为浪费，此时，政府开始引导居民增加发展型消费，引导居民注重生活品质的提升，逐渐由奢侈的"金钱消费"转变成内心享受的"时间消费"，追求消费品的高质量与消费品位的提升。20 世纪 80 年代开始，日本民众更加注意营养、耐用消费品、娱乐、奢侈消费品的消费，日本每一家庭的保健医疗费增长近 46%，交通通讯费增

---

[1]　孙章伟：《日本扩大内需消费的制度安排研究》，载《日本学刊》，2012 年第 2 期，第 86 页。

长85%，教育费增长94%，文化娱乐费和交际费均增长43%①。这一时期，日本鼓励居民国内消费的重点在于引导居民理性消费。在生存型消费方面，日本鼓励居民减少高级酒店、夜总会等高端消费，鼓励居民家庭消费，由此对白米、调味品、厨具等生活必需品的消费大幅增加；而在享受型消费方面，随着城镇化的推进与经济的发展，日本居民收入日益增加，日本减少从业人员工作时间，鼓励居民参加健身等体育运动，增加全家自驾郊游等娱乐活动。1980~1986年六年间，日本新建198个俱乐部，体育和健康俱乐部的市场规模从1980年的180亿日元增长为1986年的1430亿日元。② 自驾游的流行加大了居民对越野车、帐篷等户外运动产品的消费，销量逐年上升，据世界银行数据显示，2000年来日本居民汽车拥有量比例过半。到2013年，日本统计局数据显示，日本居民食品消费占家庭总支出的21.5%，交通与通讯占13.9%，娱乐占10.4%，教育与医疗分别占到7%与4%。

5.2.3 美国发挥中心城市功能，提高居民消费能力

1920年美国城市化率达到51.2%，基本实现了城镇化。从这时候起，随着城镇化率的进一步提高，富人与中产阶级逐渐迁移到郊区生活，城市的空间结构发生了重大变化，引起了美国都市圈的空前发展，带动了美国区域经济的腾飞，甚至成为全球经济增长的主导力量。据世界银行数据显示，2000年来美国城市化率突破80%，居民消费率也一直在80%以上，2012年达到83.12%。目前美国形成了纽约都市圈、芝加哥都市圈、洛杉矶都市圈、亚特兰大都市圈、达拉斯都市圈和底特律都市圈等，中心城市的功能得到充

① 陈信康：《新产业革命对日本消费变化的影响》，载《外国经济与管理》，1985年第4期，第31页。
② 殷立春：《日本消费市场变化的特点》，载《现代日本经济》，1989年第8期，第80页。

分发挥，成功地通过都市圈的发展实现了城镇化对消费的拉动。

1. 都市圈通过充分发挥中心城市功能，带动区域消费

都市圈对区域消费的带动作用主要表现在两个方面：一是发挥中心城市的集聚与辐射功能，将都市圈各个城市有机地联系在一起，扩大居民都市消费范围，便利居民各类消费；二是实现都市圈内的产业升级与转型，进而改变社会从业结构，增加居民收入，提高居民消费能力。以纽约都市圈为例，它是美国乃至世界所有都市圈中建设最成功、发展最成熟的案例。纽约都市圈以纽约为核心城市，将临近的波士顿、费城、华盛顿和巴尔的摩发展为次中心城市，同时带动周边 26 个县的发展，既有效地分散了中心城市的人口压力，又带动了周边城市的飞速发展，为居民营造了良好的消费环境。而且，纽约都市圈成功地实现了各个城市之间的有机联系，将金融、科技、政治、旅游、老工业、港口等中心城市的核心产业紧密结合在一起，并且都市圈在规划上充分以居民为中心，符合居民消费习惯。都市圈内搭建最密集与便利的交通网络，铁路、航空、高速公路、海底隧道与地铁网络远远高于其他任何城市，为居民消费提供最大的便利度。根据美国劳工部劳工统计局数据，2012年纽约都市圈的成功发展使得美国东北区域居民平均年收入以72036 美元位于全国首位，高出全国平均水平 6440 美元，东北区域居民平均年支出 55884 美元，比美国平均水平高出 4442 美元。其中，食品支出 6962 美元，占总支出的 12.46%；住房支出 19745 美元，占比 35.33%；衣着与服务消费 1833 美元，占比 3.28%；医疗、教育支出分别为 3572 美元、1789 美元，占比 6.39%、3.2%；娱乐支出 2723 美元，占比 4.87%，除了交通支出低于全国平均支出水平外，其他均高于全国平均水平。

纽约都市圈的成功还在于随着都市圈的发展，都市圈内各城市依次顺利实现产业升级转型，居民消费结构得以改善。随着纽约服务业的快速发展，纽约制造业逐步向次中心城市转移，同样，当波

士顿、费城、华盛顿和巴尔的摩的核心产业逐一发展起来的时候，制造业顺势向周边城市迁移，实现了产业的梯度转移与升级。另一方面，制造业向周边城市的迁移不仅带动了这些区域的发展，而且也增多了中心城市服务业的种类与需求量，促进了中心城市服务业的进一步发展。根据美国劳工部劳工统计局最新数据，2014 年 2 月纽约—新泽西城市带内教育医疗从业者、贸易运输从业者、商业咨询服务、金融从业者数量位居前四，占区域内非农从业者的 61.98%。同样据美国劳工部劳工统计局数据，2011 年城市带内居民衣着和服务类平均家庭年支出 2596 美元，高出全国平均水平 876 美元。

2. 都市圈增加了中等收入阶层的比例，挖掘出中等收入人群消费潜力

19 世纪还处于工业化的美国，其中等收入阶层主要由劳动者构成，包括熟练工人、半熟练工人以及少数的小企业家、中低层管理者和脑力劳动者。随着城镇化的推移，20 世纪初美国基本实现城市化，都市圈逐渐形成，大大发挥了经济的规模效应与集聚效应，居民的人均收入明显提高，中等收入者比例大幅提高，到 20 世纪后期，美国中产阶级的人数占美国人口总数的 70% ~80%[①]，据世界银行发布的一份关于全球主要国家中产阶级比例的报告显示，2010 年美国实现了中产阶级占全国人口 82.3% 的高比例。此时，这一庞大的社会群体社会结构发生了重大变化，主要由企业家、科技与管理人员、高学历的白领、部分蓝领雇员和文官群体组成，他们更加看重自己的个人价值与社会价值，拥有职业与收入上的稳定保障，追求创新与商业利益，而都市圈的形成恰恰迎合了他们这一心理需求，为他们发挥自己的能量提供了充足的平台，并挖掘出这批中等

---

① 石庆环：《20 世纪美国中产阶级的结构变迁及其特征》，载《辽宁大学学报》（哲学社会科学版），2010 年第 4 期，第 91 页。

收入人群的消费潜力。

首先，都市圈的形成创造了诸多就业机会，增加了居民收入，提高了居民消费能力。以都市圈道路建设为例，道路建设短期内可以直接增加就业机会，长期又会减少都市交通堵塞、提高工作效率、增强竞争力，进而间接地创造出新工作岗位。根据美国劳工部劳工统计局数据，2014 年 4 月美国都市圈内就业增长率平均高出全国平均水平 1.6 个百分点，其中，纽约都市圈物流、零售与教育、医疗服务等工作新增 30000 人就业，商业咨询服务新增 25900 人，有效拉动就业率的提高。美国劳工部劳工统计局数据显示，2013 年纽约都市圈的周工资为 2448 美元，高出全国平均周工资 1459 美元，有效地提高了居民消费能力。

其次，都市圈为居民消费创造了良好的消费环境。一方面，都市圈通过核心城市、次中心城市、周边区域的分层布局使得高端消费会所、中等消费场所、大型超市、便利店、折扣店、批发市场等依次分布，满足中等收入阶层各类消费需求，挖掘出这类人群的消费潜力。另一方面，都市圈畅通的道路环境既保证了居民能够获得需要的商品与服务，又提高了居民休闲旅行消费的热情。据美国劳工部劳工统计局数据，2012 年美国中等收入阶层食品支出平均占总支出的 13.4%，比 1973 年 17.8%的比例低出 4.4 个百分点；服装和服务类消费方面，2012 年中等收入阶层这一消费占总支出的 3.05%，比 1973 年 7.8%的比例少了一半多；交通方面，2012 年支出占比为 19.02%，略高于 1973 年 18.7%，其中购买汽车支出占交通总支出的 33.99%，汽油、天然气支出占比 33.55%，公共交通占比 4.46%。中等收入家庭汽车程度较高，平均每家有汽车 1.8 辆。

5.2.4　德国注重中小城市协同发展，城乡消费均衡

第二次世界大战后，德国经济逐渐恢复，城市化步伐明显加快，大城市开始追求高级发展，注重城市文明的提升与扩散，诸多中小

城市也迅速发展起来，取代大城市成为城市体系的主体，形成了大中小城市同步发展、居民生活水平无差异的良好局面。据世界银行数据显示，目前德国只有柏林、汉堡、慕尼黑三个百万人口城市，居住在大城市的居民数量只占全国总人数的 4.3%，而中小城市容纳着全国 65% 以上的人口。2012 年德国城镇化率为 74.07%，消费率为 76.82%，区域协调发展，城乡消费均衡，城市特色突出，有效地实现了中小城市发展对消费的拉动。

1. 大中小城市协调发展，城乡居民消费能力无差异

德国在发展中小城市过程中，主要集中在两个方面。一方面，使得中小城市具有与大城市同等的交通、通讯、水电、网络等基础设施，有效地带动了企业与年轻劳动力的迁移，避免了中心城市过大带来的隐患。20 世纪 60 年代，逐渐从战争中恢复过来的德国经济迅速发展，从农业中解放出来的剩余劳动力开始向周边区域迁移，此时德国中小城市的蓬勃发展正好可以吸收这些转移的劳动力，农民就地城镇化率很高，1965～1985 年 20 年间，德国 20 万人口以下的中小城市增加了 493 座，而 20 万人口以上的城市仅增加了 4 座①。这种情况下，农民的生活方式与消费观念可以更快地与现代化生活并轨，并且随着现代交通网络的建设以及私家轿车的普及，中小城市居民同样可以享受到现代化的城市生活，中小城市的吸引力进一步提高。同样据世界银行的数据，2012 年德国人均年收入在 42230 美元，比 1980 年增加了 3.27 倍，约 2/3 的居民拥有私家车、网络覆盖率达到 90%。

另一方面，德国国家的产业政策以中小城市及小城镇为主，各个城市具有明显的城市特色，城市分布均匀、布局合理、功能明确，有效地提高了居民就业率与消费能力。除了德国首都柏林、港口城市汉堡、啤酒城慕尼黑等具有标志性的特色产业外，科隆、斯

---

① 董黎明：《联邦德国城市发展趋势》，载《城市规划》，1982 年第 2 期，第 43 页。

图加特、法兰克福、杜塞尔多夫、多特蒙德、莱比锡等中小城市也各具特色，创造出诸多就业机会，据 OECD 数据显示，2012 年德国失业率为 5.4%，有 65.7% 的就业人口从事服务业，27.2% 的就业人口从事工业。

2. 政府注重宏观调节，带动私人消费

在城市化拉动消费进程中，政府不断加大宏观调控力度，引导私人消费，使得私人消费成为拉动经济增长的主要动力。中小城市的发展，带动了区域居民的就业率，居民收入不断提高，再加上政府对于房价的大力调控，居民消费热情也持续高涨，汽车、家具、家电以及一些高端商品的销量一路上升。据 OECD 数据显示，在整个 20 世纪 60~90 年代，德国居民储蓄倾向比较大，消费占 GDP 的比重基本在 47%~60% 之间，明显低于英、法等西欧国家。随着德国中小城市的快速发展，在 1960~1990 年期间，德国房价年均增长 5.79%，但 1990 年后在政府的大力调控下，房价逐渐回落，年均涨幅只有 1.72%，德国私人消费迅速增长，居民的消费率达到 76.9%。

中小城市的发展也带动了国家社会保障体系的完善，社会政策基本遍及全国，有效地提高了居民的生活质量，增加了居民的消费信心。德国对于失业、住房、医疗、教育等方面的社会保障特别齐全，并且付诸法律保证其实施，这些举措既保证了城镇化的顺利推进，又提高了居民的消费能力，随着经济的发展，这种高收入可以有效地转化为高消费，形成促进经济发展的良性循环。

第 *6* 章

我国城镇化促进消费增长动力
不足的表现和原因

城镇化既是近年来中国经济快速增长的重要原因之一，也为今后 10 年、20 年甚至更长时间中国经济的发展提供了广阔空间。但是，中国的城镇化无论就人口规模还是复杂性和艰难程度来说，在全世界都是前所未有的。

6.1
传统城镇化进程中常见的阻碍消费增长的"城市病"问题及原因

6.1.1 资源耗减、环境质量下降，影响消费的质量增长和消费水平的提高

如前所述，城镇化与资源环境之间有着互动关系：一方面，城镇化进程不可避免地对资源环境产生影响，或者促进资源的优化配置和环境的改善，或者导致资源消耗和环境污染；另一方面，资源环境又会对城镇化进程或者产生集约化，或者产生约束效应。而资源的可利用程度和环境质量的好坏，直接影响着消费质量和消费水平的提高。

传统城镇化进程中，由于着重强调的是城市人口、地理范围和

城市规模的扩张，而忽略了城市旧城区的更新改造、轻视城市再生问题，而人口、资源以及生产生活等活动环节一般都集中在旧城区，必然造成有限资源更加紧张、使旧城区的消费环境趋于恶化。而且外延型城市扩张方式，主要注重数量而非质量，因此，导致某些新拓展城区的生活配套设施系统一般都不齐备、交通通信系统不完善，造成开展消费活动所需的资源缺乏、消费环境质量低下，诸如买菜、购物、休闲娱乐、教育之类的消费活动无法正常开展，限制了在新城区生活居民的消费水平的提高，影响了消费质量的增长。

　　传统城镇化与传统工业化相适应，而传统工业化由于具有"高积累、高投入、高消耗、高速度、低效率、牺牲农村利益、强调重工业优先发展"的粗放式特征，与之相随的传统城镇化自然也存在集约化程度不高、资源消耗过快、环境污染过大等问题。工业、交通运输业、建筑业和居民生活等造成的大气污染、噪声污染等较为严重地影响城市空气质量，水污染和浪费现象普遍，固体废弃物等垃圾污染也日益加重，等等诸如此类的环境污染问题，严重危害着居民的身体健康，影响居民的休闲、工作、生活等诸多方面的消费质量；也破坏了生态系统、危及动植物的繁殖，进而反过来影响居民从自然获得的消费品质量和消费结构。而资源消耗加快和缺乏问题，也束缚了城镇化进程：如传统城镇化对城市面积和规模的扩张需求需要占用大量土地资源，必然形成粗犷型的用地方式，结果导致较严重地挤占耕地、致使人均土地资源相对不足，而国家制定的保留 18 亿亩耕地的政策底线，使我们不得不对传统城镇化的用地方式产生质疑，并约束传统城镇化的发展；并且由于城市建设用地扩张速度过快，出现大批土地资源闲置浪费、土地建设强度和容积率低下现象，无法实现较高的土地利用经济效益。如人口集中程度随着城镇化进程的加快而日渐提高，但水资源却呈分散型分布，无法与城镇布局相匹配；且由于水安全状况日益严峻，2011 年 1 月 29 日中共中央一号文件 62 年来首次将水利重要性提高到国家安全高度，并宣布未来十年内将投入四万亿元用于水利投资。再如，能源短缺与城镇化的矛盾也愈演愈烈，城镇化进程中，居民生活对能源的消耗，城市工业和第三产业的发展、基础设施和房地产的大规模投入建设对用能的增量等都在不断增长，而能源的供应是有限度的。可以说，随着传统城镇化的深入，诸如人居环境、城市生态承载能力等保障消费水平提高的前提条件都日益恶化，影响了居民消费质量的提高。

另外，由于传统城镇化的出发点和目标是一切为了满足人类各种欲望、包括满足不考虑可持续性的异化消费欲望需求，因此尽可能地建造各种功能的人工物质环境，这种环境具有超越自然的完美性和创造性，是在对自然环境的不断改造、弥补、修正的基础上建成的，能影响人们的消费心理、更好地满足人类享受和发展层次的消费需要，也提高了消费质量和消费水平。但随着人工物质环境对消费者的影响力在逐渐增大同时，也在侵蚀和破坏着自然环境，形成诸多消费问题：如人工建筑不断增长的高度和密度对城市的空气、日照、土壤、植被等自然环境产生较大影响，影响了自然为消费者提供的基本物质消费品质量；如通过围海造田、毁林开垦等行为形成的人工物质环境，破坏了自然风光、生态景观，影响了自然为消费者提供的精神消费品质量。

6.1.2 居民等级收入分配差距、贫富差距拉大，不利于消费增长的发展

改革开放 30 多年来，我国经济社会的快速发展是历史上前所未有的。人民的生活水平总体上获得了显著提高。但是，"效率优先、兼顾公平"政策的推行，第一、第二次收入分配体系的不健全，税收制度和社会保障制度的不完善，经济运行机制的不健全，不平等竞争行为的存在，大量黑色收入、金色收入和"灰色收入"、非法收入的存在，等等原因使得我国自 20 世纪 90 年代中期以来，不同区域、城乡、行业、群体收入分配差距问题产生并逐渐拉大，

出现了贫富分化现象。国家统计局公布的数据显示，反映我国居民收入差距的基尼系数，2003～2008 年的 6 年间，依次为 0.479、0.473、0.485、0.487、0.484、0.491，2009～2013 年的 5 年间，由于采取了一系列的保障和改善民生措施，基尼系数有所回落，分别为 0.490、0.481、0.477、0.474、0.473，但依然远超过国际公认的 0.4 的警戒线。有统计资料表明，一般发达国家的基尼系数在 0.24～0.36 之间。基尼系数反映的收入差别是抽象的，具体的、感性的贫富分化状况可从现金收入差别和财富占有差别表现出来。从近几年的统计资料看，总人口中 20% 的最低收入群占收入份额的 4.7%，而占总人口 20% 的最高收入群，却占总收入份额的 50%。从个人现金收入的绝对差距看，不少大企业主年收入几亿元。2013 年胡润中国富豪排行榜上的上榜企业家共 1000 位，平均财富 64 亿元，相比 2012 年上涨了 18.5%，前 5 名的平均财富比 2012 年翻了一番。如果加上隐形富豪，全国大约有 3000 位富豪可达到上榜门槛。2014 年胡润全球富豪榜标明，在全球排名前十位的地产富豪中，中国人占据 7 席、超过美国。而国家统计局 2014 年 1 月公布数据显示，2013 年全国居民人均可支配收入 18311 元，比上年增长 10.9%，扣除价格因素，实际增长 8.1%。其中，城镇居民人均可支配收入为 26955 元，农村居民人均纯收入 8896 元。普通居民与富豪的收入差距分别为几万倍和 10 多万倍，而城乡居民平均收入还掩盖了最低收入层。联合国发布《2013 年人类发展报告》指出，虽然中国在经济增长和减贫方面成绩斐然，极端贫困人口（日平均生活费用低于 1.25 美元的人口）比例从 1990 年的 60.2% 降低到 2008 年的 13.1%，在 18 年间下降了 47.1%，但存在收入差距扩大和发展不平衡的问题，不平等现象也在扩大。因此，2012 年，中国的人类发展指数名列全球第 101 位，低于人均国民收入 11 位。如果剔除人均收入因素，则中国的人类发展指数下滑至第 106 位。两者间的差距说明中国的教育、医疗、平等水平明显滞后于经济发展，还处于全球中等偏下水平。

随着收入差距扩大、贫富分化日益明显，必然导致不同阶层在消费水平上的差距过大和某些消费现象严重不合理或严重不公平。挥霍性消费不断滋生、蔓延，成为权贵富豪们炫耀其势力、地位的一种重要方式，据世界奢侈品协会统计，2011 年中国奢侈品市场年消费总额达 126 亿美元（不包括私人飞机、游艇与豪华车），占全球份额的 28%，已成为全球占有率最大的奢侈品消费国。根据国务院发展研究中心报告显示，2013 年我国通过旅游购物和代购形式，流向海外的中高端消费额约有 6000 亿元，占国人总消费的 20%。而中国奢侈品市场研究机构财富品质研究院发布《中国奢侈品报告》更是显示，2013 年中国奢侈品市场本土消费 280 亿美元，境外消费达到 740 亿美元，即中国人奢侈品消费总额为 1020 亿美元，相当于中国人买走全球 47% 的奢侈品，成为最大客户。中国消费额一般是欧美本土消费者的 5～10 倍，是日本、中东等国家消费者的 3～5 倍。但另一方面，根据 2300 元的贫困标准，截至 2011 年年底我国还有扶贫对象 1.28 亿人。未富先奢、贫富悬殊已是我国这个仍处在发展中的大国当前面临的严峻问题。党和政府也高度重视这一问题，在十八大三中全会报告中明确指出，"城乡区域发展差距和居民收入分配差距依然较大；社会矛盾明显增多"。

可以说，十余年来，收入分配不公、贫富差距拉大一直困扰着中国的城镇化进程，传统城镇化进程一直没有很好地解决收入分配不均问题，我国目前由于大部分居民都是靠劳动报酬生活，仅有少数人有包括利息、股息及红利、保险收益、房屋租金等在内的财产性收入，而财富调整通过以房地产、矿产、证券为代表的土地、资源、资本这三种生产要素的作用发生了巨大变化，少部分要素拥有者成为社会财富分配的最大既得利益者，超常致富、资本财富累积效应得到强化，使得贫富差距日益拉大。而且低收入和中低收入家庭居民的财产性收入非常有限，尤其是农村居民的收入来源表现更为明显，中低收入户财产性收入几乎可以忽略，这使得我国居民消费需求尤其是农村居民消费需求严重不足。而且贫富差距加大的同时，也带来了消费倾向下降的趋势，学界很多学者已用实证的方法证明了居民消费倾向与居民收入差距之间的反向关系。按照边际消费倾向递减规律的揭示，越富裕阶层边际消费倾向越低，虽然越有很强的消费能力，但其消费占其收入的比例越小，低收入群体的边际消费倾向很大，也更愿意消费，但其实际消费能力最低。因此，贫富差距日益扩大问题若不解决，就很难促使消费的增长。

6.1.3　交通问题导致的消费问题

交通是城市生存和发展的基础，是促使人口、货物以及各种物质要素流动的重要必备条件，也是城市规模扩张的前提。传统城镇化所产生的常见城市病之一就是"交通问题"。在已进入后工业化时代的西方发达国家，以及发展中国家的大城市，都已出现严重困扰了政府和民众的大量城市病问题，于是逆城镇化和城市异化、卫星城、郊区化出现，并成为人们解决城市病的途径，但是交通新问题也随之产生。传统城镇化注重城市居民的增多以及城市地域的扩张，因此城市赖以生存的交通状况影响着城镇化的进程，进而影响消费的增长。具体表现为：一是由于公共交通系统的发展滞后于卫星城、郊区化发展的步伐，使得城市空间资源配置低效，消费空间发展不均衡；二是交通拥堵带来的消费时间成本增加；三是交通发展带来的资源和能源的消耗、大气污染和噪声污染等问题，造成对消费环境的破坏；四是交通拥堵以及因交通事故带来人身财产安全的隐患等各种负面效应，使交通运输工具消费安全问题引起广泛高度重视；五是有些乡村交通不发达，公路无法遍及偏远地区、公交也无法直通广大农村，使得农村居民消费受到交通条件的制约而无法实现快速增长。

造成城市交通拥堵等问题出现的一个主要原因是因为汽车工业的发展。汽车工业被我国 20 多个城市作为支柱产业，并以连续七年保持约 25% 的增长速度，产量从 2000 年的 200 万辆增长至 2010

年的 1800 万辆的记录，刷新了世界汽车历史；甚至有关人士预测，若国家在未来十年内把汽车市场增速限定在每年 8.5%，国内汽车销量到 2020 年仍可达 4000 多万辆；就算这十年内没有任何增长，保有量也会超过 2 亿辆。① 汽车消费与房地产消费等并列作为拉动各地内需的核心动力。这给从事汽车产销和服务的厂商带来了丰厚的利润，也使居民通过私人交通工具的运用而改善了生活质量；但同时，造成了堵车、资源消耗、环境破坏等一系列城市病问题，以及停车难、油价高导致汽车消费成本费用高等一系列现代城市汽车病的出现。并且，动摇了政府鼓励将汽车消费作为拉动消费需求抬头兵的信念，如北京等地政府出台了限购、限行、限制公车等一系列治堵的政策；也削弱了居民对汽车消费的欲望，产生挤出效应。

交通问题的出现还由于我国城市规划欠缺前瞻性。大量优质的诸如学校、图书馆、医院、娱乐场所等公共资源主要集中在城市中心或整个区域的中心城市，如北京的医院由于病人来自包括北京在内的全中国，以至于每天都出现看病难、挂号难等局面，医院门口排满了长队也挤满了车，严重影响周边的交通；学校每天的上学、放学时间段，也会造成周边的交通拥堵。等等诸如此类的现象，反映出城市规划缺乏对公共消费空间布局的周密考虑，使得居民的生存和发展消费需求均受到制约，无法得到根本满足，也无形中增加了居民的消费成本。城市发展布局不合理，原市中心人口大量迁往外环和城郊，但这些新开发的城市区域却无法有效解决就业、消费等实际问题，而大面积、大规模的商务区和行政办公区又主要集中于城市中心，于是加剧消费分离矛盾，人们不得不每天往返于中心和城郊间，加剧交通问题的出现，并且影响了人们的消费方式和消费时间，也阻碍了消费的进一步增长。如居住了 39 万"候鸟居民"的"亚洲最大社区"——天通苑被人们喻为"睡城"，周一至周五

---

① 《中国汽车业入十字路口　私家车梦想或破灭》，载《南方日报》，2010 年 12 月 28 日。

的上班日，大量的居民长途跋涉去城里上班，社区内的商场、酒吧等消费场所，很少有人光顾。到了晚上，拥堵而又路遥的交通使许多人失去了外出吃饭、购物、娱乐等消费的动力和兴趣，只有周末才有消费的气息和氛围，可以说这样的社区要刺激居民消费大幅度增长的确有相当难度。

另外，还有缺乏整体的交通发展战略、道路交通建设滞后、停车场和加油站等配套设施布局欠合理、交通管理技术水平低下等诸多方面的原因，造成居民消费的不便利。目前，随着城市人口的增多和汽车的增加、交通问题越来越约束着城镇化的进程，尤其是大城市问题更加突出，因此交通问题很难在短期内得到圆满解决，这不仅需要政府用行政手段解决，还需要生产、销售、维修等一个产业链上的汽车行业各企业，以及消费者、组织等全社会的共同努力。

6.1.4　住房消费占家庭消费比重支出过大、超经济承受能力的不合理消费逐渐增多，在一定程度上阻碍了家庭的其他正常消费需求增长

由于房地产业牵动上下游 52 个行业的发展，影响着城市产业结构的调整，而与房地产业相关的税收以及土地出让金和土地使用费是各地方政府获得财政收入的主要来源，因此在近十几年的城镇化进程中，大中小很多城市都将房地产业作为地方支柱产业，房地产成为城镇化的主要助推器、实现优化城市布局的基本力量。2010年 1 月国家统计局总经济师姚景源在接受中国经济网采访时就曾表示，虽然高涨的房价有引起房地产泡沫之忧，但绝不能因此动摇汽车、房地产作为我国国民经济重要支柱产业的地位。此言一出，引起社会各界对是"保支柱"还是"控房价"之激烈辩论。毋庸置疑的是，当前住房消费占家庭消费比重支出日益加重，约束了还没有住房或有还贷压力城市居民的流动性，对居民其他的消费需求和购买力产生"挤出效应"。城镇居民人均住宅建筑面积由 1990 年的

13.7 平方米，增加到 2010 年的 30 平方米，而城镇居民家庭人均居住消费支出由 1990 年的 60.86 元，增加到 2013 年的 1745.1 元；城镇人均居民住房消费支出占全部消费支出的比重由 1990 年的 6.98%，提高到 2009 年的 10.02%。[①] 另外，城镇化进程的提速使得房地产业的刚性需求更为加剧，大城市和特大城市的人口聚集效应，大量急剧膨胀的新增人口导致对住房的居住消费需求也迅猛增加，特别是城镇居民财产性收入增加后，投资需求明显增加，土地的开发性溢价和房价的猛涨，使得房地产作为为数不多的投资品和保值品被热力追捧；而国外热钱流入的炒作，更是使房价被哄抬至超出普通居民的消费承受能力，北京、上海等一线城市以及浙江等沿海城市的房价均早已超过每平方米 20000 元。为了遏制房价过快上涨势头，中央政采取了史上最严厉的几次调控措施，但效果并不明显，房价非但未降反升，截至 2010 年 11 月全国 70 个大中城市房屋销售价格同比上涨 7.7%，房价连续三个月环比上涨。[②] 据搜房网《2010 年第四季度中国购房者消费调查》的结果表明，认为一线城市房价过高约七成，而有约六成选择回二三线城市购房置业[③]；另据对北京、上海、深圳等大城市购房消费者的调查表明，三大最影响购房者的因素分别为住房价格、交通、开发及物业，其中约 83.7% 的因素是住房价格。[④] 而据北京市统计局、国家统计局北京调查总队发布的 2013 年《北京统计年鉴》数据显示，2012 年北京城镇居民人均消费支出 26275 元，同比增长 9.3%。其中，城镇居民人均租赁房房租支出同比增长 89.1%。可见，住房消费已深深影响了消费者的消费心理，并左右了居民的生活、消费方式。大量的"房奴"每月因要偿还占收入一半以上的房贷而不得不省吃俭

---

① 国家统计局：《中国统计年鉴 2013》，中国统计出版社 2013 年版。
② 《楼市三字经断症楼市 房价为何越来越让人心伤》，搜房网，www.soufun.com，2011 年 1 月 6 日。
③ 《80 后转战二线城市 成为返乡大军主力》，搜房网，www.soufun.com，2011 年 1 月 6 日。
④ 《2009 年中国住房消费趋势》，载《廊坊日报》，2009 年 2 月 24 日。

用，对其他消费产生明显的"挤出效应"。

目前的住房消费不仅面临商品房房价过高问题，还存在保障性住房缺少，房屋质量低劣等问题。为降低房价、实现"居者有其屋"、解决中低收入家庭住房消费问题的目标而建的保障性住房，由两限商品住房、廉租住房、经济适用住房和政策性租赁住房构成，但目前我国保障性住房的建设力度不够、供应规模小，甚至在一些地区保障性住房由于存在地段偏远、房源不好、户型设计不合理、配套设施不齐全、房屋质量差等诸多不符合购房者、租赁者消费需求的问题而成为"鸡肋"；而且保障性住房制度也很不完善，截至 2006 年廉租房住房制度在全国 70 个地级城市仍属空白，"十一五"期间，我国政府加大保障性住房建设力度，使得保障性住房制度初步建立，共解决 1140 万户城镇低收入家庭和 360 万户中等偏下收入家庭住房困难问题。[①] 但仍存在诸如土地供应落实不到位，住房申请标准界定模糊，审核不严，政府监管体系不严格、保障房信用体系不完善、投入资金来源单一、缺口较大，面向群体将大部分农民工排除在外、主要针对有户籍的本地城镇居民等问题。不管是商品房还是保障房的建设，都是为了解决居民的住房消费需求问题、改善居民消费环境和条件，只有住房等基本生存需求得到满足，才是从根本上解决民生问题，才能有利于城乡居民尤其是中低收入家庭扩大消费。

由于城镇化的加速时期，城区规模和面积的扩大，交通的不便利，使得汽车消费成为继住房消费之后的又一个居民消费热点以及家庭支出的又一项重要内容。此外，对高档品牌的服装、化妆品、首饰、工艺收藏品消费在居民家庭消费支出中的比重也逐年在稳步增加，如前所述，中国已成为仅次于日本的第二大奢侈品消费国。而且由于受不同原因的影响，如有的受西方超前消费观念的影响，有的出于互相攀比的炫耀性消费心理，有的出于对

---

① 《我国住房保障制度初步形成　扶持政策频频出台》，新华网，2011 年 1 月 6 日。

自己过于辛劳的一种犒劳补偿，有的为了送人情拉拢人际关系，还有的为了显示与众不同的个性等，出现了很多不根据自己的收入和消费能力量体裁衣、盲目追求奢华的现象。有的盲目超负荷进行消费，出现成为"房奴"、"车奴"、"卡奴"的畸形现象。根据调查显示，我国奢侈品消费的主要人群集中在 20～40 岁，而西方发达国家主要集中在 40～70 岁；可以说，我国这部分年龄段的消费人群所拥有的财力以及条件还不足以支撑这些奢侈消费，以至于出现"月光族"、"啃老族"。因此，这些当期超经济承受能力的不合理消费的非理性增长，在一定程度上挤占了城乡居民正常合理消费的增长空间，也使得城乡居民未来消费因流动性约束而受到影响；并且这种非理性的过度消费也不可能像欧美发达国家的中高收入人群，用无后顾之忧的消费模式成为中国未来经济增长的动力。

6.1.5 城镇化进程中公共消费品短缺、公共消费不公平，影响消费水平的提高

如前所述，社会最终消费又分为居民私人消费和公共消费，两者存在互补关系，公共消费在居民的日常生活中随处可见，并且公共消费的完善健全与否是私人消费能否扩大和增长的前提和基础，如有线广播电视、民用电、下水道、自来水、天然气、邮政、电信、民航、铁路、汽车等设施的使用便是基于公共消费前提下的私人消费，这些公共消费品的供给若不齐备，则会影响城乡居民，尤其是农村居民以住、用、行为主要内容的消费结构升级状况；另外还有包括公共卫生、气象服务、公园绿地、道路管理在内的公共环境服务，以及公共文教、公共医疗保健、社会保障、社会治安等配套公共消费品的消费量能若不足、结构不合理，则会制约私人消费需求和私人消费品最大效用的发挥。随着城镇化的发展，公共化程度在不断提高，公共消费需求也必然随之增多，比如农村盖房较分

散、没有公摊面积一说，公共空间也较少；但城市盖房，就需要有路灯、绿地等公共消费设施，还要建满足各种服务的公园、医院、学校等公共消费配套设施。总之，公共消费在整个消费中的份额必然应不断扩大。

在计划经济体制下，我国公共消费的比重很高。但改革开放以后，为改变计划经济下公共消费领域完全由政府和有关单位包揽、生产效率低下、财政负担过重的局面，我国开始进行一系列的公共消费领域改革，将一些原纳入计划的诸如生活服务方面的个人消费逐步放归市场。特别是 20 世纪 90 年代，建立市场经济体制后，更加削弱了计划经济下由单位提供的公共消费体制，进行了公共住房、养老保险、医疗保险以及其他单位福利制度方面的市场化改革，公共教育和公共设施等方面的改革也配套实现；企业单位的公共消费福利功能和责任逐渐削弱和剥离了，但公众的不满也不断增加。随着社会的进步和城镇化的发展，我国城乡居民满足基本生存的私人消费需要虽已得到解决，私人消费品短缺的经济时代不复存在，但逐渐突出地演变成了公共产品的短缺时代，城市基础设施落后、公共产品的短缺成为阻碍消费可持续增长的一个主要因素，也成为阻碍城镇化可持续发展的重要条件。

公共事业供给不足、公共消费品短缺主要表现在如下几个方面：一是公共支出比重不断降低，公共消费率下降。我国的财政收入占 GDP 的比重逐年升高，可是公共支出占 GDP 的比重逐渐减少，从 1978 年的 31% 降低到 1995 年的最低水平 11.7%，后虽又明显上升，但同比其他发达国家甚至一些发展中国家都有较大差距。据国家统计局《中国统计年鉴 2010》中公布的数据，2009 年我国中央财政支出为 15255.79 亿元，其中教育支出为 567.62 亿元、保障性住房支出为 26.43 亿元、医疗卫生支出为 63.50 亿元，意味着老百姓最关注的三大民生支出不到总财政支出的 4.31%。近几年，随着落实十八大报告提出的要求，不断增加公共服务的总量，到 2013 年中央公共财政支出 68491.68 亿元，其中教育支出为 3883.93 亿元，医疗卫生支出 2588.27 亿元，住房保障支出 2320.94 亿元。①三大民生支出占总财政支出的比重已提高到 12.84%，但仍有很大空间需要提升。

公共消费率越来越随着公共投资的扩张而不断降低，起源是因为在衡量政绩的作用上，投资是显性的、而消费是隐性的，地方政府更倾向于显性投资来显示其政绩、拉动 GDP 的增长。二是公共消费领域的诸多市场化改革，使得我国公共消费在社会最终消费中的比重逐年降低，"十一五" 期间所占的比重比同为新兴市场的印度还低，仅为 26% ~ 27%。虽然，近两年又回归强调公共消费的公益性，政府支出明显增加，但这一比重仍然较低。三是很多公共消费品由于逐渐被市场化，失去其福利性。根据非竞争性和非排他性的程度，公共消费品可分为如国防、安全等非竞争性和非排他性均强型，如水、电、气等非竞争性强和非排他性弱型，以及如文教、医疗等非竞争性弱和非排他性强型。在改革的实践中，由于对后两种类型公共消费品在一定程度上过于强调其排他性或竞争性、过于注重经济效益而非社会效益、混淆公共社会性和市场性的界限，导致其福利性减弱，对居民消费产生挤出效应，加重城乡居民负担。四是公共消费品（服务）供需结构失衡，存在供给不足。城镇化水平提高后，两亿农民工以及由农村迁入城市的新市民，迫切需要养老、文化、教育、交通、电讯网络等公共消费的供给问题，但一些地方政府为了形象和面子、更多地投入了如城市地标性建筑、豪华动车、打着提高精神文明幌子的豪华公共设施等一些华而不实的公共消费中，而且基础性设施投入又明显大于公益性消费投入，这些都会对消费产生直接或间接的负面影响。

另外，公共消费不公平现象大量存在。首先，城乡公共消费悬殊问题虽有所改观，但仍有较大差距。城镇化进程中，为了满足城市不断增加的人口对公共消费品的需求以及满足不断扩大的城市区

---

① 国家统计局：《中国统计年鉴 2013》，中国统计出版社 2013 年版。

域对公共消费品的需求，各级政府将有限的公共消费投入主要放在城市，广大乡村、即使是大城市郊区的公共消费品的建设、维护和运行却只能依赖村委、乡镇的集体投入以及村民的个人投入，以至于农村居民在供排水、垃圾、卫生、教育、交通、防火等许多公共消费领域，都远不如城市居民享受得多；如每千人口卫生技术人员数，城乡之比由 1978 年的 7.73∶1.63，提升到 2009 年的 6.03∶2.46（此数据来源于 2010 中国统计年鉴）。其次，单位与行业之间不平等。国家机关的公务员以及大部分事业单位人员未参加医疗、养老、失业等保险改革，因此其单位提供公共消费的体制仍保存较完整；另一方面，垄断性行业由于企业效益好，也能为员工提供较高的公共消费部分的福利；而效益不好、濒临破产企业员工只能得到满足最低生活保障的公共消费。再次，地区差异的存在。公共消费品大部分由政府尤其是地方政府负担，因此由于不同区域、不同级别的地方政府经济财力相差悬殊、人均 GDP 明显差异，导致对公共事业的投入和公共消费品的供给方面，东部沿海区域显著高于中西部内陆地区、大城市尤其是特大城市明显高于中小城市尤其高于小城镇。[1]

6.2

二元结构下阻碍消费增长的城镇化问题及原因

　　传统城镇化阻碍消费发展的制度性根源，在于我国长期存在的城乡二元结构和城乡分割的体制。发展经济学理论认为，二元结构是一种发展中国家处于初级阶段时典型存在的结构形式，我国是世界上最大的发展中国家，其二元结构特征因受原有的计划经济体制影响而显得尤为明显，这种结构反映在经济结构、社会结构、产业结构、就业结构、户籍制度、社会保障结构等诸多方面都实现了严

---

　　① 方智毅：《我国当前公共消费发展研究》，西南财经大学博士论文，2008 年 5 月，第 76 ~ 85 页。

格的城乡区分且偏向城市，导致农业生产率低、农民收入低、农村发展滞后的"三农"问题的出现。城乡区别的二元体制源于20世纪50年代，因受西方国家对我国实现经济政治封锁的国际环境影响以及国内资源短缺、工业极其落后等条件的限制，而不得已的一种选择。为了保证工业化尤其是重工业的优先发展、确保城市农产品供给和减轻城市就业压力，国家采取种种方式、制定诸多政策来严格区分城市与乡村、农业与非农业人口。这种制度虽然促使我国工业体系迅速建立，但却使国民经济非均衡发展、农村发展处于不平等地位；这种结构分割了城乡互动发展的联系，既激化了城乡间的矛盾，也阻碍了传统人口城镇化的发展进程。城镇化本是城乡结构的转化过程，是农村人口转向城市人口的过程，是农村生活和生产方式、思维方式、消费观念和方式等向城市生活和生产方式、思维方式、消费观念和方式等转变的过程，是乡村经济向城市经济转化的过程。但是我国长期以来城乡分割的二元结构使我国的城乡在这些诸多方面都存在很大差异，城乡关系分离甚至对立。由于这些巨大差异的存在，导致农村消费长期严重滞后于城市消费，也难以与城市消费趋同、共同增长。

6.2.1 二元结构下的制度存在诸多阻碍传统城镇化进程的弊端，形成消费增长的制度阻碍

一是人为地加深了我国城乡的分离，很多偏远地区农民与城市隔离；也造成了城乡居民个人利益的对立和个人素质发展方面的对立。二是使城乡人口转换和工农产业结构调整不能很好地衔接，阻碍了人口城镇化。伴随我国工业化进程深入推进，农业生产要素不断向工业部门和城市区域流动，但是反映我国二元结构的户籍制度、就业制度、社会保障制度等对农业剩余劳动力向城市的流动产生诸多限制，从而使得城乡人口结构转换滞后于就业结构调整，而就业结构转换又滞后于产业结构的调整。三是增加了人口城镇化进

程的成本。由于农村剩余劳动力不能顺利地在城市定居、对城市没有归属感，再加上集体土地不能流转的制度限制，使土地等资源不能自由流动，从而人为地推高了地价的成本。另外，再如一些官员和不法分子利用二元户籍制度存在的城乡居民待遇差别，从中寻租牟利，我国目前各地均有专门从事地下暗箱操作该事件的个人和机构。

6.2.2　城乡二元分割形成的城乡经济发展的差距，阻隔了传统城镇化与工业化的联系，致使农村消费增长缺乏相应的经济基础和条件

中国长期以来都是世界上城乡经济差距最大的国家之一，城市发达的现代工业与农村传统农业一直并存，农业占 GDP 的比重从改革开放以来逐年减少，农村投资占全社会投资的比例也在持续减少，工业增长迅速、而农业发展却较缓慢，农业成为国民经济效率最低的部门。如以农业为主的第一产业、以工业为主的第二产业和以服务业为主的第三产业对 GDP 的贡献率，从 1990 年的 41.7%、41.0% 和 17.3%，分别变动为 2009 年的 4.5%、52.5% 和 42.9%；而三大产业对 GDP 总值增长的拉动在 1990 年分别为 1.6、1.6、0.6，而 2009 年则变动为 0.4、4.8 和 3.9。① 从这些数据都可明显看出，中国的工业化发展明显强于农业的发展，农业对 GDP 的贡献明显减弱。同时，以从事农业生产经营为主的农村居民的收入，也明显不如以从事工业和服务业为主的城镇居民的收入，成为农村居民消费增长的主要经济限制条件。

另外，二元结构还阻隔了传统城镇化与工业化的联系，使得传统城镇化发展滞后于工业化发展，也抑制了第三产业的发展，从而削弱消费增长的经济基础。在固有的计划经济、二元经济结构下，一般经济发展按城市发展工业，农村发展农业的模式进行，即使农村地区有

---

① 国家统计局：《2010 中国统计年鉴》，中国统计出版社 2010 年版。

小规模的工业项目也属于外嵌式、辅助式，为小范围自给性服务型，与所在区域的联系较弱，这种城乡分离的经济结构使城镇化与工业化几乎完全脱节。改革开放后农村工业化虽有发展，但二元结构下的制度限制、"离土不离乡"、"进厂不进城"的政策指导，仍使城乡工业各成体系、城市产业大量吸引农村剩余劳动力的作用效果不显著；剩余劳动力就地转移模式仍保留原农村的人口分散居住状态、无法发挥人口规模效应和聚集效应，服务业的使用率低下和市场依赖性偏弱、使得服务业发展的成本提高、抑制了其的发展；同时还使要素无法在更多更大空间流动和配置，抑制了工业化发展对城镇化的带动作用。[1] 另外，农村工业化未能带来同等消费需求的提高。因为这些乡镇企业的农民工虽然收入增加了，但因仍处乡村的原消费环境，也很难改变其原有的农村传统的消费心理、消费习惯和消费方式，消费水平和消费质量自然也难以如城镇居民一样得到很大提高。

6.2.3 新旧二元化政策下城乡社会发展的差距，人为造成社会群体差异，导致农村消费增长缺乏相应的社会制度基础

应该说，城乡在社会结构中的差异更大于经济上的差距，我国长期存在的以户籍制为代表的旧二元体制是造成城乡差异、城乡居民群体差异的主要因素；而由外来务工人员与城镇居民、新迁入城市的原农村居民与原城镇居民组成的新城乡二元现象，又因传统城镇化发展缺乏系统规划和配套解决措施而出现，并且这些社会群体在住房、就业、教育、医疗等方面差异巨大，致使其消费增长受到很大约束。主要表现为：首先，城乡教育不平等。由于城乡教育资源配置不均衡，无论是教育经费投入、办学条件，还是师资队伍、

---

① 盛广耀：《城镇化模式及其转变研究》，中国社会科学出版社 2008 年版，第178～180页。

教育质量等城乡都有巨大差异，就连进城农民工的子女也无法享用与城镇居民子女同等的教育机会和教育待遇，因此城乡居民受教育水平截然不同，城市居民中高学历人口比例很大，而低学历和文盲人口主要集中在农村，居民受教育程度与其获得的收入一般是成正比的，因此农民收入自然低于城镇居民。其次，城乡医疗卫生不平等。医疗卫生资源分布非均衡，约 80% 集中在城市，农村只有20%；医疗卫生投入主要在城市，而农村投入严重不足，医疗设备缺乏、医疗机构条件不符合要求，医疗卫生人才匮乏、医疗水平低、服务质量差，远不能满足农民的医疗卫生消费需求。再次，城乡就业不平等。在一段较长时期中农村剩余劳动力转移就业曾缺乏政府的扶持和优惠政策，农民工工作条件差、劳动待遇远不如城镇职工。最后，城乡社会保障不平等。城乡社会保障覆盖率比例约为22∶1，广大农业人口仅占有 20% 左右的社会保障资源。城镇居民能基本享有养老、医疗、失业、最低生活保障、工伤、生育保险等较完善的社会制度保障，而农村社会保障工作才刚开始，绝大部分农民还无法得到如城镇居民那样完善的社会保障。

6.2.4　二元结构下城乡收入不平等程度的扩大，产生城乡居民生活水平的差距，致使农村消费增长缺乏动力机制

以农业为生的农村居民收入，远低于以工业和第三产业为生的城市居民收入，城乡居民收入差距在改革开放的初期曾一度缩小，如 1983 年城乡居民收入约相差 1.82 倍，但之后差距逐渐扩大，2008 年全国城镇居民人均可支配收入已达 15781 元，比 1949 年增长 157.6 倍；2008 年全国农村居民人均纯收入达到 4761 元，比1949 年增长 107.7 倍。[①] 可见，农村居民收入虽然也增长了一百倍

---

① 吴婷：《建国 60 年中国城镇居民收入实际增长 18.5 倍　恩格尔系数显著降低》，载《上海证券报》，2009 年 9 月 11 日。

以上，但与城镇居民收入相差三倍多，2009 年已达到 3.33 倍；城乡人均纯收入的绝对差距更是从 1978 年的 209.8 元，扩大到 2009 年的 12022 元（见表 6-1）。中国已是世界上城乡收入差距最大的国家之一，农民收入的增幅和增速都要低于城镇居民，受收入约束的农村居民消费的增幅和增速，也自然均低于城市居民消费的增幅和增速。具体表现为：城镇居民恩格尔系数由 1978 年的 57.5% 下降为 2009 年的 36.5%，而农村居民家庭恩格尔系数由 1978 年的 67.7% 下降为 2009 年的 41.0%（见表 6-1）。可以看出，城乡居民恩格尔系数虽然都在不断下降，但城乡居民生活水平、消费模式和结构仍有不小差距：农村居民消费模式和结构仍以生存型为主，生活水平维持在温饱向小康过渡水平；而城镇居民消费模式和结构已向享受型、发展型转变，生活水平维持在小康向富裕过渡水平。因此相对而言，农村居民的消费倾向不断上升，而城市居民的消费倾向却呈逐渐下降趋势；消费品生产和服务型企业应该改善其供给结构，才能使城乡居民不同消费需求得以满足。

表 6-1　　　　　　　城乡居民家庭人均收入及恩格尔系数

年份	城镇居民家庭人均可支配收入		农村居民家庭人均纯收入		城镇居民家庭	农村居民家庭
	绝对数（元）	指数（1978 = 100）	绝对数（元）	指数（1978 = 100）	恩格尔系数（%）	恩格尔系数（%）
1978	343.4	100.0	133.6	100.0	57.5	67.7
1985	739.1	160.4	397.6	268.9	53.3	57.8
1990	1510.2	198.1	686.3	311.2	54.2	58.8
1995	4283.0	290.3	1577.7	383.6	50.1	58.6
2000	6280.0	383.7	2253.4	483.4	39.4	49.1
2005	10493.0	607.4	3254.9	624.5	36.7	45.5
2009	17174.7	895.4	5153.2	860.6	36.5	41.0

资料来源：国家统计局：《中国统计年鉴 2010》，中国统计出版社 2010 年版。

6.2.5 二元性土地制度下的小块土地分散经营制度、失地农民的安置补偿和就业生活引导等问题，使得城镇化中的农民和新市民消费增长失去制度引力

土地制度与农民的现实生产、生活、消费问题密切相关，尤其在我国的二元经济结构体制下，能否妥善地解决二元性特征的土地问题也直接影响着工业化和城镇化的进程，因为工业化和城镇化也是农村土地减少的过程。在我国目前的二元土地制度以及有关政府的二元管理政策下，城市国有土地的使用权可以通过招标、协议和拍卖等方式相对自由地转卖，城市居民也可以相对自由地从买卖房屋所有权和与之相连的土地使用权中受益，可以从房产的增值中得到更多收入，并且可以在资金缺乏的情况下通过抵押等方式来拓宽财产性收益的渠道、有了更多的当期和未来生活保障的途径，自然也就有了更多的消费动力和消费信心；但农村集体所有的土地，农民对其土地虽有承包经营权，但过去曾长期不允许流转、农民无法从土地承包经营权中获得如同城市居民从城市土地使用权中获得一样的收益，成为农民消费增长无法扩大的一个主要原因。并且土地制度的二元性限制了农业用地不能自由转化为城市建设用地，除非因公共利益需要或开发商需要通过征用转变为城市用地，这也使得农民无法随意通过土地使用权交易获取土地增值收益。此外，随着城镇化进城的加速推进，对土地的需求不断增加，而部分优质农村土地城镇化后却闲置荒漠化、无法再耕作，侵犯了农民由优质土地耕作带来的增值收益。

我国自改革之初开始实施的家庭联产承包责任制，将土地所有权与经营权相分离，在农村劳动力充足、机械化程度不高时，曾一度为促进农业经济发展、实现农民温饱发挥了重要作用，但由于"一家一户"、"小而全"的小块土地分散生产经营模式，无法适应农业规模化、市场化、国际化发展的需求和社会劳动生产力的发

展，阻碍了资本的社会集聚和现代化、高科技含量农业生产技术的推广运用，从而使农民的收益无法得到大幅度、实质性地提高，成为阻碍农民消费需求提升的原因。并且在从事第二、第三产业获得的收入明显大于小作坊式的第一产业所得收入的事实下，农村大量精壮劳动力进城打工，并长期工作和生活在城市，但由于家庭联产承包责任制以及城乡二元的户籍、就业、社会保障等体制的存在，使得这部分农民工的生存状态虽实质已与土地脱离、但很少有人愿意放弃土地这一具有养老、失业等生活保障功能的重要资源，最终大批土地因无人耕作而荒芜；而与此同时，还有一批立志从农业的规模化、现代化找到收益突破口的农民却受到小块土地分散经营的土地制度之苦，而无法获得急需的大量土地。因此，急需相应制度的改革以解决这一困境，党在 2008 年 10 月 12 日的十七届三中全上审议通过了《中共中央关于推进农村改革发展若干重大问题的决定》，明确提出，建立健全土地承包经营权流转市场，按照依法自愿有偿原则，允许农民以各种形式流转土地承包经营权。许多农村也开始进行相应的试点，通过流转使得小块土地组合成大块土地，既为实现土地节约化的规模效应和农业产业化经营提供保证和条件，也有利于实现农业的现代化、科技化生产经营管理，明显的收益增加也提高了农民从事农业的积极性以及扩大消费的可能性；此外还有利于促进农村劳动力转移，为城镇化和工业化提供更多的剩余劳动力。但目前这种土地承包经营权的流转由于不允许改变农地所有权性质和农业用途，不允许跨区域、跨城乡等限制，固然有其必要的方面，但也因此而作用受限。如何继续打破城乡土地二元制度，使得更多农民在更广泛的范围内从土地使用权中受益，是值得继续探索的。

在现有的二元化土地制度下，城镇化进程必然伴随征地过程，每年都会产生一大批因城市建设规划扩张、经济技术开发区和工业园区兴建，或者为交通、绿化、水利设施等国家公共利益，耕地被占用而被迫市民化的失地农民，目前我国约有失地农民 4000 万～

5000 万人，据有关专家的预测，2030 年我国失地农民总数将超过
1.1 亿，成为一个不容忽视的社会群体。城镇化中产业结构升级、
对文化素质和技术技能的要求逐渐提高，而失地农民一般科学文化
程度和素质低、也无其他生存的职业技能，一旦进城失去土地这一
赖以生存的资料和收益来源，则相当一部分人会面临既失地又失业
的境地；再者，失地农民的原住所一般都已被拆除，需要重新购置
或修建新的住房，这都需要一大笔费用，而失地农民从国家得到的
补偿是有限的。目前失地农民主要面临的问题有：就业安置困难、
经济收入来源不确定、甚至生活水平有所下降，缺乏相应的医疗、
养老保障，缺少再教育和技能培训的途径。此外，在征地中也存在
一系列使农民利益受损的问题，如土地征地程序不完善、农民缺乏
参与权；部分基层地方政府为权力寻租而非法动用征地权；失地农
民的补偿标准偏低和补偿费用少，大多采取一次性货币补偿的单一
形式，不考虑一定时期内土地的增值收益、市民化以后的生活开支
和保障、以及通货膨胀引起的价格上涨因素，也忽视土地所承载的
其他社会功能；乡、村基层组织在失地补偿分配中有违法行为使补
偿无法正常到位、分配不公平，等等。所以处理不好失地农民的安
置和补偿问题，将会对社会稳定和经济发展产生很大影响，也会阻
碍这部分城镇化边缘弱势群体的消费增长，使得这部分农民的消费
状况与城镇化出现负相关。

　　另外，在经济发达地区如长三角地区的城镇化中目前出现了另
一个现象：就是被城镇化征地变成新市民且财产性收入明显迅速增
加后的空虚和消费迷失。征迁中不少农民得到的住房补偿，不仅可
供自己居住，一般还有一两套可供出租，且由原来不可上市交易的
农民房变成了有全部产权的城镇房产，房产增值最少也有 10 倍以
上。这些当上房东、股东的新市民一夜暴富、财产性收入快速增
加，变成食利者；但生活和生产方式改变且没有基本生活生存压力
后，自然就缺乏就业动力、劳动性收入占家庭收入比例很低；精神
生活更是空虚，很多人沉溺于打牌、赌博、遛鸟、养宠物，整天无

所事事,"青壮年不工作、小孩不读书",造成异化的享受型消费增多、而精神文化消费和教育消费等发展型消费质量低下,严重影响消费质的正常增长。新市民良好精神文明和正确消费观念的建立,急需得到有关政府部门的正确引导和扶持。①

6.3
传统城镇化进程缓慢,阻碍的消费需求扩张

6.3.1 传统城镇化的城镇化水平低,导致农村人口基数过大、人口流动受阻,且存在大量未实现真正人口城镇化的状况,约束市场化的消费增长

我国早在 20 世纪 90 年代就已从卖方市场步入买方市场,要促进经济繁荣、实现国家财政收入增加和就业充分,就必须依靠商品消费畅通的保证。但我们在第四章就分析过,农村人口的诸多内在和外在因素约束其消费的市场化,只要不与土地分离就更多是自产自销的产品消费、无法实现商品消费的扩大和提升;因此,只有通过尽可能高的城镇化率提高城市人口比例,才能最大化地提升商品消费量。现在欧美等经济发达国家的农业人口大都约占总人口的不足 10%,但我国传统城镇化道路一直较曲折,城镇化水平一直提升缓慢,无法摆脱农村人口基数过大这一长期历史积累问题。1949年我国的城镇化水平为 10.60%,20 世纪 50 年代为配合我国发展工业化的布局,城镇化率一度有快速度增加,产生一批工业城市;但 1961~1977 年间,我国城镇化率很低,甚至其中 11 年都是负值、出现逆向倒退、停滞发展状态。虽然在 1978 年改革开放后,

---

① 万益波:《城镇化:在阵痛中寻路》,载《经济参考报》,2011 年 1 月 5 日。

我国城镇化进入快速发展阶段，城镇化率从 1978 年的 17.92% 提高到 2009 年的 46.6%，全国城市总数由 193 个增至 660 个①。但相对发达国家而言，城镇化水平仍偏低。按照钱纳里的城镇化与经济发展渐相关性的标准模式，超过人均 GDP1500 美元，相应的城镇化率应达到 65.8%，②而我国 2009 年人均 GDP 为 25575 元，折合约 3700 美元，却只比 1911 年美国城镇化水平的 41% 高几个百分点；另根据世界银行《1998/1999 年世界发展报告》提出的人均 GDP 与城镇化水平间的关系比例，下中等收入国家人均 GDP 为 786～3125 美元，相应的城镇化水平为 42%；上中等收入国家人均 GDP 为 3126～9655 美元，相应的城镇化水平为 74%。③可见，我国人均 GDP 已达到上中等收入国家水平，但城镇化水平却只相当于中下等收入国家水平。2000 年我国第五次人口普查时，我国农村人口仍有 80739 万，约占总人口的 63%；即使是 2008 年，农村人口也还有 72135 万人，约占总人数的 58.4%。可以说，农村人口基数过大，大批农民因二元结构被长期束缚在农业上、人口流动受阻一直是约束我国消费增长的一个主要因素。

　　十一五期间，我国城镇化率以每年提高 0.9% 的速度增长、城镇人口数量上升到 6.2 亿，无论是城镇化规模、城镇人口总量还是城镇化年增长率和年净增量，都居世界第一。但还须明确的是，我国是将 1.45 亿左右一年中过半时间工作生活在城市的农民工，以及约 1.4 亿在镇区生活却仍主要从事务农的农业户籍人口都纳入了现有城镇化率的统计口径，这两类人口加总约为城镇总人口的一半，因此，若扣除这两部分虽然入城而未"完全城镇化"的人口数量，我国的城镇化率显然是被高估的，实则更低，只能算半城镇化。而这两种人尤其是农民工属于城市边缘，如前所述，虽长期生活工作在城市，但却无法平等地享有市民的权利

---

① 范恒山、陶良虎：《中国城镇化进程》，人民出版社 2009 年版，第 3～12 页。
② 钱纳里：发展的格局，中国财政经济出版社 1989 年版，第 23 页。
③ 世界银行：《1998/1999 年世界发展报告》，中国财政经济出版社 1999 年版。

和社会福利保障、也不承担与市民等同的义务，自然对城市缺乏归属感和认同感，也不可能如真正意义上的城市市民般生活、消费和定居。因此，有专家提出来，只有实现了身份和地位、权利和义务等诸多方面转变的人口城镇化，才能在真正意义上扩大城市居民规模，而也只有这样意义上的城镇化才能真正起到拉动市场化消费的作用；才能实现每转移 1% 的乡村人口到城镇，就能带动中国居民消费总额提高 0.19 个至 0.24 个百分点，消费最终提升 10% 以上的理论预测。①

6.3.2 传统城镇化进程中数量与质量不协调、城镇化质量相对低下，对消费增长的影响

传统城镇化进程缓慢，不仅表现在人口和城市的数量、规模上，也反映在质量方面。目前存在着数量和质量不协调，光有城镇化率的不断提高，但城镇化质量却相对低下的状况。有些区域如长三角和珠三角的经济发展很快、城镇化率也已较高，超过 70%，甚至有些城市如深圳、佛山、珠海已达 90% 以上，但城市人口增多并不能代表城镇化质量就一定高，城市规模扩大并不能真实反映城镇化质量水平。2007 年有人对 92 个长三角和珠三角新兴城区进行城镇化质量的综合评价，结果表明约 60.87% 的新兴城区综合指数介于 0.3 ~ 0.4 之间，只有 9.78% 的新兴城区综合指数超过 0.5 以上，这说明大多数区域城镇化的质量还有待大幅度的提高，还不能与城镇化的数量扩张并行。②

城镇化质量可以从硬件和软件两方面、城市自身发展和城乡发展两个维度来进行评价，具体涉及经济和社会发展效益、人居生活状况、就业、公共福利、基础设施建设、社会环境和自然环

---

① 中国发展研究基金会研究报告：《中国尚处"半城镇化"》，新华网，2010 年 9 月 21 日。

② 余晖：《我国城镇化质量问题的反思》，载《开放导报》，2010 年第 1 期。

境质量、资源利用状况、服务发展水平、创新质量和城乡关系等多个衡量指标体系。目前我国城镇化过程中普遍存在的突出质量问题有：一是城市功能作用的发挥与其规模不相适应，只片面注重追求经济效益，以 GDP 的增长作为衡量城镇化水平的一个重要标准，但城市功能不够完善，与其经济发展、产业和人口规模相匹配的城市配套基础设施却很薄弱和公共服务的提供不够齐备的现象比比皆是，使得人居生活状况不够理想、居民私人消费的增长缺乏相应的公共消费的基本前提条件。如上海的松江区，其经济发展指数排名第二位，而城市功能指数则只排名第三十位。二是城市规模越摊越大、城市建筑物也越来越多，但城镇化却只注重物质文明、忽视了精神文明的发展，忽略了如何适应人的生存和发展，造成消费社会环境和自然环境的恶化：土地被城市建设任意浪费、社会治安问题日益突出、企业和个人诚信缺失、城市贫困问题涌现，生态系统遭到破坏、环境污染、资源耗减。三是人口的增加造成城市空间密度的增加；城镇化中随着收入的增加，城市居民对住房、汽车等耐用消费品的需求不断增加，城镇化中私人消费空间在不断增大的同时，却造成了自由活动的公共消费空间的逐渐减少。四是城乡一体化进程缓慢，我国城镇化进程中一直存在重城市、轻农村，以牺牲农村利益支持城市建设的传统政策导向和城乡分治的传统体制，生产要素无法合理流动，导致城市无法正常发挥其辐射效应和溢出效应，带动农村的发展；而农村的非农业发展的经济要素向城市聚集的过程缓慢，农产品运往城市的物流不畅通，市场消费需求的发展也会受阻。

6.3.3　传统城镇化滞后于工业化，城市产业结构与人口结构、就业结构、消费结构相脱节，就业机会增长与人口转型不相适应，进而阻碍消费的增长

目前，虽然随着传统城镇化进程的加快，我国城市人口增加较

为迅速，但在人口结构中农村人口基数仍占主要地位，2009 年，仍有约 56% 的人口在农村；而我国产业结构的变化与人口结构的变化却不同（见表 6 - 2），1949 年的 GDP 中，农业为主的第一产业产值占绝对优势地位，第二产业和第三产业的比重很低；此后三次产业结构经历了从"一、三、二"到"二、一、三"再到"二、三、一"的优化升级过程，中国工业化基础已夯实，第三产业也迅猛发展，其占 GDP 的比重到 2009 年和第二产业相比已差距不大，且第二产业和第三产业与第一产业相比已占绝对优势，这与人口结构仍以农业人口为主脱节甚远。必须加快人口城镇化、促进劳动力的流动，才能适应第二、第三产业对劳动力资源的扩大需求，才能带动产品和生产要素市场的发育，使资源配置效率得到提高，为消费增长创造更好的市场和经济条件。

表 6 - 2　　　　　　　　　三大产业占 GDP 比重

	1949 年		1977 年		2009 年		2009：1949 增长倍数
	绝对额（亿元）	比重（%）	绝对额（亿元）	比重（%）	绝对额（亿元）	比重（%）	
国内生产总值	358	100	2659	100	340506.9	100	69.7
第一产业	245	68.4	984	37.0	35226.0	11.3	11.3
第二产业	46	12.9	1316	49.5	157638.8	48.6	262
第三产业	67	18.7	359	13.5	147642.1	40.1	149

资料来源：国家统计局：《中国统计年鉴 2010》，中国统计出版社 2010 年版。

就业结构也随着产业结构的优化而有所变化，第一产业劳动力所占比重由 1952 年的 83.5% 下降到 2009 年的 38.1%，从事第二、第三产业的人口比重分别由 1952 年的 7.4% 和 9.1% 上升至 2008 年的 27.8% 和 34.1%。但是从以上数据可以看出，产业结构和就业结构仍有一定脱节。[①] 由于城镇化率低，导致城乡产业

---

① 国家统计局：《中国统计年鉴 2010》，中国统计出版社 2010 年版。

结构与就业结构的脱节，城市产业结构已日趋向高、精、尖工业和服务业为核心的高级化优化升级，从劳动密集型向资金密集型尤其是技术和知识密集型转变；而就业结构仍以第一产业为主，大量农村剩余劳动力因文化素质低、缺乏职业技能而被拒绝于城市大部分资金、技术、知识密集型产业之外，仍留在主要依靠自然资源的第一产业，就业途径狭窄、收入低，也制约了这部分群体消费能力的提高。

　　我国虽已进入工业化发展的中后期阶段，但城市产业结构存在着滞后于消费结构升级的偏差。首先，我国很多产业出现了产能过剩和过度竞争的状况，而城镇化率低、发展速度滞后于工业化水平，使得钢铁、水泥、电解铝、船舶等重工业产品，家电、汽车、纺织品等消费类产品无法通过城镇化的发展来释放产能过剩和过度竞争的压力；其次，有些行业已逐渐进入夕阳时代，而技术更新又不及时、转产能力有限，无法满足现实的消费需求；再其次，由于对新消费需求的反应缓慢，导致有些产业结构的优化滞后于消费结构的升级，而且由于缺乏自主创新和高科技含量、品牌知名度也不如国际品牌响亮，无法适应消费者的消费模式向个性化、科技化、发展性、享受性转变的趋势。

　　三大产业提供的就业机会增长与人口转型不匹配。改革开放前，我国走的是重工业化道路，但重工业化对就业增长的拉动作用不大。改革开放后，轻工业和以服务业为主的第三产业虽仍不如西方发达国家的 70% ~ 80% 的比重，但也得到了长足发展，对非农就业增长的拉动作用日益明显，但由于我国城镇化进程缓慢、人口居住分散，服务业发展所依赖的人口集聚程度不高，工业化过程中对农民实施的"进厂不进城"政策，无法使适合在大城市发展的现代服务业和创新能力强的金融、信息等新型行业，以及适合在中小城市发展单一标准化、较成熟的制造业和服务业等都正常发挥其吸纳农村剩余劳动力的效应，以及规模效应。如在与我国经济发展水平相当的一些新兴工业化国家，工业人口就业带动服务业人口的就业的比例为1:3，而我国仅为1:1.2左右。

6.3.4 地区发展差异，城镇化发展仍存在非均衡性，致使消费地域差异增大

新中国成立后的六十多年间，城镇化率从1949年的10.6%，提高到了2009年的46.6%，年均增长约近0.6%；特别是在1993年后受市场经济体制的推动，我国城镇化水平发展尤为迅速，如1996～2002年，年均增长约1.44%，现在按国际经验，我国已步入城镇化中期（30%～70%），但我国城镇化地区差异由于受国家的区域发展战略影响而表现的变动明显。1949～1979年，我国政府重点发展内地城市，但整体强调各区域间的平衡发展，毛泽东曾在《论十大关系》中指出，要处理好沿海工业和内地工业的关系；当时60%以上的固定资产投资主要放在内地中西部地区。与此相对应的是，一批新兴工业城市在原本城市发展基础不好的中西部地区建立起来，在一定程度上改变了新中国成立初的重点在沿海地区城市布局的状况。十一届三中全会后，我国在"部分先富带后富"的指导思想下，对区域经济发展战略作出调整，转向东部沿海地区利用区位优势和先发优势优先发展、并以此带动内地的发展；东西部发展差距逐步拉大，城镇化水平的地域差异也随之凸显且差距愈加拉大，引起政府和社会各界的高度关注。从1999年开始，国家又开始转变实施缩小差距、各区域协调发展战略：加大对中西部地区发展的政策支持和包括资金在内的各项投入，中西部区域得到振兴、开始出现发展速度快于东部的势头；我国城镇化地区差异仍较明显，但已有缩小，有开始逐渐向均衡协调演化的趋势。目前，我国高度城镇化地区集中在沿海东部，中度城镇化地区在内陆黄河以北，而内陆黄河以南属于低度城镇化地区。2008年，沿海和东北地区的12个省区城镇化水平最高，平均城镇化率达到61.68%；内陆地区的

城镇化差异也很大，内蒙古为 51. 71% ，而西藏只有 22. 61% 。①

　　城镇化率低的地区，城市间、区域内的物资交流和人口流动不如城镇化率高的区域频繁，城际关系和城乡关系不协调；第二产业尤其是第三产业一般都不发达，无法如城镇化率高的区域那般吸纳更多的农村剩余人口，产品也不极大丰富，城市扩张对交通、通讯、科技和文化教育等发展必需的外部条件需求不如城镇化率高的区域强烈；产业结构和城镇结构都不合理，存在重复建设、无序竞争现象；城市人口、技术等要素的集聚性和扩散性都不如城镇化率高的区域，城市网络欠协调、缺乏整体辐射扩张力、信息也欠畅通；城镇化发展仍停留在侧重人口和地域城镇化的数量上，不像城镇化率高的区域已开始关注城镇化的质。这些诸多存在的城镇化发展的地区差异，导致引起经济发展和收入增长的地区间非均衡性，从而也导致了消费潜能释放、消费环境改善、消费水平和消费结构提高的地区差异性，城镇化率越低对消费的拉动作用越小。这种由城镇化发展地域差异引起的消费区域差异，不仅存在于区域间、也存在于同一区域内。如京津冀地区内，北京作为首都的城镇化率很高为 84. 9%、仅次于上海，集聚效应非常强，其居民的消费水平和消费结构就明显高于周边的另一城镇化率为 77. 23% 的直辖市天津，而天津的城镇化率、消费水平和消费结构又明显高于京津冀内的其他中小城市，河北省的平均城镇化率只稍高于 40% 。

---

　　①　张超：《新中国城镇化：历程、问题与展望》，载《中国城市发展网》（西部论坛），2010 年 8 月 26 日。

第 7 章

新型城镇化拉动消费
增长的思路建议

在新的形势和条件下，存在着诸多的促进中国消费增长与新型城镇化协调发展的有利条件和可能性因素，主要包括：第一，我国新型城镇化进程的加速、经济持续增长的有力支持，为两者的协调发展提供了基础和条件。第二，贸易、金融、科技、投资等诸方面的全球化趋势日益加深，使得生产要素和资源组合在国际范围内实现最优配置，促进城市经济发展、新型城镇化运行机制和管理体制的转型和完善，也促使城市功能从低级向高级转变、城市开放水平提高，进而促使城市动力机制不断增强；另外，全球化改善和提高了我国城乡居民的生活水平，促进了消费需求结构的转变，推动了消费的增长。第三，强调高技术含量、高经济效益、低环境污染、低资源消耗的新型工业化道路发展，有助于新型城镇化的经济结构和产业结构的调整和优化，并朝着有利于满足消费者需求的结构方向调整、推动城市功能以人的需求为中心的新整合；有利于扩大新的就业岗位、提供新的就业机会，拓宽城乡居民收入增长的途径，必然拉动城乡居民的消费增长；有利于推动人才优势的发挥、提高劳动者素质，并为消费者消费质量的提高和消费观念的升级提供了强大动力；新型工业化还有助于增强新型城镇化的可持续发展和消费的可持续增长。第四，信息化发展、技术创新带来机遇和动力。信息化是中共中央十六大、十七大报告中都明确指出的新时期建设战略目标，促进信息化发展的基础设施建设和完备、信息技术在三大产业的广泛推广和运用、信息资源的开发和利用，以及信息产业的发展和进步，不仅优化了城乡资源配置、改变了城市经济发展的方式、提升了城市发展的质量，推动了城市的数字化科学管理，也有利于城乡差距的缩短、促进城乡一体化的发展；而且，对于实现生产、交换、流通和消费的有效运转，促进城乡居民消费方式的转变、城乡消费差异的缩小、城乡居民消费信息的交流、消费心理的趋同等都产生了良好的推动作用。第五，城市群功能的发挥有利于推动消费集聚、产业集群效应的发挥。加速了城市生产要素的集聚、消费群体和消费品的集聚，实现了产业和消费的集约化、提升了规模经济效益，并促进了产业结构的优化升级、提升了城市的竞争力、完善了城市的整体功能，影响了城市与生产、消费相关的空间结构演化。[①] 因此，我国在新时期应抓住这些机遇和有利条件、遵循一定的原则、采取一系列有效措施，真正实现经济发展的两个主要助推力——消费增长和新型城镇化发展的协调并进，使我国避免"中等收入陷阱"，成为名副其实的经济强国和经济大国。

7.1
消费增长目标下的新型城镇化路径选择

7.1.1　充分利用与消费增长相关的新型城镇化动力机制

1. 深化促进消费增长和新型城镇化协调发展的制度创新

我国正处于体制转型和发展转型时期，必须充分发挥政府的作用、借助政府力量来协调消费增长和新型城镇化的共同发展，尤其是解决阻碍两者协调发展的二元体制问题，重点涉及以下几个方面

---

① 范恒山、陶良虎：《中国城镇化进程》，人民出版社 2009 年版，第 210~234 页。

的制度改革：

一是应避免一刀切，针对不同类型、规模城市和不同农村情况进行不同的户籍管理制度改革。首先，应继续放宽中等城市的落户条件，小城市和县级城镇则可全面放开、持续推进其户籍管理制度改革，以增强中小城市和城镇的集聚效应和辐射作用，使越来越多的农村居民无论在地域上、身份上、职业上、消费上都实现真正的城镇化，稳步落实并推进农民工市民化，以便合理疏导农村人口城镇化的流速、引导其流向，避免扎堆于大城市和特大城市。其次，短期内对大城市尤其是特大城市的户籍管理不宜放开速度过快、不宜放开幅度过大；与此同时，还应加快剥离这些城市户籍的附加职能、削弱其附加价值，平衡城市间的发展和公共资源的投入。不容置疑的是依附于这些大城市、特大城市户籍之上的种种福利、机遇和资源过多；目前，每年大城市出现在高校或人才服务机构超期空挂户口、档案，宁可当黑户、也不迁回原籍的大学毕业生人数日益增多的状况，就是由于这些城市的户口本身附着了诸多如医疗保险、养老保险、低收入保障、子女教育等与生存发展相关的利益。因此户籍制度成为双刃剑，一方面阻碍了人口城镇化的进程，但另一方面也起到了防止这些城市因容纳过多产业、积聚过多公共资源、而最终导致出现人口过度膨胀、城市负担超出极限等局面的作用。因此，必须加紧推进这些城市的户籍制度改革，使这些户籍所附加的权利和价值得到削弱并最终剥离。当然，还须政府均衡城乡和城际间公共资源的配置、缩小城乡和城市间差距，户籍的附加职能和价值才能真正失去其意义。最后，不应强行进行一刀切式的大规模农村户籍的城镇化，而应尊重不同区域农村居民的意愿。当前在长三角、珠三角等经济发展迅速、农村工业化较发达的富裕地区，以及北京、上海等特大城市郊区，由于城乡差距缩小显著、经济发达导致地价和房价升高，而农村户口可免费得到宅基地、并且一旦被征地将取得不菲的补偿款，因此这些区域的农业户籍含金量明显超过城市户籍，农民不愿农转非，甚至在如浙江等区域2010

年还出现花大价钱"非转农"现象，而同年曝出的"重庆学生强制转户籍"事件，亦让人深思。在新型城镇化进程中，绝对不能因为要提高城镇化率，而不顾这些富裕地区农村户籍后面所依附的与土地、社保、拆迁补偿等相关的巨大价值，应尊重和保留这些区域农村居民农转非的选择权。只有全国其他大部分较贫困地区的农村，才是政府应优先考虑城镇化的。

二是坚持稳步推进土地制度改革，集约配置利用土地资源。农民最根本的生产资料、最可依赖的生活保障就是土地，无论是刺激农民消费的增长、还是新型城镇化的扩张，都与农村土地制度改革息息相关。我国现行的农村土地制度由于集体土地所有权虚置，导致土地资源配置效率低下，因此，农村土地制度改革的关键就是明晰产权、核心是土地的流转，涉及农村土地的产权、配置和收益分配等多方面的制度。农村土地的产权绝不能走私有化，这与我国的根本大法、国有经济制度相违背；农村土地的产权也不能完全国有化，一是这忽视了制度的路径依赖——集体土地所有权变迁的历史沿革，二是国家公权力的介入易产生腐败，且农民的利益更易被剥夺。因此，要深化集体土地所有制改革，就应明确村集体经济组织的所有权权利和农户的土地使用权利，这二者间的权利关系和利益分配机制，使农民拥有更充分、更长期不变、更有保障的土地承包经营权。而要使土地流转顺利，首先，应放开过于严格的土地用途管制，如考虑逐步解除农村小产权房屋不能卖给城市居民、土地流转的范围限于村庄自用等一系列与事实相冲突的制度。逐步建立城乡统一的建设用地流转市场，尝试建立集体建设用地的交易场所，使土地的增值潜力得以提高。当前在重庆市试推行的"地票交易促城乡统筹发展"，以及成都市试点的城乡建设用地增减挂钩方式，其经验和出现的问题值得借鉴和探讨；其次，应改革农村土地征用征收制度，缩小征地范围。地方政府是继续靠征收土地出让金而获取巨额财政收益，以便为城镇化和工业化提供资本基础，但因地方利益而持续推高地价？还是通过立法开征收物业税来取代土地出让金，以保证社会公平性？是迫在眉睫必须解决的问题。最后，还应逐步完善农村社会保障体系，实现城乡长期而有保障的基本公共服务均等化，为农地流转提供基本条件。① 另外，新型城镇化为了解决资源和环境的瓶颈，应是强调集约型的城镇化，所以在坚持绝不触动 18 亿亩耕地"红线"的基本原则下，必须科学制定和完善规划调控体系、并严格执行规划；合理控制城市用地规模，改变土地粗放经营管理模式，提高土地利用效率；通过提高征地成本和新增建设用地土地有偿使用费缴纳标准，开征房产税、加大城镇土地使用税、土地增值税和契税等建设用地保有环节的税收调节力度，完善土地税收体系，规范土地出让收支管理，完善土地市场体系等充分发挥市场机制经济杠杆作用的手段，来减少土地低效利用和浪费；及时清理闲置土地、盘活存量建设用地、提高存量土地利用效率、推进土地功能置换，加大旧城区以及城中村改造力度，优化用地空间布局；此外，还应充分开发和合理利用城市地下空间、扩大城市空间容量。②

三是建立与完善社会保障制度。社会保障制度是政府或社会为居民提供基本生存生活保障的制度，社会保障制度健全与否、覆盖面广与否，不仅影响着人口的流动、左右着城镇化进程和城镇化的质量水平，而且也影响着人们对未来消费预期和未来支出预期的确定性、左右着人们的当期消费需求。而我国的社会保障制度具有典型的城乡二元社会结构特征，城市居民的社会保障制度已基本建立、正在逐步完善中，但农民的社会保障制度仍在建立中，因为农民赖以生存的土地在很大程度上承担着农民社保的功能。所以，若我国社保制度不能解除二元结构的限制，就难以深化农村土地制度改革；而农村土地制度改革的顺利与否，也影响着社保制度改革的

---

① 何立祥、彭美玉：《论中国农村土地制度改革的路径依赖性》，载《云南财经大学学报》，2010 年第 7 期，第 62～66 页。

② 盛广耀：《城镇化模式及其转变研究》，载《中国社会科学出版社》，2008 年版，第 262～267 页。

完善与否、制约着新型城镇化进程，对消费增长进而对经济增长产生不利影响。建立健全城乡社会保障制度，首先要注重公平、建立城乡一体化的社会保障体系，无论是城乡的社会保障项目，还是城乡的资金管理原则都应基本相同，且在法律和操作层面能基本互相衔接，实现城乡一体化社会保障体系的建立，具体如建立城乡一体化的农民合同工失业保险和医疗保险、养老保险、最低生活保障制度，推进城乡在教育、医疗、水电气服务、交通出行、生活物价、环境卫生等各方面的公共服务与补贴都均等化。其次，对于农村社保体系的建立应采取差别化原则。对于经济发达、条件基本成熟的地区，可直接建立保障项目完备、覆盖面较广的城乡统一的社会保障体系；对于经济欠发达、温饱问题未完全解决、条件不成熟地区，可先建立农民急需的农村最低生活保障制度，推行合作医疗试点，其他保障制度等经济发展到一定程度再推行；而处于经济中等发达地区、条件还未完全成熟地区，可重点抓低保、养老、医疗等基本制度建设，其他社会保障逐步推开；另外，鉴于农民的收入水平、消费水平远低于城镇，故农村社会保障的缴费水平、待遇水平均应低于城镇社会保障标准。① 再次，对于城市社保体系的完善，须注意的是：一要规范低保工作、随经济发展水平的提高而弹性提高低保标准；二要持续推进事业单位社保制度改革、提高非公有制企业的社保参保率，以扩大社保覆盖面；三要合理解决倒闭解散破产企业退休人员的社保问题；四要健全城乡社会保障制度的立法体系、加强建立有效的监督机制。

四是继续深化就业制度改革、建立全国开放的城乡一体化就业市场，妥善解决用工荒问题。就业制度关系到城镇化中农村剩余人口向城市转移的速度和流向，影响着城市自身的发展，以及城市的吸引力和吸纳能力；同时，就业制度也影响着城乡居民的收入、进

---

① 蒋婉丽：《对建立和完善农村社会保障制度的几点思考》，载《经济研究导刊》，2009 年第 33 期，第 32 ~ 33 页。

而影响着消费者的消费能力和消费水平。一般而言，随着城镇化水平的提高，就业机会也会随之增加，但就业制度左右了企业和城市吸纳劳动力的能力。我国长期来实行城乡分割、区域封闭的就业制度，我国 1994 年 7 月颁布的《劳动法》虽然明确规定不得歧视农村劳动者就业、也不得有地域户籍歧视，但在各地方政府颁布的地方性法规和地方劳动和社会保障部门制定的规则制度中却存在着因地方性劳动力保护政策而歧视农村劳动力以及非本地户籍劳动力、限制其进入某些行业的现象，各企业尤其是大型国企招聘职工中也普遍存在歧视农村劳动力和非本地户籍劳动力的现象。这些优惠城市居民、本地市民，而歧视农村居民、非本地市民的就业制度阻碍了城镇化进程。为改变这种局面，我国在 2007 年这一"劳动立法年"中，先后通过了《劳动合同法》、《就业促进法》和《劳动争议调解仲裁法》三部维护劳动者合法权益的法律，尤其是《就业促进法》更单设一章、明确树立公平就业的旗帜，为解决就业歧视问题提供了有力的法律保障。要进一步深化就业制度改革，首先，必须建立市场导向、公平竞争、平等就业的就业规则，消除歧视性就业制度和政策。在保证劳动者自主择业权以及用人单位自主用人权的基础上，消除在户籍、地域、城乡、性别、年龄、民族、宗教信仰等方面的就业歧视；改变在行业、工种等方面歧视农民工和非本地户籍劳动力的规定。其次，应健全劳动力市场体系，加大就业信息服务力度、扩大劳动力市场信息网络建设投入，将下岗失业人员、城镇新增劳动力、农村富余劳动力等人员都纳入统筹就业工作范围，建立起城乡统筹、区域统筹、群体统筹、统一开放、竞争有序的劳动力市场。再其次，应发挥政府的重要作用，制定和实施积极就业政策、调整产业结构，以扩大就业机会、拓宽就业渠道；开展和提供与各种群体相适应的职业教育和职业培训，提高其就业能力；建立公共就业服务体系，健全就业援助制度、失业保险制度以及失业预警制度；规范就业中介机构管理；此外，还应继续加强与就业相关的法律法规制度建设，以保障各种就业群体的各项权益。

目前，我国东部沿海城市、长三角、珠三角都出现了用工荒，不得不采取各种手段、推出各种优惠政策来吸引中西部劳动力；而四川、安徽、湖南等中西部主要劳务输出地区由于投资环境改善，迁入不少劳动密集型企业，故而也用工需求增长明显，于是出现了以情留人、与东部争抢农民工的竞争局面。因此，如何既实现充分就业、又解决用工荒问题，避免刘易斯在人口流动模型中提出的刘易斯拐点现象出现、人口红利减少，对我国经济增长的冲击，是颇值得深思熟虑的问题。在此，恐怕需要尽快建立完善的就业制度、形成健康的劳动力市场机制，保护好农民工权利；应增强职业技能教育和培训的供给，提高劳动力的质量和水平，以符合新产业、新技术的要求；而且还应抓住用工荒的契机和动力，加快产业升级，尤其是东部沿海发达地区应加快中低端加工制造业的产业转型升级。

2. 优化调整与消费结构相适应的城市产业结构

按照马克思的社会再生产理论，消费与生产间存在密切关系，生产决定消费的对象、方式、质量和水平，为消费创造动力；而消费也反作用于生产，是生产的目的、动力，为生产创造出新的动力。因此，决定了消费结构与产业结构这两项经济结构的最主要内容之间也必然存在紧密关系，作为产业结构最主要制约因素的消费需求结构，其层次性和阶段性的升级换代、形成新的消费热点，通常能带动几个乃至几十个产业的成长，引导着产业结构的优化和调整。例如，旅游消费的兴起带动了旅游业以及地区特色产业的扩大发展；再如，住房消费能带动 45 个相关行业的发展，汽车消费更是带动了 156 个相关产业的发展、推动着信息电子技术等高科技的进步。而产业结构的优化调整也为消费结构升级提供了有力的保障条件，二者的良性互动能强有力地推动经济的增长。而未来 5~10 年，我国的新型城镇化建设将从投资主导向消费主导转型，这无疑为产业结构的升级优化提供了大好机遇。

改革开放以后，起初在短缺经济下、总需求大于总供给，我国产业结构较容易地不断朝合理化、充实丰富化调整，但20世纪90年代中后期开始，逐渐进入过剩经济，产业结构调整难度日益增加。而消费结构的制约是其中一个主要影响因素，主要表现为：消费品种相对较少、消费领域相对保守狭窄、消费层次不高、城乡消费市场空间欠均衡，消费结构欠合理，并存在低档过剩、高档供给不足的消费结构断层现象，重数量、轻质量，重物质消费、轻服务消费的问题大量存在。所以，要推动产业结构的战略性大调整，必须首先优化消费结构，具体措施如：提高城乡居民收入、提升消费者尤其是中低收入消费者的消费需求；发掘农村居民的消费潜力，完善农村的信贷、社会保障制度，转变农村居民传统保守的节俭消费习惯，为农村居民设计生产出适合其消费结构优化的产品、并提供相应的配套服务；通过充分竞争以及政府的宏观政策引导来降低消费品价格；消费政策应适时调整，约束和调控抑制消费的不利因素，并鼓励和扶持对国民经济增长和产业结构调整有利的消费热点和消费方式。

另一方面，我国从2007年起人均GDP超过3000美元，按照国际经验，我国应进入城镇化、工业化进程加快，居民消费结构、消费行为加速转型时期，也是消费增长的黄金时期。这几年我国城乡居民消费需求变化日益加快、增幅不断加大，消费结构不断升级，对享受型和发展型消费资料的需求不断扩大，越来越重视生活品位和生活质量，汽车、住房、教育、旅游和现代通信产品等热点消费品需求旺盛、产业链效应突出，这些变化都通过市场向产业结构的调整以及产业结构规模的扩大发出强烈信号，因此政府有关管理部门以及企业、经营者应做好市场调查和预测，及时捕捉城乡居民消费结构变化动态、把握市场需求的脉搏导向，加大不断按消费结构优化和消费指标升级所提供的供给结构和能力进行自我调整的力度，以实现供需平衡以及资源合理配置；把握消费需求多样化和消费结构的高级化的趋势，促进产业结构的组成、匹配关系与运行方式向纵深发展改变，促进支柱产业的形成和新经济增长点的出现；

产业结构的调整方向应明晰，城市产业应重点稳步发展与农村城镇化进程有关的建筑、建材、机械工程和装备类等产业，与居民生存、享受和发展消费相关的零售、皮具、服装、高端消费品、信息数字产品等消费品行业，与新能源和再生能源相关的环保产业，以及配套服务如医药、卫生、保健、养老、文化、金融等服务业等。另城市产业结构还须调整好重工业内部结构、迅速发展与新型工业化配套适应的第三产业，同时还应配套加快农业结构调整；企业还应做好市场细分，针对不同消费群体采取不同的生产销售和服务策略、把握好自己的转型方向，如城镇消费结构升级偏重于住房、教育、交通、通讯消费，农村则偏重于耐用消费品、教育和文化消费。如中老年人侧重于医疗、保健、养老服务等消费，而青年人偏爱于服装、娱乐、教育、时尚消费。再如，低收入群体的消费主要有耐用消费品、医疗保健和文教服务；中、高等收入群体消费则以医疗保健、娱乐文教、交通、通讯、奢侈品消费为主；应加快技术创新，逐渐缩减成熟或衰退产品的市场空间和利润空间，催生出符合居民消费结构升级转型的新产品；还应把握城乡空间消费结构失衡状况正在逐步改善的机遇，目前农村消费水平的稳步提升将为解决总供给过剩、进而促进产业结构的调整提供很好的条件和时机。

7.1.2　注重消费差异性对新型城镇化进程、路径和发展模式的影响

1. 与城乡、地区消费的差异性相应的新型城镇化进程的地区差异性

城镇化的基本标志之一就是城市人口占社会总人口的比例，城市的本质就是以人为中心、人类文明发展的动态过程；只要是有人的地方，尤其是城市作为人聚居的中心，更必然会存在生产、消费、交换和分配等活动，必然存在消费的聚集。而如前所述，中国由于幅员广阔、民族众多，经济发展很不平衡，所以，消费心理、

消费观念、消费方式、消费结构、消费水平都存在着城乡差异性和地区差异性。一般东部沿海经济发达地区，居民消费的消费心理更成熟化、个性化，消费观念更现代化、国际化，消费方式更信息化、高科技化，消费的层次性更丰富，消费结构更完善，消费水平更高，公共消费的投入比例较大；居民消费已从单纯地追求满足生存的数量型，发展到满足享受和发展的质量型。与之相适应，新型城镇化进程更快，城镇化率更高，城镇化水平更高，城镇化发展阶段也更高、更现代化，城乡发展的差异缩小显著，逐步走向均质化，城镇化进程已从单纯追求经济增长、追求掠夺式的外延扩张的阶段，逐步发展到追求实现人的全面发展、实现人和自然和谐的内涵集约式、实现网络化和现代化发展的阶段；而政府对公共产品和服务消费比例的提高以及公共投入的城乡均等化，更为新型城镇化发展迈向人性、集约、高效、城乡统筹阶段提供了一定的物质基础和条件，城乡、大小城市间形成了优势互补、利益整合、良性互动的局面。而中西部地区尤其是西部偏远地区，消费心理和消费习惯偏保守，消费信贷意识淡薄，消费结构相对较陈旧，消费购买能力和消费水平相对较低，相应的其新型城镇化进程仍处于以偏重于经济发展，以扩大城市面积、数量和规模的外延型发展为主的农村城镇化阶段，当然，同时也必须注重遵循可持续发展原则，节约资源保护环境；逐步扩大农村公共消费的投入。因此，新型城镇化的进程应该允许存在地区差异性，东部和中西部不同、山区和平原不同、城镇化率高的区域和城镇化率低的区域不同、经济发达地区和欠发达地区不同。

2. 与城乡、地区消费的差异性相应的新型城镇化路径选择和发展模式的多元化

新型城镇化是人口真正意义上的城镇化、而非单纯的土地城镇化，因而人群消费的城乡、地区差异性也决定了新型城镇化实现的路径选择和发展模式在基本原则相同的前提下，可以是多元化的，新型城镇化应该具有不同的地域特色，不能强调或只允许走一条路径、采用一种发展模式。我国城镇化发展模式的争论主要集中在大、小城市发展之争。东部沿海地区人口集中、经济发达、消费更易集聚，故城镇化率更高、城镇化速度更快，因此已形成诸如长三角、珠三角、环渤海等城市群（带）或都市圈，但大城市的发展带来城市容纳过度、社会矛盾尖锐、人居指数下滑、物价特别是地价和房价畸高、生活频率过快等一系列城市病，故其新型城镇化发展模式，应是建立大体以特大城市、大城市为中心带动周边发展中小城市、小城镇的城乡相互融合的网络体系。东部地区新型城镇化路径选择应以市场为主导，首先，率先发展特大城市和大城市，然后发挥中心城市的集聚和扩散作用，带动周边中小城市的发展；其次，通过新兴产业的发展、公共交通尤其是轨道交通的发展为纽带，适当发展中小城市和大都市的卫星城镇，作为大城市的产业补充、功能补充；再者，产业升级、乡镇企业的发展、农村经济的繁荣，带动小城镇的发展；另外，城市群的发展，使大中小城市间建立起有效的竞争、合作、协调机制，有利于形成强大的经济核心区，在更大范围内实现资源的优化配置，推动城镇的集约化发展。

而西部地区城镇化率低，尤其是偏远山区，由于受地理条件和经济落后条件的限制，人口分散且地广人少、市场容量小、产业基础薄弱、消费集聚效应和消费扩散效应都难以很快产生，因此，新型城镇化发展模式不宜以小城镇建设为主，否则既浪费资源、也会增加公共消费的成本和难度。应将规模小、公共管理效率低、难以形成规模效益的镇和行政村适度撤销或就近并入中心镇、也可合并为一般建制镇，当然不宜撤并的古镇（村）和特色镇也应适当保留；另一方面，应重点发展大中城市，以提高人口集中程度、增强消费的集聚效应。目前，我国西部地区大城市数量偏少、中等城市发展薄弱，小城市数量高于全国水平，且不少是新兴城市，发展较不充分、城市功能较单一，以政治行政中心或工业中心为主，贸易、金融、消费、文化、信息、教育等服务功能较缺乏。可以说，城市体系不合理、等级结构不全、功能薄弱，未能很好地起到对周边地区的辐射作用和滴涓效应。因此，这些地区的新型城镇化路径选择首先更应注重发挥政府的主导作用，制定符合落后地区已有基础和发展条件，与区域经济布局相联系的科学城镇化发展战略和规划，制定相应政策和法规，完善市场机制、提供公平竞争的发展环境，加大公共产品和服务的提高力度，有效促进产业结构升级。其次，结合自身的历史文化和自然资源优势，推行特色型城镇化发展模式，如发展资源型城市、旅游型城市、文化型城市或商贸型城市等。最后，由于城镇化是工业化的必然结果，因此西部落后地区应通过技术进步和制度创新，推进符合城乡一体化发展格局的农村机械化、工业化进程和产业组织体系。

至于中部地区，无论是消费意识和消费心理状况、消费水平、消费结构、消费能力，还是城镇化率、城镇化质量和水平，亦或是工业化水平和经济发展水平等，均介于东西部之间。中心城市的聚集作用不大、小城镇在短期内还缺乏发展为中小城市的条件。因此，新型城镇化的发展模式，既不能过于发展特大城市，也不宜让县级以下小城镇遍地开花，而应优先发展省会或重点中心城市，围绕一些基础和发展条件较好的中等地级市，建成中心城市同周边的几个主要城市构成的城市群，如湖南目前以省会长沙为中心，将长沙和周边的湘潭、株洲联结组成两型城市群；湖北省建成以省会武汉为中心的"1+8"城市群等；另外，还可重点发展一些经济实力和基础条件较好的县级市或镇。

7.1.3 新型城镇化规模速度的确定与水平质量的衡量应考虑消费因素

1. 新型城镇化规模、速度的确定应考虑消费因素

新中国成立以来，就一直存在我国城镇化的规模之争，到底基于何种标准来决定大中小这三种规模的城市中、哪种城市应优先发

展。迄今为止，并无达成统一定论。而且从新中国成立以来长期占主导地位的小城镇优先发展论以及改革开放以后一度占优势的大城镇优先发展论，在实践操作中都取得一定成效的同时，也都引发了一系列弊端。本人认为城镇化规模必须考虑各地区人口、经济、社会等诸多因素的具体情况，不可能也不应该制定统一的城市规模发展方针。而不同区域的城镇化在其所依的内部和外部具体发展条件下，总有一个临界点，一般城市规模可以从人口、经济活动和地域面积等方面来作为确定依据，而消费是人类必需的一种满足需要的行为，也是社会经济活动中最基本的经济活动，因此新型城镇化规模的确定应考虑将所在区域的人口消费作为考虑临界点的因素之一。同时，我国从改革开放以后尤其是 20 世纪 90 年代以来，城镇化速度远超过西方发达国家，实现了年均 3.2% 的增长速度，城镇化水平在 2009 年已达到 46.59%，2010 年 3 月 25 日更被联合国经社事务部人口司的报告称为世界上城镇化速度最快的国家，全球约四分之一的 50 万以上人口城市均在中国。新型城镇化下是否仍保持如此高的增长速度？这种速度是否合理？需要有确定和衡量的标准。本人认为，由于城镇化速度必须适应于经济社会发展的需要、适应于推动 GDP 的稳定良性增长，而消费是推动经济增长的主要动力因素。所以，新型城镇化速度的确定也应考虑所在区域的人口消费因素。

　　首先，新型城镇化规模和速度的确定应与所在区域人口的消费需求能力相适应。消费需求是人类社会发展的基础和首要前提，也是社会经济活动的出发点，影响着城市经济的良性循环。所以，一般某个区域的居民消费需求能力越高，其城镇化规模也相应就越大。如社会商品零售总额是反映消费需求能力的指标之一，2009 年北京的社会商品零售总额为 53098869 万元，居全国榜首，而其相应的反映城市规模指标之一的地区面积为 12187.0 平方公里[1]，也

---

　　① 国家统计局：《中国统计年鉴 2010》，中国统计出版社 2010 年版。

是全国第一；而另一指标人口规模也仅次于上海，居全国第二位。另外，新型城镇化的速度也应符合消费需求增长的步伐。新型城镇化的速度是在保证深度基础上的速度，而这个深度就是农民工和失地农民的真正意义上的市民化。前面分析过，农民工和大部分失地农民的消费心理仍较保守、消费需求能力仍不如原有城市居民高，仍处于"半城镇化"状态。因此，新型城镇化不能一味只追求形式上的速度，而应在实质和深度上下功夫，只有当已进城的农民工和失地农民的消费需求得到持续稳定的增长，并不断缩小与原城市居民的差距，才是健康的城镇化速度。

其次，新型城镇化规模和速度的确定应与所在区域人口消费的集聚效应、扩散效应相适应。如前所述，消费集聚效应是指相互依赖的消费行为借助一定的消费工具、消费制度在特定的消费场所达到时间和空间上的集中。消费的集聚效应促使城市商圈的集聚，城市综合服务功能的提升，也带动了为实现消费行为集中的城市空间的扩张。一个城市的消费集聚效应越大，其自身城市规模也越大，而一个城市的消费扩散效应越大，其带动周边城市发展、最终形成以其为中心的城市群或城市带的可能性也越大。如武汉作为湖北省的省会，最初其消费集聚效应效果明显，很多周边中小城市以及农村的消费者都到武汉购物、求学、时尚娱乐和购置房产，而武汉本市消费者到周边城市、农村消费的状况却很少，消费单边在城市的集聚导致武汉自身规模发展不断扩大，成为中部地区的金融、商贸、交通、科教、时尚娱乐的中心，形成消费的增长极，但使周边区域的城市尤其是农村的发展失去动力。后来，消费扩散效应作用的产生和发展，使得周边城市的消费观念、模式、行为、结构均受到影响，城镇化进程因此而速度加快，并且这些城市、农村结合自身的条件形成消费特色、发展文化休闲消费产业，反过来吸引武汉的消费群，形成消费互补，有效地促进了武汉城市圈的发展壮大。

最后，新型城镇化规模、速度的确定应与自然资源承载人类消费的能力相适应。城市人口规模快速扩大到同时，必然带来人类消费规模的扩大和消费力增速的提升，带来对所在区域自然环境承载力的考验，最主要涉及对土地、水、空气、能源、生态系统、地质环境等城市发展基本保障和制约因素的承载力考验。因此，必须结合人类的消费需求、消费方式、消费量来建立对所在城市或区域的自然环境相应承载力评价体系，涉及资源的生态压力（单位面积生态系统支撑现有人口消费所需的量）、生态服务能力（又叫资源承载力或生态容量，指单位面积生态系统支撑现有人口消费所能提供的量），将现状资源承载人口消费规模与资源实际可承载人口消费规模比较，并分城市、分区域进行评价，就能得出现各城市、区域资源所能承载的人口消费数量，以及超载人口消费数量及程度。①以此来综合确定新型城镇化规模的适度选择，以及不同城市人口控制政策的制定，把握好推进城镇化的速度，避免城市病的扩延。

2. 新型城镇化水平和质量的衡量应考虑消费因素

城镇化水平指的是城镇化发展程度。一般而言，衡量城镇化水平高低的指标和测度方法主要有两种，一种是单看某种主要指标的方法，如城市人口占总人口的比重、城市用地指标等；另一种是综合功能质量指标法。本人认为用单一指标来衡量，只能反映城镇化的某一侧面的水平高低，却不能如实全面反映城镇化这一涉及人口、社会、经济、制度、文化、生态环境、生活、基础设施、地理区域等诸多方面变化的动态过程。新型城镇化水平的衡量标准应更加注重的是城乡居民生存条件、公共基础设施、环境基础、生活方式等各方面的城镇化，所以应用综合指标来衡量新型城镇化水平，不仅包括城市人口比重、非农就业比重和城市土地面积比重，以及城市经济发展水平、城市社会发展水平，还应包括看家庭和个人的生活方式、居住方式、消费方式和消费心理是否已实现了从农村向

---

① 程俐骢：《城市规模约束：城镇化可持续发展的新视角》，载《同济大学学报》（社会科学版），2009 年第 2 期，第 24～29 页。

城镇化的转变。如前面所述的主动进城务工农民以及被城镇化的新市民，虽然职业、身份有所转变，但其生活方式、消费方式仍沿袭着农村的很多习惯和习俗。其消费心理和消费观念仍较保守从众、缺乏个性，仍易受传统的"攒钱养老"、克俭节约观念的影响，消费意愿不强。因此，从消费角度来看，这两种群体的人并未实现真正意义上的城镇化，离与城市原有居民尤其是中高收入城市阶层群体的消费还有较大差异，只能算半城镇化，在一定程度上降低了新型城镇化水平。另外，消费环境的改善程度、公共消费品的供给范围和服务水平、公共消费投入比例程度也可作为衡量城镇化水平的标准。城镇化的过程也应该是消费环境不断改善、生活消费服务设施逐渐完善的过程。一般而言，城市的消费环境明显好于农村，城市在公共消费品的投入明显比农村大、供给范围也明显比农村广、公共消费品的社会服务水平也明显比农村高。如城市一些新开发的城区，虽然从地理空间和行政区划上看已城镇化，但若仍缺乏相应的城市经济社会活动内涵、无法满足城市居民丰富多彩的消费活动、无法提供足够的生活娱乐消费空间；供水、供电、供气、供暖等公共基础设施的普及率和便利程度不高，公共消费品的供给范围受限，人均公共交通通讯设施、人均公共文化教育设施、人均公共医疗保健卫生设施、人均公共安全管理等公共消费品的社会服务水平，另外还有人均消费空间、人均绿化面积等远不能满足城市人口聚集和扩散的需求，使得居民无法享有城市本应具备的良好消费环境、居住环境、服务环境，这些将会抑制所在区域居民的消费，使其消费水平无法与收入的增长相符合，也就无法体现城镇化的真正水平。

城镇化水平代表的是城镇化的量，而城镇化的质则须另建立标准体系来反映。目前，新型城镇化质量提高的测度和衡量标准在当前的城镇化研究中较少涉及的问题，笔者认为为了保证新型城镇化质量评价体系的完整科学性，也同样应考虑综合型群体指标，其中城市经济发展质量、城市居民与自然的和谐度、人全面发展目标的实现程度、城市人口的生活质量、城市现代化信息化程度等多方面都可被视为是测度新型城镇化发展质量的表征和标准。由此，本人认为还应将消费水平的提高、消费结构的升级、消费方式的现代化和创新度、消费内容的丰富程度、可持续消费理念的普及和执行度、消费文明程度的提高、城乡消费的公平均质化和一体化等作为测度和衡量新型城镇化质量的标准和尺度。如果居民消费水平大都仍处于重数量轻质量阶段；消费结构仍以物质消费品为主、而对精神消费品尤其是闲暇消费的消费需求不足，生存消费占主导，而享受型和发展型消费有所欠缺；投资消费意识更是淡薄；消费文明程度不高，偏重于消遣娱乐而非素质修养的提高；不注重消费与生态环境的和谐、不注重适度消费理念，消费方式、消费理念不符合可持续发展原则；消费内容较单一，消费形式也较单调、缺乏创新，现代科技化程度较低；城乡居民的私人消费和公共消费均存在很大差异。则意味着消费质量较低，也说明了居民生活质量水平仍较低，同时从一定方面反映了城镇化质量不高。

7.1.4　新型城镇化中的城市特色建设、城市规划和空间布局应考虑消费因素

1. 新型城镇化中的城市特色建设应考虑消费文化因素

新型城镇化与传统城镇化的区别之一，在于新型城镇化过程中强调城市规划建设以及城市功能应突出个性化、多样化，注重突出每个城市或城镇基于不同基础、背景、环境而凸显的生命特点，而非千篇一律、无差别性的破除历史遗留、建立钢筋水泥森林般的同质型传统城镇化的城市建设模式。城镇化展示着人类文明的演化过程，文化则是城市生命的灵魂表现，是城市的标志和精神气质，要突出城市的个性和特色，就需要通过城市文化特性来表现，这也是人类文明的最高层次的展现方式。而消费文化作为城市文化的重要组成部分，也是城市长期以来的物质生活、民俗风情、文化传统、

地理环境、气候条件、政治影响、城市格局、区域和外域文化的交汇等因素综合作用的产物，而且这种消费文化特色一旦中断，也就意味着城镇化失去了精神、失去了灵动的源泉。因而，在新型城镇化进程中，应注重保护和弘扬消费文化对新型城镇化中产业结构、空间布局、城市特色建设和发展的作用和影响。

消费文化往往表现为某种具体的消费形式。以饮食消费文化为例，自古以来，我国就信奉"民以食为天"，因此吃在人们心目中的消费排序是第一位的，食物支出在人们尤其是农村居民的消费支出中仍将占据第一的重要位置；根据国家统计局在《中国统计年鉴2010》公布的数据，2009年我国居民消费总产出为121129.9亿元，其中食品类支出，农村居民为11732.0亿元，城市居民为27152.2亿元，远超出其他类型的消费支出，是我国居民消费结构中最重要的影响因素。而另一方面，中华民族广袤的土地上，存在很多地区、很多民族的特色饮食消费文化传统和习俗。据此，笔者认为，没有必要过分强调按国际例行的衡量标准，单纯为降低恩格尔系数这一衡量生活水平高低的重要经济指标，而执意地压缩食物消费支出。相反，我们应很好地利用饮食消费文化作为推动城镇化进程、带动经济发展的动力。如一些经济不发达、但饮食文化颇具特色地区的城镇化进程中，应尽量保留本地区、本民族自己独特的饮食以及更多方面的民族习惯、偏好以及文化习俗，用与饮食相关的物质消费文化和精神消费文化作为支撑地方城市经济发展的支柱产业之一，并带动旅游业、商贸业、食品加工业等与之相关的产业发展，形成产业链效应。此例还可演绎推广至酒文化、茶文化等类似的消费文化对城镇化建设的推动作用上来。再如，经济较发达、城镇化率较高的地区，无论从塑造城市形象，还是从发展消费文化的角度，都应在城市旧城改造和新区扩建的规划建设、空间布局中，考虑保留或新建与饮食消费文化相关的区域，并延续原有消费文化的精神。如北京著名小吃一条街——簋街对于北京人而言，远超出餐饮食肆的范畴，而是一种代表着首都特色的饮食文化和都市夜生活文化的缩影，但在 2002 年起的几次改造重建后，却远不如昔日繁荣；另外，北京的隆福寺、前门大栅栏等传统消费文化氛围很浓的商业街也遭遇着改造重建后，环境虽好、但兴旺却不复存在、逐渐走向衰退的悲惨局面，而三里屯、后海等高端酒吧消费文化的商业街却日益繁荣。分析其原因，是由于消费文化又分为物质消费文化、精神消费文化以及生态精神文化，无论是旧商业街的改造还是新商业街的拓展，不能只注重保留或扩张消费物质文化的建筑载体、只注重符合现代化都市物质形象需求，还应抓住消费精神文化的内涵灵魂，将历史性的资源与城市个性、市民精神风貌、消费理念的重建、延续和创新过程联系在一起，将生态精神文化的理念孕育其中。

2. 新型城镇化发展建设中应注重消费结构、消费模式新趋势的影响

首先，应注重消费结构加速升级转型对新型城镇化建设的影响。我国居民生活质量提高显著，基本生存型消费比例稳步降低，而新型享受型、发展型消费不断升级，这给新型城镇化建设提供了机遇和条件，也提出了挑战和问题，具体表现为：一是人们的生活节奏加快，交通通讯等消费支出增加迅速，但也带来了因汽车消费而导致的一系列涉及能源、土地、空气、交通、环境的问题，制约着新型城镇化的发展，如何引导城市居民的交通消费、如何规划城市道路和建设城市交通体系等问题，对新型城镇化提出了挑战。新型城镇化应制定公交优先发展的基本交通战略，提高公共交通的使用效率；城市路网建设应科学地规划，以实现城市内部、城乡、城际间路网的均匀性、关联性、畅通性，拓宽原有马路、增设新马路、提高道路质量；采取办法解决交通拥堵的瓶颈，增设环形道路，大力发展地下轨道交通，规划建设好站场和交通枢纽；合理配置交通工具，建设绿色交通；搞好交通信息化建设。二是服务消费显著增强，在一些特大城市甚至开始出现服务消费为主、实物消费为辅的新消费端倪，这为新型城镇化的产业结构调整优化提供了机遇，也为城市进行新的空间布局创造了条件，这些在前面已有分析，在此不再赘述。三是信息消费、数字消费的地位和作用日渐突出，对城市信息化、数字化建设提出了机遇和挑战，城镇化正朝着数字城市的方向发展，城市管理也应日趋数字化。四是住房贷款消费不断升级，人们对住房消费的观念逐渐由满足基本生存的需要、发展到作为抵御通胀的投资途径，并且住房贷款消费从小变大。一方面使得房地产业作为很多地方经济的支柱产业，带来了城市的繁荣和扩张；但另一方面，使得房价猛涨、城市生活压力变大，并催生了城市泡沫经济的扩大。如何正确引导住房的理性消费、约束部分富裕阶层过度膨胀的住房投资（或投机）消费需求、积极满足低收入群体的住房基本生存消费需求，给新型城镇化建设带来了极大的挑战。五是旅游、美容、健身、娱乐等能够给人们带来精神享受、提升生活品质、释放生活和工作压力的休闲娱乐消费日益增多。这提供给了城市功能重新分区的机遇和条件，对城市的生活配套设施建设提出了新的挑战。六是文化教育消费快速提升，成为全面建设和实现小康社会的重要标志，也为新型城镇化水平和质量的提高打下了良好的基础。

其次，应重视逐渐形成的新消费模式对新型城镇化创新发展模式的影响。当前，我国居民的绿色消费明显增加，越来越多的人开始质疑"化学化"、"转基因化"消费品；并开始购买符合低碳标准的产品和服务；节约水、电、气、石油等能源的消费；投入使用再生纸、中水等循环消费中等等。已逐步按照党的十七大报告提出的要求，开始构建生态文明型、低碳循环节约型的消费模式，以保护生态环境、节约能源资源。消费模式的转变促使新型城镇化的发展模式向可持续方向发展，越来越多的城市提出建立循环型、低碳型、生态型城市的目标，通过可再生能源示范工程、节能减排中的浅层地热能利用等新技术、新能源，来建设绿色建筑、绿色交通、绿色基础设施、绿色小区、绿色产业等，最终组建成生态文明、低碳循环型城市。一些城市群还进行了相关的试点，如 2007 年 12 月，我国政府批准武汉城市圈、长株潭城市群作为全国"两型社会"（即资源节约型和环境友好型社会）建设综合配套改革实验区。为了更好地促进生态文明型、低碳型、循环型城镇化模式的发展，应树立环境保护优先的原则，城市开发建设必须考虑环境容量、转变发展方式的措施必须考虑环境管理，将环境准入作为经济结构调整的标准；建立健全环境保护的干部绩效评价和激励约束机制以及部门协同机制。应将气候变化政策纳入区域可持续发展的政策制定、评价、规划和调控中；对于碳排放减少的主要力量——城市主导产业和主要行业的市场、技术、经济减缓潜力建立评估机制，为制定限制碳排放政策提供理论依据；分别建立城乡两型社会建设的综合评价指标体系；在各城市间以及城市的企业间尝试建立碳交易市场机制；通过科学技术创新、不断探索新模式，发展循环经济、提高资源利用效率，将节能减排落实到交通、建筑、能源、用水、土地、废弃物处理、基础设施、商业等城市生活的各个方面，实现城市发展的节约化；明确企业、社会组织和个人在生态保护、低碳循环型社会中的责任，尤其是企业责任必须用制度、政策的奖罚分明来约束和鞭策；另外，政府还应制定政策鼓励能节约能源和资源的产品研发和生产。

3. 根据消费需求发展变化的新趋势和新特点，来选择新型城镇化的空间布局和功能分区

　　新型城镇化的发展遵循以人为本的原则。所以，城市的一切包括空间布局和功能分区也应该围绕人来展开，以便提供和创造良好的人本环境。人作为消费者，其消费需求随着社会、经济、科技的发展，随着生活条件、生活频率、生活压力的变化也在不断变化着，因此，相应的城市空间布局和功能分区也在发生着变化。比如，消费者越来越追求便利、高效、无障碍到达，最大限度缩短到达时间、减少消费成本，而传统的商业形态下的城市空间，明显对消费者日常消费行为的能力、组合产生制约，一般聚集于商业中心，距离居住区较远，营业时间一般在白天或延长至晚上十点，但无法满足一些消费者深夜或凌晨的临时需求，而且有时店员尤其是高档商场的店员容易以貌取人，使普通消费者无法得到应有的尊重和服务。所以，在以人为本的新型城镇化规划布局和建设中，既应注重对原有不规范商业资源的有效聚集，又注重尽量解除对消费者消费行为的制约因素，还应考虑尽量减少消费的时间以及货币、交通、精力等成本，在保留原有由多个大型百货商场组成的商业中心区的基础上，规划建立发展社区商业空间，这是一种以便民、利民、满足社区居民综合需求的地域性、独立性较强的空间，并且强调以服务为重点。如深入小区里面的以二十四小时便利店为中心的邻里型购物圈，交通便利的以超市、大卖场为核心的社区型购物圈，以及适应都市圈发展、信息技术和交通发展的集购物、休闲、娱乐、体验为一体的超级购物中心（Shoppingmall），为家庭的购买消费行为创造全新的环境结构。

消费是一种反映在特定城市空间中的行为，不同类型的消费需要在不同类型、不同出行范围的空间完成，因而若排除开历史因素、经济因素以及行政因素外，不同消费需求的聚集点也是决定城市功能分区、空间布局的重要因素，不同的消费活动促进了城市规模的扩张和财富的聚集，新型城镇化的功能分区和空间布局中，必须考虑消费因素的影响，以实现消费时间和空间的合理压缩。一般须与消费者直接交流的，满足消费者生活必需品需求、发展和享受型需求的商场、超市、金融机构等商业服务设施，以及文化、教育、体育、医疗等公共服务设施的城市空间布局和功能分区，必须依据消费者的稠密程度、消费流量、消费频率、出行方式、消费方式来、消费者所属阶层进行设置。应明确，在同一消费空间为所有消费者提供所有消费需求是不具有可能性的，须注重不同消费群体对空间结构设计和城市功能分区的需求。如农民工和海归派所去的商业消费空间、购买的消费品档次以及消费所需的交通工具绝对不相同，退休期家庭与蜜月期家庭的消费需求也不可能在同一消费场所得到满足。再如北京市五环外、六环的大型居住社区，居民大都是城市中低收入群体因房价高昂，只能将其住房消费选择在远离城市中心区之处，但由于人们上班仍集中在市中心区，因此这些大型居民住宅区主要配置的是超市、早餐店、菜市场、社区医院等普通保障性生活服务设施，但一般不适宜配置建设高档的餐饮，高档娱乐设施和购物中心等；另外，其周边还可适当配置一些污染源较少、货运量不大的工业区，以及休养疗养区。

7.2

新型城镇化进程中，确保促进消费增长的途径

7.2.1　应统筹城乡居民消费的协调发展，大力引导农村消费城镇化

中国农村城镇化进程，带来的不仅是农村土地城镇化、农村居民身份和职业城镇化，而且还有农村居民消费城镇化。因此，我们应该紧紧抓住农村消费城镇化产生的巨大动力，促进以城乡统筹为标志的新型城镇化发展；使农村居民消费结构的升级、消费水平的提高、消费方式的转变和消费观念的改变均向城市居民看齐，不断缩小农村居民与城市居民在物质生活消费、精神文化消费以及服务消费方面的差距。目前，我国大部分农村消费虽与城市，尤其是与北京、上海、广州等特大城市消费相差甚远，但在北京、浙江、珠江三角洲等一些高收入、富裕农村地区居民的消费已完全城镇化，宽敞豪华的住宅和家庭现代化设施，虽未脱离农村搬到城镇去，但比欠发达地区小城镇居民、中小城市居民的生活消费方式更丰富、消费能力更强、消费结构更高级、消费水平更高的现象，甚至特别富裕的典型如江苏的华西村和三房巷村、北京的韩村河、广东的南

岭村、河南的刘庄村等村庄的农村消费已远超过高收入区域省会城市消费水平，成为以"建设小康社会、实现城乡协调发展"为主要目标的新型城镇化的良好典范。所以，刺激农村消费城镇化须注意差异性、分层性。

现在，我国有七十余万村庄，如何促进全面的农村消费城镇化，值得讨论和深思。我们认为首先应从内因上找推动力的渊源，纵观上述农村消费城镇化甚至超城镇化的典型农村经验，总结下来主要有以下因素和措施能促进农村经济发展，进而使农民收入猛增，从而有力地推进了农村消费城镇化：一是从内因上看，必须由具有开拓精神和敏锐市场眼光的带头人和团结协作的领导班子带领；进行农业现代知识的普及、坚持对农民进行思想教育、增强城乡消费信息的沟通和交流，以提高农村居民的整体素质、转变其消费观念；依靠集体经济、发挥规模优势；吸引、培养和充分利用好有技术专长的人才和经营管理人才；认清自身优劣势、发展特色经济；[①] 收入水平低是制约广大未进城农民消费的主要原因，所以还应改变农村单纯靠粮食种植的单一产业模式，农、工、副、贸等产业综合发展，重振乡镇企业、拉动农村工业和服务业的扩大发展，以增加农民除农副业以外的收入。另外农村居民消费偏于两极分化、断层明显，一小部分是如前所述的高收入富裕农村地区村民以及贫困农村地区的高收入富裕阶层农民，其消费需求、消费结构已从数量满足型提升至追求质量型，应侧重于提升其高层次的精神消费需求、服务消费需求和高档物品的消费需求；另一部分农村居民消费仍处于以衣食住行为主的生存需要型，这部分居民的消费提升主要来自于价廉物美、实用经济型产品的供给。而农村消费的中间阶层缺乏、断层明显，应加大这一农村消费城镇化阶层主力军的培育力度。

二是从外因上看，要促进农村消费城镇化，首先政府方面必须

---

① 卢嘉瑞、马丽斌：《中国农村消费城镇化现象研究》，载《中州学刊》，2004 年第 3 期，第 23～27 页。

逐步增强改变二元经济结构的体制改革，消除农村消费城镇化的体制障碍；通过立法和各种机构保障农村居民的合法权益、加强对农村消费市场的监督和管理、提高农村居民的消费质量；应继续加大对现有直接补贴的力度，并加大财政贴息等政策扶持力度，支持发展农业和农产品加工业；应加强对农民的非农职业技能培训，开拓渠道、帮助农民发展劳务经济；应积极改善农村的水、电、路、交通工具、通信、网络等公共消费品的供给问题，并增大对农村的文化、体育、娱乐、卫生等消费基础设施的投入，最终改善农村居民的消费环境；应加强农村市场建设、建立和健全农村商品流通网络体系；还应建立和完善农村居民社会保障体系，对农民参加农业保险进行补贴，使农村居民对未来收入和福利的不确定性得以降低，并将储蓄转化为现实的消费购买力；另应鼓励农村金融产品、服务的创新，完善金融服务体系、支持建立信贷担保体系和制度，采取各种优惠政策、吸引社会资本投资于为"三农"服务的金融领域，以提升农村居民的短期消费倾向。其次，工商企业方面，应避免重复过去在产品研发、生产、销售以及售后服务等环节存在的"重城轻农"现象，充分深入地了解农村居民的消费需求，在产品和服务的结构、功能、价格、操作性能、使用期限等各方面真正满足其消费需求，制定符合农村市场消费和购买特征的营销策略；企业应针对农村分散型消费格局，引进新的经营业态和现代经营模式，推动不同于城市的以现代连锁经营为主的流通产业的发展。

7.2.2　应注重通过各种途径解决公共消费的问题，以确保居民有效消费需求增加有前提保障

公共消费对城镇化建设的作用在前面已有阐述，在高度集权的计划经济体制下，公共消费占整个社会消费结构的比重很大，特别是福利性消费范围过大，个人消费被挤压。而在经历三十多年的改革开放后，个人、家庭消费成为主体，但目前却存在着公共消费投

入不足、政府公共消费理念和公共管理方式落后、公共消费品短缺、公共消费不公平的状况，阻碍了城镇化进程、也束缚了居民有效消费需求的增长。如河南省省会郑州市自来水管道七年发生十一次爆裂，2010 年 11 月前后不到七天就接连两次爆裂，导致居民生活用水缺乏，事故发生地以及附近区域多处被淹，周边居民、企业、个体工商户财产受损，严重影响了居民的消费、生活和工作，明显反映出郑州市公共产品的供给和管理出现较大问题，也使郑州的城镇化建设水平受到了质疑。但从长期发展趋势看，当社会生产力发展水平大幅提高、不断提高的城镇化率使社会化程度和公共化程度也日益增强时，公共群体消费的比重、范围又将逐步提高。因此，必须认清并把握消费方式这一转变趋势和规律，在发挥个人消费、家庭消费的个性化和多样化增长优势的基础上，逐步提高公共消费投入，解决公共消费问题。

一是改变政府公共管理观念，转变公共消费投入的重点。将政府财政投入的重点从公共投资转向公共消费，且公共消费的财政投入重点应逐步从经济建设服务型向社会服务型转变。长期以来，我国政府公共产品投入偏重于盈利型、生产型领域，农、林、交通、电力等基础性投资较多，而对一些公益性的如教育、住房、医疗、社保、科研、文化、社会救济等社会性公共服务事业投入较少，使得财政收入的快速增长难以转化为民众可享有的福利。因而，应坚持并落实公共消费的普惠性原则，重视保证社会公平的公共服务事业的投入，并通过政府干预扩大整体公共消费的规模来推进基本消费的平等化、改善社会公平的起点状况。政府还可拨付部分专项资金，将社区商业中的基础型业态和网点建设纳入公共服务设施范围，将其纳入准公共消费品范畴，并制定租金或税收等相应的政策，支持社会各界力量投入与居民生活密切相关的社区公共服务业务。

二是应加大对农村公共消费的投入，实现城乡空间消费的均衡性、公平性。长期以来，我国城乡公共消费的差异一直存在，如前所述，主要体现在如义务教育、社会保障、公共医疗卫生、就业等基本公共服务，与生活相关的水、电、气、道路、邮电等基础设施和公共设施，信息服务、通讯服务、社会治安、司法和行政服务等诸多公共消费方面都存在明显差异。农村的公共消费明显薄弱，也阻碍了城镇化进程。所以，应改变主要靠村委会和村民个人来负担农村或郊区公共消费品的投入、建设、维护和运行费用问题的局面，将农村公共消费纳入国家公共消费的财政体制中；政府提供的如义务教育、公共安全等纯公共消费品应让区域内的城乡居民平等地享有，取消城市居民独享的特权。

三是应改革公共消费管理方式，加大力度、开拓途径，吸引社会力量来解决公共消费不足问题。目前人们大都认为公共消费就是由政府的消费提供，公共产品的投入就是政府的财政支出；但实际上，按国际经验，除政府外，社会组织（如非政府组织、民间团体等）、企业也可以提供，乃至于个人基于自愿也可以免费向社会提供。而我国计划经济下的历史传统，也曾经是单位、团体提供的公共消费占据主要地位、起到重要作用。当前应加强大力宣传引导各界社会力量投入公共医疗卫生服务、公共设施建设、环境卫生、满足困难群体的社会救济等公共消费领域；政府还可以从法律方面，或如税收优惠等政策手段来促进社会组织、企业以及个人的投入。

四是公共消费反映了一个国家国民消费的社会化水平，公共消费领域的拓宽、公共消费内容的丰富，反映了社会文明的进步、能有效地促进人的全面发展。因而，公共消费品的供给数量、消费水平和质量须与社会经济文化发展的水平、国民经济效益的多少相适应，保持适当消费的原则。而且，应依照人类需求的层次性确定公共消费的优先发展顺序，优先发展保障居民基本民生需求和发展需求的公共卫生、社保、义务教育、公共安全等公共消费品，并严格控制享受型、甚至是奢华型公共消费品。如部分城市出现的高档五星级厕所、华而不实，既浪费公共空间和财政投入，也无法从根本上解决普通民众如厕难的问题，必须杜绝此类现象的出现。再者，还应明确划分纯公共消费品、准公共消费品和个人消费品之间的界限，各级政府主要投入涉及经济安全、公共安全和国家主权的纯公共消费品事业。此外，还应树立消费者的公共消费道德意识和自主维护公共消费权益的意识。

五是提高公共消费开支的同时，应注重尽量减少政府自身行政运营消费开支。三公开支过大、行政运行成本过高、浪费腐败现象严重、在民众心中的影响极坏，是毋庸置疑的。这也说明我国财政收入的使用和监控缺乏健全的制度约束，财政收入在政府、企业和个人间的分配仍存在不公。所以，在增加政府对公共消费的财政支出的同时，需要转变我国公共消费的财政支出结构，合理划分各级政府的财权与事权，解决公共消费的供给者与消费者地位不对称的矛盾。

7.2.3 利用新型城镇化的背景和发展模式，引导居民消费行为的变化、促进对新型城镇化发展有利的居民消费结构升级

1. 重视循环型、低碳型、生态型新型城镇化的发展模式对消费的影响

新型城镇化遵循可持续发展原则，以求实现人与自然、经济、社会、环境的和谐，因此，循环型、低碳型、生态型城市等发展模式成为其创新模式的首选，而构建与之相适应的可持续绿色消费模式，无疑是促进新型城镇化建设的不可或缺的重要组成部分，是推进新型城镇化发展模式创新的主要动力。具体措施有：首先，促进符合可持续发展特点的消费结构的合理优化升级。一方面，应尽量消除不同群体间、城乡居民间的消费断层、消费断档现象。这既需要从供给方面进行改善，推进产业转移和产业升级更新、增加适应消费断层所引起的需求变化的产品系列；还需要从需求上，培育中间消费阶层。另一方面，促进居民从吃、穿、用的物质消费向旅游、保健、文化艺术、体育、教育、休闲等非物质消费方面不断升级转变。此外，中央和地方政府也应建立各级专门机构，根据全国

统一的消费统计指标体系，加强有关的国内外消费数据统计工作，公布消费者信心指数，监测消费结构的变动和消费趋势，以便指导制定促进消费结构优化的相关宏观政策。

其次，培养形成适度消费的观念和习惯。由于我国几千年文化呈现着诸子百家、百家争鸣的局面，因此各地的传统消费文化和习俗截然不同，大部分地方倡导富不奢侈、朴素勤俭的物质消费，以追求精神消费的丰富为主；也有的地方则存在非常注重人情往来，以及为光宗耀祖、争面子的事而不惜举债大肆消费的陋习；与这些传统消费观念并存的，还有从西方发达国家传入中国的"超前消费"、"信贷消费"理念。笔者认为可持续消费模式既反对过分禁欲式的节约消费，也反对承袭铺张浪费、盲目攀比、过度讲究礼尚往来的陈旧习俗，更不主张过度超前消费和过度奢侈消费等无限膨胀的消费需求。应明确的是，可持续消费应是一种适度消费，是一种在消费支付能力以内的、充分实现物品使用价值、避免造成资源和能源浪费、尽量减少污染的消费。政府应在适度消费中起到领头羊作用，尽量少搞无谓的政绩工程，避免投资性消费盲目性，杜绝日常行政消费的浪费现象、减少公职消费；加强对消费者的教育，主张消费量应与当前的消费品生产水平，与当前的经济、技术发展水平相适应，减少挥霍炫耀型消费；另外，企业也应提倡适度的生产性消费，创新技术探索节能的新模式，尽可能减少单位产品的能耗与资源消耗。

再其次，可持续消费应是一种均衡消费，应尽量减少集中消费。此外，我国居民消费有很多仍沿袭短缺经济时代的平时节约、但重大日子集中消费的习惯，这导致我国节假日易出现消费品短缺，旅游、交通、酒店等消费设施供给不足，但平时却购买力不足、闲置浪费的特点非常明显，也对一些重点历史名胜古迹、自然生态景观造成文物安全、生态安全等隐患。乃至于我国政府不得不思考黄金周的弊端，而从 2008 年开始取消五一的长假制度、将其分散到其他一些传统民俗节日的休假中，但真正要做到减少集中消费，恐怕还须另辟蹊径，如政府应进一步放开价格管理，让与消费相关的各部门、企业可以联手利用价格杠杆——在集中消费时段定高价、而淡季定低价，通过市场机制来疏导集中消费；如国家通过法律制度强制促进各企业、组织尽早推行带薪休假制度；再如，通过消费的技术创新、方法和方式创新、领域创新，开发高端消费品，发展多元化消费，分散集中消费需求。

最后，通过各种新闻媒介的宣传以及国家政府的相关鼓励消费政策，大力倡导提升新型城镇化质量和水平的循环型、低碳型、生态文明型消费行为。具体如：政府应通过制定发展规划、减免营业税和所得税等优惠的税收政策来鼓励二手消费品市场（包括旧货市场和租赁市场）的建设和发展，免征二手消费者的消费税，促进低收入群体对二手消费品的使用，培训二手消费从业人员、增强相关信息服务的引导；鼓励消费者减少塑料袋的使用，减少对饭盒、筷子、鞋套、马桶垫等等一次性用品的消费；节约资源、减少废弃品；引导消费者环保、节能、减排的绿色消费行为，如鼓励消费者购买商品时尽量首选环保产品、对耐用商品尽量能重复使用，限制生活垃圾随便乱扔、生活污水乱排和吸烟等废气污染行为，鼓励居民对生活垃圾按可回收、不可回收以及有害垃圾三类来分类存放和处理。另外，社会各级主流新闻媒体应在黄金播放时段和主要栏目，通过各种丰富的宣传内容和形式，开展系列环保专题知识教育、进行绿色消费知识和方法的系统宣传；还可在地铁、公交、商场、社区公园等公众活动集中的场所，举办图片展览、环保绿色消费知识问答竞赛等活动展开宣传，使绿色、环保知识深入人心，但应避免尽量少用口号式或成绩报道式等让百姓抵触的宣传方法。

2. 利用创新型、学习型、集约型新型城镇化发展模式对消费的影响

首先，创新型城镇化发展模式对消费的影响。创新型城镇化发展模式是在 2006 年国务院发布《国家中长期科学和技术发展规划纲要（2006~2020 年）》，提出我国实施自主创新战略背景下兴起

的，突出城市的创新功能和城市的软性竞争力，强调的是城市在经济、文化、知识、科技、社会、人力、制度、资源、产业、品牌等诸多领域的创新中持续发展。消费作为城市的主要功能之一，必然也走向创新，主要表现在居民的消费方式、消费工具、消费内容也走向了多元化创新，如网络信息消费、租赁消费、信贷消费等促进消费便利化的消费方式和消费工具流行；再如，闲暇型消费、体验型消费、健康型消费等新消费方式和消费内容的兴起。为适应创新型城镇化道路发展的需要，可以从以下几方面入手促进居民消费的创新发展：加强科学性、现代化、个性化消费理念的培育，改变过去保守、从众的消费心理和消费习惯；利用多样化的消费文化交流环境推进消费理念和消费方式的创新；加快创新型产业建设，鼓励企业多提供创新型消费产品和服务，以引导、推动并满足消费者在消费对象、消费工具、消费方式和消费模式等方面的创新需求；还可以开拓和利用消费者创新途径，由消费者根据自身个性化需求，利用企业提供的设计工具箱，参与到新技术、新产品和新服务的开发和创造中，以便满足消费者的创新型消费需求。

其次，学习型城镇化模式的发展促使教育消费热点不断。为适应工业社会向知识社会的转变，实现党在十六大报告中提出的目标："要形成全民学习、终生学习的学习型社会，促进人的全面发展。"创建学习型城镇化成为符合新时代需求的新战略选择，以求达到在学习中不断创新、造就市民的现代化意识、提高市民的思想道德文明素质和科技文化素质、开发劳动者的创造潜能，从而提升城镇化的整体发展水平、促进小康社会的全面建设。随着我国教育制度改革的深入，教育消费这种通过学习获得和发展知识和技能的消费热点不断升级，且范围逐渐扩大，从学历教育消费到非学历教育消费，从居民子女教育消费到为提高居民自身素质和业务竞争能力的职业教育培训消费。诸如亲子教育、少儿英语、出国留学辅导，管理技能以及工作专业技能等除正规学历教育以外的教育消费，呈多元化发展趋势；为教育消费服务的机构也不断增加，从原来的纯公办教育机构体系到各种私立学校、培训机构等多种民办教育体系不断发展壮大；教育消费的投资途径和出资方式也在发生变化，从国家财政性教育经费拨款发展到企业、组织等各界社会力量投资办教育，从公办免费教育发展到个人、家庭自费教育。教育消费在居民消费支出中的比重也持续攀升且仍将呈小幅上升趋势，从20世纪九十年代开始，教育消费在我国城乡居民文教娱乐用品及服务类支出的比重中占一半以上比例，而这一比例在一般国家为20%。笔者认为为了培育适应学习型城镇化建设需要的教育消费，应在以下几方面加强工作：继续增加政府对教育的财政投入、扩大义务教育的范围、重点解决农民工子弟的义务教育问题，使城乡居民及其子女公平均享教育资源，实现城乡教育均衡发展；加强职业教育培训的力度和广度，树立全民终身学习的理念，政府、企业、社会组织都应鼓励和支持内部各级干部、员工的进修学习；提升和保证学历教育的质量，规范各种教育培训机构的资质。

再次，从粗放型向集约型城镇化转变的发展模式，促使粗放型消费缩减、并逐步转向健康—集约型消费。粗放型消费主要指消费中只注重消费品的数量、规模、品牌、价格、外在包装，只考虑自己的消费感受、享受程度以及显示身份地位程度，消费观念是感性、随波逐流的；而健康—集约型消费指的是消费中更偏重于注重消费品的内在品质、精致程度、舒适度，更注重考虑该消费是否有益于自己的身体和精神健康、是否造成浪费资源、是否对他人和自然社会环境产生不良影响，消费观念日趋理性和独特性。如饮食消费上，人们逐渐改变过去暴饮暴食、浪费颇多的习惯，更加讲求饮食的环境氛围、营养程度和卫生条件。为推进健康—集约型消费的发展，政府一方面应通过新闻媒介宣传健康—集约型消费理念，使其深入引导人们的日常生活行为和方式；另一方面应增大公共消费品的生产供给，倡导消费者对文化娱乐设施、体育运动场所等的集中消费；还应通过如加强消费税为主的税收制度转型，对豪华包装型、过度奢侈型、导致污染型消费品征收较高税率等制度，倡导民众形成新的礼仪风气、严格制约不必要的公务和商务礼品消费等来引导生产者和消费者更加注重简约实惠型消费、节能环保型消费。

3. 对新型城镇化产生瓶颈效应的消费行为的引导和控制

首先，新型城镇化应注重对住房消费行为的引导和控制。房地产是城镇化的助推器，而居住用途的房屋是房地产的重要组成部分。随着住房制度改革的大力推行，居民住房消费逐年攀升，成为仅次于食品类支出的第二大消费支出，2009 年农村居民居住类消费支出达 4916.7 亿元，占农村居民全部支出的 17.05%；城市居民居住类消费支出达到 16165.7 亿元，占居民全部支出的 17.52%。[1] 住房这种消费品既作为满足基本生存需要的必需品、又可作为投资品。而随着城镇化进程的加快，城市经济的快速发展带动了土地、房屋的溢价明显，甚至比其他投资品更具升值潜力和保值性，促动了许多投资人、甚至很多民营实体企业的强烈投机欲望，也成为普通市民抵御通货膨胀的首选品。于是，住房消费逐渐走向了不理性趋势，普通百姓"无房不婚"、"啃老购房"、"一步到位、甘当房奴"，而富有阶层一次性付清购买整层楼等现象比比皆是。房价高成为阻碍人口流动的一大重要因素；过多资金集中于住房消费，一方面抑制了居民的其他正常消费，另一方面也扭曲了城市产业经济的投资方向、使其过度走向虚拟泡沫经济，对新型城镇化产生了极其不利的瓶颈效应，因此必须对住房消费进行正确的引导和控制，并尽量满足不同层次群体合理的住房消费需求。具体措施有：加强新闻媒介的舆论导向、开展各种宣传活动、举办建筑设计和住房消费投资等知识讲座，培育居民的适度居住消费观念和购房风险防范意识，引导居民进行合理的、经济实用型的住房消费，从过度扩大住房消费的投机性和投资性回归到倡导住房消费的居住功能和满足

---

① 国家统计局：《中国统计年鉴 2010——居民消费支出》，中国统计出版社 2010 年版。

人们的生活享受性需求，从盲目追求住房的大和多上升到注重住房的性能品质、绿色环保、节能省地以及智能现代；采取财政、税收、限购、信贷等措施严格控制过度的非理性住房投机或投资消费、避免闲置浪费住房资源、严厉限制不具备开发资质的实体企业资金流向住房购买和炒作环节；扭转市场和市民的认识误区，意识到在城镇化快速发展的当前、城市广大工薪阶层并非住房的主要购买者的前提下，所谓住房刚性消费需求更多是投资或投机需求；健全居住标准体系、住宅生产标准体系和住宅建设质量控制体系，提高住房规划设计建设水平，真正满足居民对住房的舒适度、性能度等消费需求；政府大力推进危旧房整治、住宅小区周边基础生活配套设施的建设和供应、社区公共卫生环境和文化建设，提高居民住房消费的质量；政府调控房价使其保持良性稳定涨落，避免恐慌性、超前性等非理性住房消费的涌起；此外，应健全住房保障制度、加大政府对保障性住房的建设和供给力度，鼓励企业为员工提供租赁住房，规范住房租赁市场，以减轻低中收入家庭和个人的住房消费负担，保护住房租赁者的权益，降低其即期租房消费的风险，以利于扩大其他开支消费的比例。

其次，新型城镇化应注重对汽车消费行为的引导和控制。从长期看，汽车消费对城镇化的效应是一把双刃剑，既毫无疑问地具有促进人口流动频率和效率的提高、缩减城市生活工作的时间和空间、推动城市汽车相关产业链发展、带动众多部门产业升级和技术进步的正效应，但随着其过快过多发展，也给城市带来了环境、交通、能源等方面的负效应，严重影响了新型城镇化发展的质量和水平，因而必须注重对汽车消费行为的引导、控制和满足。具体措施包括：政府应采取税收优惠、信贷、财政等措施鼓励汽车厂商开发设计生产各种节能环保型汽车，也鼓励和支持消费者对这些新能源汽车的购买和消费行为；通过征收较高燃油税收、限购、提高停车收费标准和购车费用等政策，在一定程度上、一定城市范围内控制汽车消费，但一定要注意的是，适度控制并非完全抑制汽车消费，其控制程度的高低应根据具体所在城市的承载力而定、根据各地区经济社会发展的实际情况，以及国家宏观经济调控的整体需要；并且要抑制汽车产能过度扩张，防止汽车产能过剩而进行低水平恶性竞争，但绝对不能因此就此限制汽车工业的发展，否则将涉及很多集团和组织的利益、影响城市经济的发展；通过政府财政补贴、增大包括公共汽车、无轨和有轨电车等地面交通工具的供给运营能力以及大力推进地铁等地下轨道交通工具的建设和使用，鼓励市民采用节约型的交通消费方式；增多换乘点和公交停靠点的设置，增加换乘点的停车场地和停车设施供应、加强停车管理，减少私人小汽车消费而改用公交出行消费。各政府机关应带头削减公车消费次数，企业和社会组织也应积极相应减少；通过新闻媒介宣传，倡导市民树立环保节能思想，减少在上下班高峰时间段的小汽车消费次数，并倡导拼车出行的消费理念；另外汽车厂商还可细分市场需求，研发设计老年人所需的汽车类型，以应对老龄化社会的汽车消费需求。

7.2.4　重视城镇化进程中的阶层分化，区别引导不同消费群体的多层次消费需求增长

1. 重视城市居民的"阶层化"消费，着重培育中产阶层的消费增长

阶层分化和阶层关系的形成已成为中国社会尤其是城市社会生活中一个毋庸置疑的客观事实，消费既作为物质生产目的的环节、又作为社会再生产的手段，必然也趋向于阶层化、不同的消费水平、消费偏好、消费结构、消费模式、消费品位、消费方式、消费品品牌、消费质量、消费所需环境等反映了不同社会阶层成员的经济社会地位。目前我国居民尤其是城市居民的消费阶层化特征日益明显，且不同阶层间的消费差距逐渐拉大，具体表现在如居住空间、饮食、衣着、通讯设施和电子产品、生活用品、大宗耐用品、

交通工具、闲暇消费等诸多方面的消费都存在不同的分化；再如表现在我国已成为仅次于美国的第二大奢侈品消费国的同时，消费率在 2008 年却只有 48.6%、明显低于欧美日韩等国家在人均 GDP 达 3000 美元时的消费率。我国城乡居民的阶层化有不同的划分标准、具有多维性，如可按收入、职业、贫富状况、资源占有情况分，也可按阶层群体认同、文化程度、生活方式、价值观念、宗教信仰等来分。本书中的城市居民阶层化主要是指按收入和贫富状况分为高收入富裕阶层、中等收入阶层和低收入贫困阶层，并认为应针对不同消费阶层采取不同的措施、以刺激其消费增长。

约占城市居民 1% 的高收入富人阶层和顶级富豪的消费群体颇具消费能力，对于一般普通生活用品的消费收入弹性和价格弹性都较小，而对于富有阶层来说，越能显示身份和地位的商品具有越强的购物消费意愿，由于国内缺乏吸引这一阶层消费欲望的商品和服务，因此，在海外和港澳台地区都出现了这一富有阶层血拼狂购世界顶级奢侈品的情景，被外电惊叹为"中国豪客"的"中国购买"。对于这部分群体，一方面应采取政策放松投资环境、拓宽投资渠道，引导其将储蓄转向于生产和经营性投资尤其是实体经济领域的投资，也可吸引其投入慈善性消费和投资。另一方面要刺激其在国内消费的增长，必须提升本国产品的国际品牌价值和形象；在旅游、文化、教育、大额消费品等享受和发展型消费领域开拓和研发适应富人阶层消费的高端个性化产品；开发适宜于富人需要的财富管理业务；以较低税负吸引富人阶层在国内的大宗奢侈品消费；通过开设投资消费理财讲座、建立高档社交沙龙以引导富人阶层消费品位的提升、消费方向的改变。

我国城市正新兴发展起一个庞大的处于社会中间的群体、并逐渐成为城市消费的主力军，这就是中等收入的中产阶级消费群体。在西方发达国家和很多发展中国家都注重培育中产阶级以推动消费、促进经济增长。中产阶级的界定不能单纯看收入和职业，还须和经济、文化、政治、社会等因素一切综合评定，在我国主要由从事个体经济的个人、中小私营企业主、管理阶层、脑力科技劳动者、中层领导干部等群体构成中产阶层。这部分人多为中青年人，大都有较高学历教育背景，收入稳定中等，消费（价值）观念超前，消费需求从实用更多转向自我体验、自我发展、自我表现，追求时尚、个性、高雅、欢快、舒适的生活方式；这部分群体的边际消费倾向很高，是高档的住宅、家用电器、服装、家具、家居装修、化妆品、卫生用品、私人汽车、保健和健身用品、通讯、电子产品等高档物质商品，以及文化、教育、网络、旅游、闲暇娱乐、保险、保健、医疗服务、时尚商品等精神类消费品的最忠实而又最有实力的主力购买消费群体。如何尽量提高这一阶层的比例、拉动其有效需求是颇具实际操控意义的政策性问题。如政府应采取调控手段防止物价尤其是房价飞涨，绝对不能让北京、上海等特大城市"一套房子消灭一个中产阶级"的情况在全国各地蔓延；尽量控制减少"房奴"、"孩奴"、"卡奴"比例，以改变因其心理有对未来不确定性预期而不敢进行即期消费的状况，提高对其他消费品需求的比例和消费能力；还可以在条件允许时通过建立高福利体制、提高低收入者收入，使更多的人进入中产阶级消费群体行列、扩大其比重；企业也应尽量创新设计研发符合这部分群体感性化、情感化、个性化、现代化消费特征的精神和物质产品，增加服务类消费品和较高端消费品的供给，以激发其旺盛的消费需求。

尤其值得深思的是，不仅高档国际品牌的汽车、香水、服装等奢侈商品在海外的售价远比中国国内低，就是中国自己制造的服装鞋帽等耐用普通消费品在国内的售价也会是出口后在国外售价的二至三倍。国内消费品高昂的价格使得不少有购买能力和购物欲望的中产阶级以及富人阶层和顶级富豪，都到国外或香港、澳门消费，而且消费购买的范围已不仅仅是电子产品、化妆品、高档奢侈品，还包括了日常家用和食用的奶粉、水果、洗发水、尿布等。因此，通过尽量减少物流渠道成本，降低关税、增值税和消费税，增加商品信息的透明度等措施和手段，降低国内物价，不使中产阶级以上的消费群体购买力外流、是刺激国内消费需求的增长必须面对和解决的问题之一。

　　低收入贫困群体的边际消费倾向很大、但实际购买力不强，所以针对这部分群体一方面应加大对其的社会保障、社会福利、社会救济制度建设力度，所在街道社区通过对其进行职业培训、提供就业信息、拓宽其收入增加的途径，以促进其日常消费增长的物质条件的形成；另一方面，应注意的是，由于低收入贫困阶层的消费水平较低，所以一般侧重于刺激其对普通日常生活必需品的消费，而非精神娱乐消费尤其是奢侈品消费。

2. 注重引导主动进城务工的农民和被城镇化的失地农民的消费

　　农村居民的阶层化虽然不如城市居民明显，但也越来越引起学者和政府的关注，农村居民分层可按收入、从事职业、进城落户状况、社会地位、经济关系、政治权力等等标准来判断。本书中的农村居民阶层化主要指按这些标准综合考虑而划分为：单纯从事农副业生产的未进城农民、进城务工农民、进城落户的失地农民。前一种情况的农民如何通过农村消费城镇化刺激其消费增长，已在前面有所阐述，此处不再复述。而后两种农民虽已进城，生活工作的居住地都在城市，但身份、地位、职业、诸方面权利等并未实现完整意义上的城镇化，城镇化带来的积极成果也无法让其公平分享，从而形成阻碍新型城镇化发展的"新二元结构"，而且这两种农民占城市人口比重日趋加大。如何解决新二元结构产生的一系列问题、引导这两种群体的消费增长，是促进经济发展必须认真考虑的。

　　从20世纪80年代开始，大量农村剩余劳动力开始主动进城务工，经过30多年的发展，农民工约占城市就业人口近1/3的比重，当初的城市边缘人——农民工内部也出现了分层化，如有的成为私人企业主、企业的高层管理者、技能型人才，已有相对固定的工作和居住场所、取得稳定收入、并正式落户城市（本书对这部分群体的消费暂不讨论）；而大部分则仍然是雇工、个体劳动者或个体经营者，长期游离于城市和农村，这部分人无法与城市居民均等地享有公共服务和市民待遇，从事的是低收入、低技能的工作，其后代也无法享有与城市居民子女相等的教育权和发展权。如何解决这部分农民工的生活、工作、教育、消费、经济政治权利等诸多方面与城市居民均质问题，是保持社会稳定、建立和谐社会的重要议题。农民工的消费一般讲求数量而非质量，并非引领社会消费的主体力量，但其边际消费倾向大，颇具消费潜力。首先，应加大抑制农民工消费的户籍制度、就业制度、社会保障制度、教育制度等相关制度的改革，使农民工完成市民身份的转换、增强其对城市的归属感，以减少其预防性储蓄倾向，消除其在城市不敢消费的心理障碍，并改变其消费模式。其次，各级政府应采取措施拓宽对劳动力市场需求、加强对农民工的职业技能培训、增加农村剩余劳动力的就业机会，使得农民工也能纳入国民收入倍增计划的实施中，为其消费需求能力的增长奠定基础。如今在人口红利降低的情况下，为农民工的工资快速增加和福利待遇改善提供了很好的机遇，但也给"用工荒"的企业和当地政府提出了问题和挑战。由于农民工的消费收入弹性较大，终将成为消费增长的重要贡献群体。再次，应关注新生代农民工的消费变化特点，生产符合其需求的消费品和服务型消费。如今耐用消费品和电子产品的主要购买消费群体由白领阶层逐渐向农民工延伸，农民工目前主要消费集中于网络、游戏和通讯，而对于文化、体育、休闲娱乐、旅游、医疗服务等精神消费，尤其是体验式、个性化、感性化消费需求较少。因此，针对这一群体，主要开发适合其需求的物质产品并关注其发展趋势，如随着农民工收入的增加，不少农民工会选择在大城市打工，而在与大城市不很远的老家所在的小城镇购买住房和汽车，所以住房和汽车消费的下一个主力军很有可能就应是农民工而非城市居民了。另外，从发展的趋势来看，城市公共民生服务应同时向农民工开发，将低收入而又长期居城市的农民工纳入城市救济体系、社区贫困帮扶对象、医疗卫生服务群体，以及保障性住房提供对象，以解决低收入农民工消费信心不足和消费能力不强问题。最后，农民工由于并未完全脱离农民身份，因此允许其农村土地承包经营权以转包、转让、出租、互换等多种方式流转，允许其用土地承包经营权进行城镇产权住房、城镇社保、股份合作社股权等的置换，并保障返乡民工的土地承包权益，是增加其收益、减少其在城市消费顾虑的有效途径。

与主动进城务工的农民工不同，失地农民是由于城镇化进程加快而被迫城镇化的群体，其生产工作方式、生活习惯、社会交往、价值观和理念都会发生与之前的农民身份不同的变化，其中就包括了消费；并且由于征地补偿款的不同、各地经济社会状况不同，由此也带来了截然相反的两种差异性消费变化。沿海发达地区、经济发展水平较高地区，以及特大城市或大城市郊区的失地农民，由于土地和住房增殖迅速，征地住房补偿款颇丰，出现了被市民化后一夜暴富、成为食利阶层却不知如何消费的状况；而与此同时，广大经济欠发达地区、中小城市郊区的失地农民，却因土地住房补偿不合理、被迫"上楼"后既就业困难、又缺乏相应社会保障等诸多问题，而生活水平下降、消费严重不足。因此，如何引导失地农民的消费，既是社会经济问题、也是政治问题，影响到社会稳定。一方面，对于暴富成为食利阶层的失地农民消费，应以加强宣传引导为主，防止其因盲目过度的攀比性、炫耀性消费行为，又因失去土地这一基本生活保障、缺乏城市生存技能而最终返贫的现象出现。如通过社区、街道等基层组织加强其精神消费的引导，通过建新居民网吧、公园、运动场馆、图书馆、活动中心、休闲场馆，举行各种文艺才艺比赛、开展丰富的社区活动等来为市民化后的失地农民的精神文化消费创造良好的环境氛围和条件，提供健康的文化娱乐场所、防止其因身份转变而产生的心理迷失和精神空虚。通过办职业技能培训课堂、投资理财规划讲座、消费文化知识讲座、"新市民"教育课程等来提高失地农民的各方面素质，使其理性消费、合理投资、适当工作，为其长期持续稳定消费奠定扎实基础。此外，还应从制度上、待遇上解除阻碍其消费的种种障碍和歧视，如进城异地购房的限制、子女教育就学的非平等待遇等。

另一方面，应从失地农民最关心的征地补偿、就业、社会保障等方面来解决广大经济欠发达地区失地农民消费的前提和基础条件问题，只有当其增加了创业资本和收入、减少了对未来不确定性的担忧，才能更好地刺激其消费增长。首先，禁止违法征地或以极其低廉价格买断农村居民的宅基地与承包地，加大失地农民在征地工作和征地办法的发言权，原有法定以产值定补偿标准的计算方法须改进，提高征地补偿标准，应体现由区位差异产生的土地价值差异、还应包含土地级差增值收益部分；应改进征地补偿费分配办法、解决土地住房合理公平补偿问题。其次，鉴于单纯货币补偿模式的局限性，还应加强配套的社保补贴工作，应尽早尽快为失地农民提供养老保险、医疗保险、最低生活保障、失业保险等社会保障和社会救济待遇；社保的费用应本着个人为主、政府和村集体为辅原则。另外，对于一些地区采取的留用地安置模式，既应看到其优势是为失地农民提供了生产、生活和就业的空间，使集体经济得以发展壮大，也应看到其弊端，尽量避免因出现"城中村"而带来城市管理难度和旧城改造难度等问题。再次，就业方面，原有的包办型招工安置就业方式由于与市场化改革不适应，失地农民缺乏相应的文化素质和职业技能等多方面因素而变得已不可行；而现有的货币安置方式却使部分失地农民暂时放弃就业、靠吃老本的懒惰情况，最终变为失业游民。因此，还应采取财政补助和社会筹资结合的方式，通过职工技校、乡职教中心、农技推广中心，以及培训网络等途径，对失业农民进行转岗再就业的职业技能培训，推行引导性就业。失地农民应和原城镇下岗失业居民享受同等的再就业扶持政策，对招收失地农民企业采取优惠政策，对失地农民自己创业、再就业实行减免优惠收费政策等。另外，对于"上楼致贫"的失地农民消费，还应由社区、街道加强宣传尽快引导其适应新的市民身份，适应由农村的自给自足型消费模式向市场型消费模式的转变；政府还应增加失地农民集中居住点的公共集体消费品的供给规模保障，以减轻失地农民市民化后的个人消费负担、扩大其精神消费空间。

参 考 文 献

[1] 王学军：《西方消费函数理论的新发展》，载《工业技术经济》，2010 年第 6 期。

[2] 田学斌：《家庭消费结构演变的制度分析》，中国社会科学出版社 2007 年版。

[3] 祈京梅：《我国消费需求趋势研究及实证分析探索》，中国经济出版社 2008 年版。

[4] 俞建国：《中国消费与经济增长关系研究》，中国计划出版社 2008 年版。

[5] 王翔：《以城镇化驱动消费的现实悖论——兼论我国经济拉动方式的转型》，载《经济与管理研究》，2010 年第 5 期。

[6] 韩智勇、魏一鸣、焦建玲、范英、张九天：《中国能源消费与经济增长的协整性与因果关系分析》，载《系统工程》，2004 年第 12 期。

[7] 蒋南平：《应当重新审视西方生态马克思主义的消费理论》，载《消费经济》，2007 年第 4 期。

[8] 丁健：《现代城市经济》，同济大学出版社 2001 年版。

[9] 张应祥、蔡禾：《资本主义城市社会的政治经济学分析——新马克思主义城市理论述评》，载《学术研究》，2006 年第 3 期。

[10] 顾朝林、吴莉娅：《中国城镇化研究主要成果综述》，载《城市问题》，2008 年第 12 期。

[11] 崔和瑞、王娣：《能源消费与经济增长动态关系比较研究》，载《统计与决策》，2009 年第 12 期。

[12] 吴永平、温国锋、宋华岭：《世界主要煤炭消费国与其

国家经济增长 GDP 关系分析》，载《中国矿业》，2008 年第 2 期。

[13] 谢利人：《保险消费与中国经济增长关系的实证分析》，载《消费经济》，2006 年第 3 期。

[14] 国家统计局：《中国统计摘要 2008》，中国统计出版社 2008 年版。

[15]《马克思恩格斯全集》第 7 卷，人民出版社 1972 年版。

[16] 陈甬军：《中国的城镇化与城镇化研究——兼论新型城镇化道路》，载《东南学术》，2004 年第 4 期。

[17] 孙群力：《公共投资、政府消费与经济增长的协整分析》，载《中南财经政法大学学报》，2005 年第 3 期。

[18] 蔡禾、张应祥：《城市社会学：理论与视野》，中山大学出版社 2003 年版。

[19] 纪淑萍：《我国消费与经济增长关系的实证分析》，厦门大学硕士学位论文，2007 年 5 月。

[20] 刘林、刘承水：《城市概论》，中国建筑工业出版社 2009 年版。

[21] 蔡竞：《可持续城镇化发展研究——中国四川的实证分析》，西南财经大学博士学位论文，2002 年 9 月。

[22] 姜杰：《城市在区域中的功能定位理论综述》，载《合作经济与科技》，2008 年第 15 期。

[23] 李芸：《差异化城市功能的定位与战略设计》，人民网，http://house.people.com.cn。

[24] 李成勋：《竞争与战略》，沈阳出版社 2003 年版。

[25] 牟敦国：《中国能源消费与经济增长的因果关系研究》，载《厦门大学学报》（哲学社会科学版），2008 年第 2 期。

[26] 王秀芝：《消费理论的发展及其对我国扩大内需的启示》，载《宜春学院学报》（社会科学），2004 年第 1 期。

[27] 丁培荣：《马克思消费理论研究及其启示》，载《福建论坛·社科教育版》，2008 年专刊。

[28] 刘宏杰、李维哲：《中国石油消费与经济增长之间的关系研究》，载《国土资源情报》，2007年第12期。

[29] 李金克、宋华岭、王风华：《基于计量经济模型的煤炭消费与经济增长关系实证研究——以世界主要煤炭消费国为例》，载《数理统计与管理》，2009年第2期。

[30] 邓化媛、张京祥：《新马克思主义理论视角下的城市更新》，载《河南师范大学学报》（哲学社会科学版），2008年第1期。

[31] 吴婷：《建国60年中国城镇居民收入实际增长18.5倍恩格尔系数显著降低》，载《上海证券报》，2009年9月11日。

[32] 顾朝林：《城镇化的国际研究》，载《城市规划》，2003年第6期。

[33] 郑飞、王时中：《当代马克思主义视域中的消费社会研究》，载《理论与现代化》，2008年第5期。

[34] 唐正东、王新生：《消费社会的解读路径：马克思的视角及其意义——从西方马克思主义消费社会观的方法论缺陷谈起》，载《学术月刊》，2007年第6期。

[35] 张广远：《马克思主义城市理论的现代意义》，载《理论学习》，2008年第1期。

[36] 高鉴国：《马克思恩格斯城市思想探讨》，载《山东大学学报》（哲学社会科学版），2000年第3期。

[37] 赵剑芳：《当代中国的"城市病"及其防治——兼论马克思主义城市理论在我国的运用》，中南大学硕士论文，2007年11月。

[38] 曾万涛：《新型城镇化研究综述》，载《湖南文理学院学报》（社会科学版），2008年第7期。

[39] 许进杰：《现代西方消费理论研究述评》，载《玉林师范学院学报》（哲学社会科学版），2007年第2期。

[40] 姚树荣：《中国消费经济理论研究综述》，载《经济纵横》，2001年第9期。

[41] 欧翠珍：《拓展消费经济学研究领域新视野——全国第

十二次消费经济理论与实践研讨会综述》，载《广东商学院学报》，
2009 年第 4 期。

[42] 王宁：《传统消费行为与消费方式的转型——关于扩大
内需的一个社会学视角》，载《广东社会科学》，2003 年第 2 期。

[43] 尹世杰：《不断提高消费质量，加速构建社会主义和谐
社会》，载《消费经济》，2005 年第 4 期。

[44] 文启湘：《消费和谐论：面向科学发展观的消费理论》，
载《经济学家》，2005 年第 2 期。

[45] 文启湘、樊秀峰：《全面建设小康社会与提高居民消费
质量的思考》，载《消费经济》，2003 年第 6 期。

[46] 李正明：《公共产品消费问题研究》，载《社会科学》，
2009 年第 5 期。

[47] 胡华、刘毅：《农村公共产品问题文献综述》，载《理论
探讨》，2006 年第 2 期。

[48] 余官胜：《消费理论的进展对我国消费需求不足的启
示》，载《中共宁波市委党校学报》，2009 年第 5 期。

[49] 童萍：《消费与人的全面发展》，载《保定师范专科学校
学报》，2005 年第 7 期。

[50] 曾宪明：《中国特色城镇化道路研究》，武汉大学博士学
位论文，2005 年 4 月。

[51] 辜胜阻：《解读十七大"中国特色城镇化道路"》，载
《中国经济时报》，2008 年 1 月 23 日。

[52]《马克思主义城镇化理论的多向度解析》，中国学术期刊
网，2009 年 12 月 30 日。

[53] 国家统计局：《中国统计年鉴 2010》，中国统计出版社
2010 年版。

[54] 程俪骢：《城市规模约束：城镇化可持续发展的新视
角》，载《同济大学学报》（社会科学版），2009 年第 2 期。

[55] 高珮义：《城镇化发展学导论》，中国财政经济出版社

2009 年版。

　　[56] 陈甬军、陈爱贞：《从劳动力转移到产业区域转移——新型工业化背景下我国城镇化演变趋势分析》，载《经济理论与经济管理》，2007 第 2 期。

　　[57] 蒋满元：《经济结构演变与城镇化互动机制的逻辑模型及其问题探讨》，载《求实》，2007 年第 3 期。

　　[58] 程必定：《中国应走新型城镇化道路》，载《中国城市经济》，2005 年第 9 期。

　　[59] 姜永生、范建双、宋竹：《中国新型城镇化道路的基本思路》，载《改革与战略》，2008 年第 4 期。

　　[60] 陈镖、杨丽：《基于产业结构理论看我国城乡二元结构的调整》，载《科技情报与经济》，2007 年第 5 期。

　　[61] 钟秀明、武雪萍：《城镇化之动力》，载《中国经济出版社》，2006 年版。

　　[62] 郭鸿懋：《论 21 世纪中国城镇化发展的战略基点》，载《南开学报》，2004 年第 6 期。

　　[63] 陈明森、李金顺：《中国城镇化进程的政府推动与市场推动》，载《东南学术》，2004 年第 4 期。

　　[64] 蒋满元：《城镇化与经济结构演变互动机制的逻辑模型及分析》，载《现代经济探讨》，2005 年第 12 期。

　　[65] 杨帆：《新型城镇化及其评价指标》，载《理论学习》，2008 年第 9 期。

　　[66] 李光泉：《论马克思主义城市理论及其演进》，载《魅力中国》，2010 年第 10 期。

　　[67] 赵新平、周一星：《改革以来中国城镇化道路及城镇化理论研究述评》，载《中国社会科学》，2002 年第 2 期。

　　[68] 苏学愚、封斌：《西方消费理论的演进》，载《特区经济》，2005 年第 5 期。

　　[69] 胡日东、苏梽芳：《中国城镇化发展与居民消费增长关

系的动态分析——基于 VAR 模型的实证》，载《上海经济研究》，2007 年第 5 期。

[70] 蔡昉、都阳：《加速城镇化进程启动城乡消费》，载《会计之友》，1999 年第 12 期。

[71] 刘艺容：《加快城镇化进程是拉动消费增长的持久动力》，载《消费经济》，2005 年第 8 期。

[72] 杨帆：《四川省城镇化与消费水平关系的实证分析》，载《经营管理者》，2009 年第 22 期。

[73] 谢晶晶、罗乐勤：《城镇化对投资和消费需求的拉动效应分析》，载《改革与战略》2004 年第 3 期。

[74] 刘建国：《城乡居民消费倾向的比较与城镇化战略》，载《上海经济研究》2002 年第 10 期。

[75] 金三林：《收入分配和城镇化对我国居民消费的影响》，载《开放导报》，2009 年第 4 期。

[76] 刘耀彬、李娟文：《从城镇化与现代化的关系探讨中国城镇化道路》，载《现代城市研究》，2002 年第 4 期。

[77] 田雪原：《人口城镇化驱动消费需求效应研究》，载《中国人口科学》，2000 年第 2 期。

[78] 李通屏、成金华：《城镇化驱动投资与消费效应研究》，载《中国人口科学》，2005 年第 5 期。

[79] 刘艺容：《中国城镇化水平与消费增长的实证分析》，载《湖南社会科学》，2008 年第 2 期。

[80] 王静、徐恩波：《基于 SPA 数据结构对农村消费地区性差异的实证分析》，载《干旱地区农业研究》，2003 年第 2 期。

[81] 赵雪雁、林曼曼：《城镇化与西北地区居民生活质量的互动关系分析》，载《干旱区资源与环境》，2007 年第 2 期。

[82] 李林杰、王玉静、申波：《人口城镇化率与最终消费率矛盾症因及相关建议》，载《商业研究》，2009 年第 11 期。

[83] 谢品杰：《我国城镇化进程中的能源消费效应分析》，华

北电力大学博士学位论文，2009 年。

[84] 方辉振：《加快城镇化进程：扩大内需的根本途径》，载《江淮论坛》，2000 年第 4 期。

[85] 何海鹰、朱建平：《城镇化与消费需求相互拉动的效应分析》，载《南昌工程学院学报》，2006 年第 1 期。

[86] 周鹏：《论西部城镇化与消费的互动关系》，载《消费经济》，2003 年第 4 期。

[87] 郑永志：《河北省人口城镇化与扩大消费需求实证分析》，载《中国高新技术企业》，2008 年第 12 期。

[88] 吴方、笑薇：《钞票、股票、选票、饭票，为可持续发展投票——别让你的消费权益睡着了》，南方网（理论频道），2007 年 4 月 15 日。

[89] 李林杰、申波、李杨：《借助人口城镇化促进国内消费需求的思路与对策》，载《中国软科学》，2007 年第 7 期。

[90] 刘艺容：《我国城镇化率与消费率关系的实证研究》，载《消费经济》，2007 年第 6 期。

[91] 王建军：《城镇化、第三产业发展与消费需求扩张》，载《经济与管理》，2006 年第 8 期。

[92]《楼市三字经断症楼市 房价为何越来越让人心伤》，搜房网，2011 年 1 月 6 日。

[93]《80 后转战二线城市成为返乡大军主力》，搜房网，2011 年 1 月 6 日。

[94]《2009 年中国住房消费趋势》，载《廊坊日报》，2009 年 2 月 24 日。

[95] 叶裕民：《中国城镇化质量研究》，载《中国软科学》，2001 年第 7 期。

[96] 高珮义：《城镇化发展学原理》，中国财政经济出版社 2009 年版。

[97] 王志凌、何雪：《小议城镇化与城镇化》，载《消费导

刊》，2008 年第 5 期。

[98] 牛文元：《中国新型城镇化报告2009》，科学出版社 2009 年版。

[99] 周丽萍：《我国城镇化建设的由来与现状》，载《团结》，2010 年第 4 期。

[100] 俞宪忠：《是城镇化还是城镇化》，新浪财经，http：//www. sina. com. cn，2007 年 8 月 10 日。

[101] 程必定：《中国应走新型城镇化道路》，载《中国城市经济》，2005 年第 9 期。

[102] 姜永生、范建双、宋竹：《中国新型城镇化道路的基本思路改革与战略》，载《改革与战略》，2008 年第 4 期。

[103] 张静：《走新型的可持续发展的城镇化道路》，载《经济问题探索》，2004 年第 2 期。

[104]《中国尚处半城镇化》，新华网，2010 年 9 月 21 日。

[105] 陈甬军：《关键是走新型城镇化道路》，载《中国城镇化》，2008 年第 7 期。

[106] 黄罗维、邢力、乔磊：《"白领"被中产负担沉重 如何理财能轻松享受生活》，载《理财周刊》，2010 年 11 月 2 日。

[107] 郭景萍：《我国农民闲暇福利现状与合理化构建》，载《求实》，2005 年第 5 期。

[108] 高鉴国：《西方马克思主义城市理论评析》，中国社会学网，http：//www. sociology. cass. cn。

[109] 柳博隽：《城镇化：破解消费不足的关键》，载《浙江经济》，2009 年第 8 期。

[110] 田成川：《城镇化：解决消费需求不足的必由之路》，载《宏观经济管理》，2004 年第 8 期。

[111] 齐红倩、刘力：《城镇化，解决我国有效需求不足的关键》，载《管理世界》，2000 年第 2 期。

[112] 陈善步：《消费需求影响经济增长的传导机制研究》，

载《企业家天地下半月刊》(理论版),2009年第1期。

[113] 张洋:《城镇化为何没有促进消费》,载《知识经济》,2009年第8期。

[114] 蔡昉:《快城镇化,培养新的消费群体》,载《人民日报》,2000年10月16日。

[115] 巴曙松:《增加消费成宏观政策重点寄望于城镇化》,载《时经时报》,2006年3月11日。

[116] 杨涛:《以城镇化促进消费应成为扩大内需重要战略》,载《上海证券报》,2006年8月21日。

[117] 刘志飞:《从居民消费角度看城镇化道路的选择》,载《城市问题》,2004年第3期。

[118] 李涛:《中央经济工作会议:妙用城镇化"调"结构"防"通胀》,WWW.ciudsn.com,2009年12月28日。

[119] 康建英:《农村向城市移民过程中的贫困现象分析研究》,载《河南师范大学学报》(哲学社会科学版),2009年第4期。

[120] 郭少峰:《国家发改委:环渤海地区将会优先开发》,载《新京报》,2010年9月23日。

[121] 单婷婷、史安娜:《城镇化进程中的土地使用扩张问题探讨》,载《社科纵横》,2010年8月19日。

[122] 刘云中、刘勇:《城镇化道路的国际比较及启示》,中国改革论坛网,2010年7月14日。

[123] 楚国良:《城镇化进程中失地农民就业问题研究》,中国改革论坛网,2010年7月21日。

[124] 鲁南:《关于走中国特色城镇化道路问题》,资源网,2010年8月9日。

[125] 周雷:《中国城镇化隐忧背后的认知危机和出路》,联合早报,2010年8月10日。

[126] 张超:《新中国城镇化:历程、问题与展望》,中国改革论坛,2010年8月11日。

［127］熊凯：《主体功能区差别化的土地政策建议》，资源网，2010年10月19日。

［128］叶齐茂：《德国可持续发展的城镇化进程》，城乡建设，2010年10月25日。

［129］金三林：《收入分配和城镇化对我国居民消费的影响》，载《中国经济时报》，2009年9月28日。

［130］韩亮：《如何把握农村消费心理》，载《以小博大的营销》，http：//www.21tyn.com，2008年12月9日。

［131］《新生代新居民消费观念城镇化　业内人士：要引导新生代新居民持正确的消费观念》，平湖政府网，http：//zjpinghu.114chn.com，2009年11月24日。

［132］唐贤衡：《资源型城市消费失衡现实生态与政策分析》，价值中国网，http：//www.chinavalue.net，2005年5月22日。

［133］章晓英、郑茜：《我国农村居民消费与城镇化水平协整分析》，载《商业时代》，2010年第4期。

［134］张泽川：《从居民消费角度看城镇化道路选择》，中国宏观经济信息网，2004年6月25日。

［135］《广东城乡居民消费差异对比分析》，广东统计信息网，http：//www.gdstats.gov.cn，2004年4月6日。

［136］《我国城乡居民消费结构发生五大变化》，载《北京日报》，2007年1月11日。

［137］赵延德、王成涛、张慧：《城镇化过程中交通消费结构变动的环境效应——以兰州市为例》，载《上海工程技术大学学报》，2006年第1期。

［138］盛学良、董雅文：《城镇化对生态环境的影响与对策》，载《环境导报》，2001年第6期。

［139］刘志飞、颜进：《从居民消费角度看城镇化道路的选择》，载《城市问题》，2004年第5期。

［140］唐红涛、柳思维：《从消费环境视角解读我国城乡消费

差距》，载《湖南社会科学》，2007 年第 2 期。

[141] 戴星翼：《以健康的城镇化缓解环境发展矛盾》，载《解放日报》，2009 年 9 月 13 日。

[142] 丁晓宇：《中国崛起方略》，中国文联出版社 2007 年版。

[143] 杨莉、刘宁、戴明宗、陆根法《哈尔滨市城乡居民生活消费的环境压力分析》，载《自然资源学报》，2007 年第 5 期。

[144] 陈坤木：《试论人口城镇化老龄化对我国居民消费需求的影响》，载《当代人口》，2000 年第 4 期。

[145] 彭彦：《从我国人口老龄化的视角谈和谐社会构建》，载《生产力研究》，2009 年第 8 期。

[146] 王建军：《城镇化、第三产业发展与消费需求扩张》，载《经济与管理》，2006 年第 8 期。

[147] 张宪平、石涛：《我国目前城镇化典型特点分析及对策研究》，载《经济学动态》，2004 年第 4 期。

[148] 李文：《城镇化滞后的经济后果分析》，载《中国社会科学》，2001 年第 4 期。

[149] 王邦宜、孙高向：《农村、城镇居民消费行为差异与消费政策研究》，载《商业经济与管理》，2005 年第 4 期。

[150] 王霞辉、李菲、陈惠芳：《优化居民消费结构、推动产业结构升级》，载《经济研究导刊》，2008 年第 2 期。

[151] 刘满凤：《居民消费结构对产业结构的影响》，载《辽宁经济统计》，2001 年第 1 期。

[152] 吴恒：《北京居民消费结构升级对优化产业结构的影响分析》，首都经济贸易大学硕士论文，2008 年。

[153] 杨超：《城镇化于居民消费需求扩大的政治经济学分析》，载《魅力中国》，2010 年第 12 期。

[154] 郝正亚、王建忠、甄建岗：《我国居民消费结构变动对产业结构优化影响的投入产出分析》，载《特区经济》，2007 年第

12 期。

［155］《消费与经济增长关系的理论研究综述》，国研网，2008 年 8 月 12 日。

［156］吴丽丽、尹煜：《投资、消费关系的协调与经济增长——来自中国区域面板数据的实证研究》，载《财经问题研究》，2009 年第 5 期。

［157］崔海燕：《关于居民消费结构变化与产业结构调整研究——以山西省为例》，载《山西大学学报》（哲学社会科学版），2008 年第 5 期。

［158］帅友良：《中国人口城镇化对城镇住宅市场需求的影响》，载《统计研究》，2005 年第 9 期。

［159］叶齐茂：《村庄公共消费亟待扩大全面建设小康社会的大问题——农村公共消费探讨》，载《中国建设报》，2005 年 1 月 31 日。

［160］陈清弟：《城市公共交通系统与城市消费的关系探讨》，载《现代营销·营销学苑》，2010 年第 11 期。

［161］方智毅：《我国当前公共消费发展研究》，西南财经大学博士学位论文，2008。

［162］王永昌：《坚持走新型城镇化道路、合力提升城市综合竞争力》，载《中国发展》，2007 年第 1 期。

［163］程必定：《新型城镇化与城市群——中部崛起之路》，载《城市》，2007 年第 10 期。

［164］许经勇：《新型城乡关系的基础——新农村与城镇化融为一体》，载《西师范大学学报》（社会科学版），2006 年第 33 期。

［165］徐晓燕、叶鹏：《消费时代城市公共空间的异化》，载《规划师》，2008 年第 2 期。

［166］吴宁：《消费异化生态危机制度批判——高兹的消费社会理论析评》，载《马克思主义研究》，2009 年第 4 期。

［167］戴为民：《国内外城镇化问题研究综述》，载《特区经

济》，2007年第5期。

[168] 张兴桥：《消费异化与消费伦理》，吉林大学博士论文，2004年。

[169] 赵宇、张京祥：《消费型城市的增长方式及其影响研究——以北京市为例》，载《城市发展研究》，2009年第4期。

[170] 张京祥、邓化媛：《解读城市近现代风貌型消费空间的塑造——基于空间生产理论的分析视角》，载《国际城市规划》，2009年第1期。

[171] 陈家琦：《边缘城市中的消费公共空间研究——以昆山花桥国际商务城C-25地块项目为例》，载《建筑与文化》，2009年第11期。

[172] 包亚明：《消费文化与城市空间的生产》，载《学术月刊》，2006年第5期。

[173] 赵衡宇、陈琦：《新消费理念下历史商业街区开发模式与民间商业文化》，载《消费导刊》，2010年第8期。

[174] 罗沁：《浅议消费文化与住宅郊区化》，载《山西建筑》，2009年第17期。

[175] 季松：《消费与当代城市空间发展——以欧美城市为例》，载《建筑与文化》，2009年第5期。

[176] 周素红、闫小培：《广州城市空间结构与交通需求关系》，载《地理学报》，2005年第1期。

[177] 许才山：《科学发展观指导下的中国城镇化进程——人本理念与实践模式》，人民出版社2009年版。

[178] 赵衡宇、陈琦：《新消费理念下历史商业街区开发模式与民间商业文化》，载《消费导刊》，2010年第4期。

[179] 张元城：《特色是城市的永恒生命力》，载《江西日报》，2010年8月2日。

[180]《城镇化建设由投资主导向消费主导的转型——中国城镇

化时代转型与改革》，中国评论新闻网，http：//www. chinare-
viewnews. com，2009 年 12 月 29 日。

［181］柳思维：《现代消费经济学通论》，中国人民大学出版
社 2006 年版。

［182］毛中根：《政府责任与政府公共消费支出》，载《消费
经济》，2007 年第 2 期。

［183］黄成华：《内需的拉动与加速城镇化进程密切相连》，
资源网，2008 年 11 月 17 日。

［184］王志涛：《政府消费、政府行为与经济增长》，载《数
量经济技术经济研究》，2004 年第 8 期。

［185］徐小鹰：《我国城乡居民消费、政府消费与经济增长的
实证分析》，载《科技创业月刊》，2010 年第 6 期。

［186］黄凤祝：《马克思主义的城市理论与全球化》，载《世
界政治经济学》，2007 年第 3 期。

［187］纪嘉：《以政治经济学的视角看民工潮与城市失业问
题》，载《辽宁税务高等专科学校学报》，2005 年第 2 期。

［188］张引、王志章、杨庆媛：《中国城市社会空间再生产与
城镇化路径———一种空间政治经济学视角》，引自《中国地理学会
百年庆典学术论文摘要集》，2009 年。

［189］张振林：《社会物质再生产过程的消费主导性及其意
义》，载《前沿》，2002 年第 12 期。

［190］李悦书：《马克思的消费理论与人的发展》，载《学术
研究》，2002 年第 7 期。

［191］田霖：《城镇化若干问题的再探讨———基于演化经济学
的新视角》，载《商业研究》，2005 年第 6 期。

［192］钟秀明、武雪萍：《城镇化之动力》，中国经济出版社
2006 年版。

［193］王胜：《消费需求与技术创新关系研究》，载《科技管
理研究》，2007 年第 3 期。

[194] 郑风田：《从"城镇化"到"城镇化"折射的变迁》，财经网，http：//www.stdaily.com，2010 年 5 月 17 日。

[195] 沈悦：《中国制度变迁中的居民消费波动与政策选择》，载《经济学家》，2001 年第 2 期。

[196] 徐祖荣：《论城镇化在经济发展中的作用》，载《求实》，2004 年第 3 期。

[197] 叶裕民：《中国新型工业化与城镇化互动机制研究，区域协调发展论》，引自《2004 年中国区域经济学术研讨会论文集》，2004 年。

[198] 张平宇：《城市再生：我国新型城镇化的理论与实践问题》，载《城市规划》，2004 年第 4 期。

[199] 孙晶：《2010 年上海世博经济的集聚与辐射效应分析》，东北师范大学硕士论文，2006 年。

[200] 陈叶盛：《城镇化、集聚效应与经济增长》，载《比较》，2010 年第 2 期。

[201] 王成新、姚士谋、王学山：《我国城镇化进程中质与量关系的辩证分析》，载《地理与地理信息科学》，2003 年第 5 期。

[202] 祁金立：《城镇化聚集效应和辐射效应分析》，载《暨南学报》（哲学社会科学版），2003 年第 5 期。

[203] 张凯：《城市聚集效应与城镇化战略研究》，载《前沿》，2006 年第 4 期。

[204]《中心城镇的集聚扩散效应》，中国网，2010 年 10 月 18 日。

[205] 朱舜、高丽娜：《一极两带—极化与辐射效应——泛长三角经济区空间结构演化机制研究》，载《市场周刊》，2009 年第 5 期。

[206] 黄坤明：《城乡一体化路径演进研究——民本自发与政府自觉》，科学出版社 2009 年版。

[207] 杨重光：《新型城镇化是必由之路》，载《中国城市经济》，2009 年第 12 期。

[208]《工业化与城镇化：沿海三大区域模式及其演化机理分

析》，国研网，2010 年 3 月 15 日。

[209] 黄盛、胡晓鸣、马佳、黄盛：《城镇化进程中的财富回流现象》，载《城市问题》，2010 年第 5 期。

[210] 盛广耀：《城镇化模式及其转变研究》，中国社会科学出版社 2008 年版。

[211] 范雪红、张意翔：《基于计量经济模型的能源消费与经济增长关系实证研究》，载《理论月刊》，2005 年第 12 期。

[212] 刘美平：《马克思主义人口城镇化理论》，载《人口学刊》，2002 年第 3 期。

[213] 耿香玲：《公共产品可持续消费的制度障碍分析》，载《河北师范大学学报》（哲学社会科学版），2009 年第 3 期。

[214] 文启湘：《农村公共消费品供给不足的原因及影响》，载《宁夏党校学报》，2001 年第 6 期。

[215] 陆迁、叶小雯：《关于我国失地农民的安置和补偿问题的思考》，中国农经信息网，2007 年 6 月 10 日。

[216] 沙炜娟：《浅析失地农民现状》，载《法制与社会》，2010 年第 5 期。

[217] 梅付春：《失地农民合理利益完全补偿问题探析》，载《农业经济问题》，2007 年第 3 期。

[218] 曾业辉：《消费结构升级六大瓶颈待破》，人民网，2005 年 12 月 28 日。

[219] 夏凡越：《经济结构优化升级三大产业协调发展》，中国经济网，2009 年 9 月 10 日。

[220] 汤跃跃：《现阶段我国居民消费公平问题研究》，西南财经大学博士论文，2008 年。

[221] 刘尚希：《消费公平、起点公平与社会公平》，中国改革论坛网，2010 年 12 月 2 日。

[222] 赵成涛、李元旭：《收入公平、消费公平与经济增长》，载《社会科学研究》，2009 年第 3 期。

[223] 邹晓芟:《试论市场经济条件下消费的效率与公平》,载《三明学院学报》,2005年第1期。

[224] 钱振明:《走向空间正义——让城镇化的增益惠及所有人》,苏州大学中国特色城镇化研究中心网,http://rurc.suda.edu.cn,2010年7月16日。

[225] 周毅:《"三个代表"与可持续发展》,黑龙江人民出版社2002年版。

[226] 王言炉、李宗植:《城镇化中就业制度的改革》,载《中外企业家》,2006年第3期。

[227] 孙平:《试论我国城镇化制度创新》,中思网,2010年6月4日。

[228] 刘宇辉:《我国城镇化进程:路径选择的再思考》,载《中国财经信息资料》,2005年第8期。

[229] 袁建良:《中部地区城镇化的路径选择》,载《中南大学学报》(社会科学版),2005年第6期。

[230] 董藩、洪名勇:《积极优化消费结构,推动产业结构战略性调整》,政治经济学,http://house.focus.cn,2005年5月18日。

[231] 杨圣明:《关于消费的几个理论判断》,载《西安日报》(第七版),2009年8月24日。

[232] 刘建:《武汉城市圈跨城市互补消费途径与方法研究》,载《当代经济》,2008年第10期。

[233] 张杰、庞骏:《论消费文化涌动下城市文化遗产的克隆》,载《城市规划》,2009年第6期。

[234] 赵伟:《大中型城市居民家庭收入对服务性消费结构的影响》,载《首都经济贸易大学学报》,2006年第5期。

[235] 谢珊:《近代城市消费生活变迁的原因及其特点》,载《中华文化论坛》,2001年第2期。

[236] 魏剑锋:《农民工收入的家庭分割消费效应——基于对城镇化影响的视角》,载《郑州大学学报》(哲学社会科学版),

2008 年第 7 期。

[237] 吕晓艳、孙理军：《论消费环境的完善》，载《科技进步与对策》，2000 年第 12 期。

[238] 肖飞：《消费环境对消费者行为的影响》，载《合作经济与科技》，2009 年第 4 期。

[239] 朱烨、卫玲：《产业结构与新型城镇化互动关系文献综述》，载《西安财经学院学报》，2010 年第 10 期。

[240] 邓卫：《探索适合国情的城镇化道路——城市规模问题的再认识》，载《城市规划》，2000 年第 12 期。

[241] 郑菊芬：《关于城镇化理论研究的文献综述》，载《现代商业》，2009 年第 11 期。

[242] 张睿：《试论以消费集聚效应扩大老年消费需求》，载《湖南财经高等专科学校学报》，2010 年第 5 期。

[243] 张维达、谢地：《我国体制转型时期公共消费的困惑和对策》，载《消费经济》，1999 年第 2 期。

[244] 刘乐山、何炼成：《公共消费的城乡差异分析》，载《消费经济》，2004 年第 5 期。

[245] 刘云、唐平华：《未来中国消费模式的选择：可持续消费》，载《北京商学院学报》，2000 年第 3 期。

[246] 董建忠：《浅论信用卡与消费文化》，http：//www. syue. com，2010 年 6 月 27 日。

[247] 张中华：《两型社会建设与投资、消费模式的转变——基于武汉城市圈的思考》，载《湖北社会科学》，2008 年第 7 期。

[248] 魏伟：《政治经济学视角下的中国城市研究——资本扩张、空间分化和都市运动》，载《社会》，2007 年第 2 期。

[249] 梁竞、张力小：《中国省会城市能源消费的空间分布特征分析》，载《资源科学》，2009 年第 12 期。

[250] 郑祥福、陈来仪：《空间消费对现代城市发展的推动作用》，载《浙江社会科学》，2009 年第 3 期。

[251] 刘福成：《农民闲暇消费问题刍议》，载《消费经济》，1996 年第 6 期。

[252] 赵明晖：《关于提高居民闲暇消费质量问题的思考》，载《中国海洋大学学报》（社会科学版），1997 年第 2 期。

[253] 张天森：《闲暇消费：城镇居民新的消费时尚》，载《学习导报》，2002 年第 4 期。

[254] 廖进中、韩峰、唐宇凌：《湖南农村消费启动与城镇化关系的实证研究》，载《消费经济》，2009 年第 1 期。

[255] 鲁楠：《论城乡统筹的中国新型城镇化发展道路》，载《商业时代》，2009 年第 7 期。

[256] 刘祖云：《中国社会发展三论：转型、分化、和谐》，社会科学文献出版社，2007 年版。

[257] 《叩问中国城镇化》，新疆哲学社会科学网，http：//www.xjass. com，2010 年 6 月 30 日。

[258] 国家统计局：《资源环境对湖南城镇化进程的约束效应及对策》，www. stockstar. com，2009 年 7 月 6 日。

[259] 李峰：《人均 GDP1000～3000 美元消费结构升级的国际比较》，载《市场研究》，2006 年 2 月 24 日。

[260] 刘晶茹、王如松、王震、杨建新：《中国城市家庭代谢及其影响因素分析》，载《生态学报》，2003 年第 12 期。

[261] 张妍、杨志峰：《城市物质代谢的生态效率——以深圳市为例》，载《生态学报》，年第 8 期。

[262] 何颖：《创新型城市构成要素与模式探析》，载《商场现代化》，2007 年第 8 期。

[263] 中国城市创新能力评价体系课题组：《课题成果：创新新型城市的数量化评判标准》，人民网，2006 年 10 月 16 日。

[264] 涂永式、任重：《消费者创新：营销创新理论的新发展》，中国营销传播网，2007 年 1 月 18 日。

[265] 向书坚：《湖北省城乡居民消费模式研究》，WTO 与湖

北发展研究中心网，2010年3月9日。

[266] 吴云凤：《城镇化背景中的上海近郊妇女体育消费现状研究——以浦东张江镇为例》，华东理工大学硕士论文，2007年。

[267] 何志毅、杨少琼：《对绿色消费者生活方式特征的研究》，载《南开管理评论》，2004年第3期。

[268] 彭希哲、钱焱：《试论消费压力人口与可持续发展——人口学研究新概念与方法的尝试》，载《中国人口科学》，2001年第5期。

[269] 朱勤、彭希哲、陆志明、于娟：《人口与消费对碳排放影响的分析模型与实证》，载《中国人口·资源与环境》，2010年第2期。

[270] 《四项措施引导树立理性住房消费观念》，新华网，2010年10月22日。

[271] 郭颖丽：《城乡居民消费分化加剧 引导消费要区别对待》，载《上海证券报》，2003年2月12日。

[272]《住房城乡建设部政策研究中心副主任：盲目购房有风险》，新华网，2010年10月21日。

[273] 车贵远：《抑制产能成为调整汽车产业结构首页问题》，载《羊城晚报》，2010年9月9日。

[274] 李秀恒：《内地消费模式和消费结构将发生变化》，深圳新闻网，2008年7月2日。

[275] 刘精明：《城市居民社会阶层化状况分析》，http://www.chinagss.org。

[276] 董淑湛、李文：《人以群分——我国城市社区居民的阶层化趋势》，载《现代物业》，2004年第11期。

[277] 牛喜霞、谢建社：《农村流动人口的阶层化与城市融入问题探讨》，中国乡村发现，http://www.zgxcfx.com，2008年10月22日。

[278] 傅晓霞：《政策建议：促进居民消费要分层次》，载

《经济参考报》，2002 年 2 月 25 日。

[279] 胡若痴：《二元经济结构下我国农村消费的情况、制约因素与对策研究》，载《消费经济》，2010 年第 1 期。

[280] 金三林：《政府增加公共服务支出可有效促进居民消费》，http：//www. ctaxnews. net. cn，2009 年 10 月 28 日。

[281] 马晓河：《我国消费率偏低并持续下降的成因解析》，载《前线》，2010 年第 1 期。

[282]《解读中等收入阶层群体消费心理特点》，http：//hi. baidu. com，2009 年 5 月 4 日。

[283] 尹向东：《着力增强农民工消费能力》，和讯网，2001 年 1 月 26 日。

[284] 张路雄：《加快解决农民工问题是扩大内需的最有效手段》，http：//www. 360doc. com，2010 年 6 月 20 日。

[285] 阎占定、向夏莹：《城镇化过程中失地农民生活方式变化特点分析——以武汉市为例》，载《中南民族大学学报》（人文社会科学版），2009 年第 9 期。

[286] 金晓斌、魏西云、李学瑞：《被征地农民留用地安置方式的特征与模式分析》，载《中国农学通报》，2008 年第 8 期。

[287] 家华、牛凤瑞、魏后凯：《中国城市发展报告》，社会科学文献出版社 2009 年版。

[288] 徐光远、陈松群：《城市经济学》，中国经济出版社 2009 年版。

[289] 潘慧：《结构调整中的消费转型》，学林出版社 2009 年版。

[290] 姜彩芬、余国扬、李新家、符莎莉：《消费经济学》，中国经济出版社 2009 年版。

[291] 宁克平：《城市与人——中国城镇化进程及其对策》，人民出版社 2009 年版。

[292] 向春玲：《城镇化进程中的理论与实证研究》，湖南人民出版社 2008 年版。

[293] 耿莉萍:《生存与消费——消费、增长与可持续发展问题研究》,经济管理出版社 2004 年版。

[294] 范恒山、陶良虎:《中国城镇化进程》,人民出版社 2009 年版。

[295] 李程骅:《商业新业态:城市消费大变革》,东南大学出版社 2004 年版。

[296] 阮正福:《城市现代化研究》,上海辞书出版社 2008 年版。

[297] 颜进:《我国居民消费发展与城镇化战略》,湘潭大学硕士学位论文 2005 年版。

[298] 钟秀明、武雪萍:《城镇化之动力》,中国经济出版社 2006 年版。

[299] 梅洪常、王田、胡宝娣:《消费增长与结构优化》,经济管理出版社 2007 年版。

[300] 李薇:《2009 年中国 GDP 增长 8.7%》,载《北京商报》,2010 年 1 月 22 日。

[301] 成思危:《中国农村消费市场的分析与开拓》,民主与建高出版社 2001 年版。

[302] 覃双凌:《"土地换保"——土地流转政策下农村养老保险制度探析》,载《安徽农业科学》,2009 年第 20 期。

[303] 傅晨:《广东城镇化发展战略》,广东人民出版社 2006 年版。

[304] 国家统计局城市社会经济调查总队、中国统计学会城市统计委员会:《2004 中国城市发展报告》,中国统计出版社 2005 年版。

[305] 郑锋:《可持续城市理论与实践》,人民出版社 2005 年版。

[306] 饶会林:《城市经济学》,东北财经大学出版社 2000 年版。

[307] 刘晓霞:《我国城镇化进程中的失地农民问题研究》,东北师范大学博士论文,2009 年。

[308] 孙中和:《中国城镇化基本内涵与动力机制研究》,载

《财经问题研究》，2001 年第 11 期。

[309] 蔡禾、张应祥：《城市社会学：理论与视野》，中山大学出版社 2003 年版。

[310] 刁永祚：《都市消费与经济增长》，首都师范大学出版社 2003 年版。

[311] 陈甬军、景普秋、陈爱民：《中国城镇化道路新论》，商务印书馆 2009 年版。

[312] 周明华：《我国水产品消费与城镇化进程的相关分析》，载《中国外资》，2008 年第 11 期。

[313] 孙江：《空间生产：——从马克思到当代》，人民出版社 2008 年版。

[314] 成金华、陈军：《中国城镇化进程中的能源消费区域差异——基于面板数据的实证研究》，载《经济评论》，2009 年第 3 期。

[315] 刘耀彬：《中国城镇化与能源消费关系的动态计量分析》，载《财经研究》，2007 年第 11 期。

[316] 周鹏：《论西部城镇化与消费的互动关系》，载《消费经济》，2003 年第 4 期。

[317] 郭守亭：《中国城镇化过程中的消费结构研究》，河南人民出版社 2006 年版。

[318] 周梅华：《可持续消费理论研究》，中国矿业大学出版社 2003 年版。

[319] 赵卫华：《地位与消费——当代中国社会各阶层消费状况研究》，社会科学文献出版社 2007 年版。

[320] 宗寒：《是什么改变了中国》，红旗出版社 2009 年版。

[321] 陈彦光、罗静：《城镇化水平与城镇化速度的关系探讨——中国城镇化速度和城镇化水平饱和值的初步推断》，载《地理研究》，2006 年第 6 期。

[322] 胡若痴：《后金融危机时期中国经济持续增长的动力困境与思路》，载《经济纵横》，2010 年第 11 期。

[323] 宁军明、张丽：《我国能源消费与经济增长的关系》，载《河南商业高等专科学校学报》，2008 年第 7 期。

[324]《马建堂：2010 年消费对 GDP 增长贡献率为 37.3%》，中国广播网，2011 年 1 月 20 日。

[325] 裴志强、张萌：《扩大内需的重要途径：加快城镇化的发展》，中国集体经济网，2010 年 5 月 4 日。

[326] 周晓芳：《十二五规划欲提高私人消费比重》，载《每日经济新闻》，2010 年 4 月 8 日。

[327] 尹世杰：《大力加强消费经济学学科建设》，载《光明日报》，2006 年 10 月 7 日。

[328] 李文龙：《信用卡消费：刺激消费与信用风险的双刃剑》，载《金融时报》，2008 年 11 月 28 日。

[329] 叶裕民、程子林：《关于中国经济增长速度和质量问题的思考》，引自《竞争与战略》，沈阳出版社 2003 年版。

[330] 斯蒂芬·D·威廉森：《宏观经济学》（第三版），中国人民大学出版社 2010 年版。

[331] 新华社：《中国贫富差距正在逼近社会容忍红线》，中财网，2010 年 5 月 10 日。

[332]《中国今年奢侈品消费 65 亿美元，三年全球增长率第一》，中国新闻网，2010 年 12 月 24 日。

[333]《中国汽车业入十字路口 私家车梦想或破灭》，载《南方日报》，2010 年 12 月 28 日。

[334] 刘艺容：《消费增长与城镇化互动关系研究——基于消费集聚的视角》，湖南人民出版社 2008 年版。

[335] 杨涛：《以城镇化促进消费应成为扩大内需重要战略》，载《上海证券报》，2009 年 8 月 21 日。

[336] 董克用、成得礼：《从北京看城乡结合部"失地农民"面临的困境与解决思路》，载《经济理论与经济管理》，2006 年第 3 期。

[337]《我国住房保障制度初步形成 扶持政策频频出台》，

新华网，2011 年 1 月 6 日。

[338] 吴婷：《建国 60 年中国城镇居民收入实际增长 18.5 倍恩格尔系数显著降低》，载《上海证券报》，2009 年 9 月 11 日。

[339] 万益波：《城镇化：在阵痛中寻路》，载《经济参考报》，2011 年 1 月 5 日。

[340]《中国发展研究基金会研究报告称：中国尚处半城镇化》，新华网，2010 年 9 月 21 日。

[341] 钱纳里：《发展的格局》，中国财政经济出版社 1989 年版。

[342] 世界银行：《1998/1999 年世界发展报告》，中国财政经济出版社 1999 年版。

[343] 余晖：《我国城镇化质量问题的反思》，载《开放导报》，2010 年第 1 期。

[344] 章晓英、郑茜：《我国农村居民消费与城镇化水平协整分析》，载《商业时代》，2010 年第 4 期。

[345] 何立祥、彭美玉：《论中国农村土地制度改革的路径依赖性》，载《云南财经大学学报》，2010 年第 7 期。

[346] 蒋婉丽：《对建立和完善农村社会保障制度的几点思考》，载《经济研究导刊》，2009 年第 33 期。

[347] 卢嘉瑞、马丽斌：《中国农村消费城镇化现象研究》，载《中州学刊》，2004 年第 3 期。

[348] 郭为：《农民的消费结构、流动与城镇化》，载《上海经济研究》，2002 年第 6 期。

[349] 丁成日：《城市增长与对策——国际视角与中国发展》，高等教育出版社 2009 年版。

[350] 蔡继明、程世勇：《中国的城镇化：从空间到人口》，载《当代财经》，2011 年第 2 期。

[351]《中国人为何要花两三倍的价格买中国制造商品》，载《第一财经日报》，2011 年 3 月 10 日。

[352] 黄坤明：《城乡一体化路径演进研究》，科学出版社

2009 年版。

[353] 江曼琦:《城市空间结构优化的经济分析》,人民出版社 2001 年版。

[354] 杨圣明:《中国式消费模式选择》,中国社会科学出版社 2007 年版。

[355] 杨永忠:《消费不足与结构调整》,中国经济出版社 2007 年版。

[356] 范金、伞锋、王艳、袁小慧:《中国城乡居民消费取向的情景分析和政策研究》,中国社会科学出版社 2008 年版。

[357] 杨继瑞:《中国新型城镇化道路的探索与思考》,载《高校理论战线》,2006 年第 11 期。

[358] 陈萍:《城市经济发展——理论与实践》,经济管理出版社 2009 年版。

[359] 许永兵:《消费行为与经济增长》,中国社会科学出版社 2007 年版。

[360] 苏雪串:《中国的城镇化与二元经济转化》,首都经贸大学出版社 2005 年版。

[361] 徐光远、陈松群:《城市经济学——昆明城市规划实证分析》,中国经济出版社 2009 年版。

[362] 蒋南平等:《中国城镇化与农村消费启动——基于 1978 ~ 2009 年数据的实证检验》,载《消费经济》,2011 年第 1 期。

[363] 李文溥、龚丽贞、林致远:《加工贸易型工业化、低效城市化与消费不足》,载《福建论坛》(人文社会科学版),2011 年第 3 期。

[364] "城镇化进程对扩大内需影响"课题组,《未来十年城镇化进程对扩大内需的影响》,载《调研世界》,2011 年第 1 期。

[365] 辜胜阻:《城镇化是扩大内需实现经济可持续发展的引擎》,载《中国人口科学》,2010 年第 3 期。

[366] 邹红、卢继宏、李奥蕾：《城市化水平、城乡收入差距与消费需求》，载《消费经济》，2012 年第 2 期。

[367] 曾国平、张付玲：《城市化、服务业与城镇居民消费关系实证研究》，载《中国经贸导刊》，2012 年第 21 期。

[368] Amihai Glazera, Mark Gradstein, Priya Ranjan, Consumption variety and urban agglomeration, *Regional Science and Urban Economics*, 2003 (33).

[369] Gary Pivo, Toward sustainable urbanization on Mainstreet Cascadia, *Cities*, 1996 (5).

[370] David Drakakis – Smith and Chris Dixon, Sustainable Urbanization in Vietnam, *Geoforum*. 1997 (1).

[371] Ima, I Hiroyuk, I 1997. "The Effect ofUrbanization on EnergyConsumption." J*ournal ofPopulation Problems*, Vol. 53.

[372] Glaeser, E. , J. Kolko, and A. Saiz. Consumer City. Journal of Economic*Geography*, 2001 (1).

[373] Zhi Wang et al. Effects of Rationing on the consumption Behavior of Chinese Urban Households during 1981 – 1987. *Journal of Comparative Economics*, 1992 (16).

[374] Glauco Bienenstein. Governance, Management and Production of Urban Space in an Age of Globalisation: The Case of Rio de Janeiro City. *Urban Planning Overseas*, 2001 (6).

[375] Benjamin, Dwayne, Loren Brandt, and John Giles. The Dynamics of Inequality and Growth in Rural China: Does Higher Inequality Impede Growth. *University of Toronto*, 2004.

[376] Zweimuller, J. , and Brunner, J. K. Innovation and Growth with Rich and Poor Consumers [J]. *Metroeconomica*, 2005, (56).

[377] Li Tongping、Cheng Jinhua. Urbanization As Driving Force of Investment and Consumption. *Chinese Journal Of Population Science*. 2005 (5).

[378] LIANG Jing, ZHANG Lixiao, Analysis on Spatial Distribution Characteristics of Urban Energy Consumption among Capital Cities in China, *Resources Science*, 2009 (12).

[379] Henri Lefebvre, Reflections on the Politics of Space, in R. Peet (ed.), *Radical Geography*, Chicago: Maaroufa Press, 1977.

[380] Engle, Robert F & Granger, Clive W J, 1987. "Co-integration and Error Correction: Representation, Estimation, and Testing," *Econometrica*, Vol. 55 (2).

[381] Wei B R, Yagita H, Inaba A, Sagisaka M. Urbanization impact on energy demand andCO2 emission in China [J]. *Journal of Chongqing*University – Eng. Ed, 2003, (2).

[382] Shen L, Cheng S K, Gunson A J, Wan H. Urbanization, sustainability and the utili-zation of energy and mineral resources in China [J]. *Cities*, 2005, (4).

[383] Renuka Mahadevan, John Asafu – Adjaye. Energy Consumption, EconomicGrowth and Prices: A Reassessment Using Panel VECM for Developedand Developing Countries [J]. *Energy Policy*, 2007, (35).

[384] Ramazan Sari, Ugur Soytas. The growth of income and energyconsumptionin six developing countries [J]. *Energy Policy*, 2007, (35).

[385] Zhejiang Social SciencesZheng Xiangfu; Chen Laiyi On the Action of Impetus of Consumption of Space for the Development of Contemporary*Cities*. 2009 (03).

[386] WEI Jing; MA Lin; YANG Yu – Rong; MA Wen – Qi. The influence of urbanization on nitrogen emission to water in food consumption system of China. *Acta Ecologica Sinica*, 2009 (11).

[387] Vaalgamaa S. The effect of urbanisation on Laajalahti Bay, Helsinki city, as reflected by sediment geochemistry. *Marine Pollution*

Bulletin, 2004 (48).

[388] Glauco Bienenstein Governance, Management and Production of Urban Space in an Age of Globalisation: The Case of Rio de Janeiro City. *Urban Planning Overseas*, 2001 (06).

[389] Sun meng. The Production of Urban Space in Post-industrial Age: A Marxist Spatial Interpretation of Urban Art District Development and Planning in Chinese Cities. *Urban Planning International*, 2009 (06).

[390] WANG Xu. Chicago: A City Exemplifying Both the Traditional Urbanization and Neo – Urbanization. *Collected Papers of History Studies*, 2009 (06).

[391] Benjamin, Dwayne, Loren Brandt, and John Giles. The Dynamics of Inequality and Growth in Rural China: Does Higher Inequality Impede Growth. *University of Toronto*, 2004.

[392] Yang, DennisTao, *andZhouHao*. "Rural – UrbanDisparityandSectoralLaborAllocationinChina". *Journal of Developmen t Studies*, 1999, 35 (3).

[393] Zweimuller, J., and Brunner, J. K. Innovation and Growth with Rich and Poor Consumers [J]. *Metroeconomica*, 2005, (56).

[394] John D. Kasarda, Edward M. Crenshaw. Third World Urbanization: Dimensions, Theories, and Determinants. *Annual Review of Sociology*, Vol. 17, (1991).

[395] Jingru Liu, Rusong Wang, Jianxin Yang. Metabolism and Driving Forces of Chinese Urban Household Consumption. *Population and Environment*, Vol. 26, No. 4 (Mar. , 2005).

[396] Gregory Eliyu Guldin. Desakotas and beyond: Urbanization in Southern China. *Ethnology*, Vol. 35, No. 4 (Autumn, 1996).

[397] Nels Anderson. Urbanism and Urbanization. *The American*

Journal of Sociology, Vol. 65, No. 1 (Jul., 1959).

[398] Abdullah Al – Mamun Khan. Rural – Urban Migration and Urbanization in Bangladesh. *Geographical Review*, Vol. 72, No. 4 (Oct., 1982).

[399] Jyotsna Jalan, Martin Ravallion. Geographic Poverty Traps? A Micro Model of Consumption Growth in Rural China. *Journal of Applied Econometrics*, Vol. 17, No. 4 (Jul. – Aug., 2002).

[400] Ulf Jansson, Ulrik Kautsky, Sofia Miliander. Rural Landscape, Production and Human Consumption: *Past*, Present and Future. *Ambio*, Vol. 35, No. 8, Transdisciplinary Ecosystem Modeling for Safety Assessments of Radioactive Waste Disposal (Dec., 2006).

[401] Jie Zhang. Urbanization, Population Transition, and Growth Urbanization, Population Transition, and Growth. *Oxford Economic Papers*, New Series, Vol. 54, No. 1 (Jan., 2002), pp. 91 – 117.

[402] Robert D. Sack. The Consumer's World: Place as Context. *Annals of the Association of American Geographers*, Vol. 78, No. 4 (Dec., 1988).

[403] Sara Pennell. Consumption and Consumerism in Early Modern England. *The Historical Journal*, Vol. 42, No. 2 (Jun., 1999).

[404] T. R. Lakshmanan, Lata Chatterjee, Peter Kroll. Housing Consumption and Level of Development: A Cross – National Comparison. *Economic Geography*, Vol. 54, No. 3 (Jul., 1978).

[405] Güliz Ger. Human Development and Humane Consumption: Well – Being beyond the "Good Life". *Journal of Public Policy & Marketing*, Vol. 16, No. 1, International Issues in Law and Public Policy (Spring, 1997).

[406] Julia J. Henderson. Urbanization and the World Community Urbanization and the World Community. *Annals of the American Academy of Political and Social Science*, Vol. 314, Metropolis in Ferment (Nov.,

1957).

[407] Alan Smart, Josephine Smart. Urbanization and the Global Perspective. *Annual Review of Anthropology*, Vol. 32, (2003).

[408] William F. Stinner. Urbanization and Household Structure in the Philippines Urbanization and Household Structure in the Philippines. *Journal of Marriage and Family*, Vol. 39, No. 2 (May, 1977).

[409] Howard Newby. Urbanization and the Rural Class Structure: Reflections on a Case Study*The British Journal of Sociology*, Vol. 30, No. 4, Special Issue. Current Research on Social Stratification (Dec., 1979).

[410] Robert F. Adams. On the Variation in the Consumption of Public Services On the Variation in the Consumption of Public Services. *The Review of Economics and Statistics*, Vol. 47, No. 4 (Nov., 1965).

[411] Byung - Nak Song. Empirical Research on Consumption Behavior: Evidence from Rich and Poor LDCs. *Economic Development and Cultural Change*, Vol. 29, No. 3 (Apr., 1981).

[412] E. W. Burgsee. *The growth of the city in park.* Chicago, 2003 (33).

[413] Puga. Diego. Urbanization patterns: European vs. less developed countries. *Journal of Regional Science*, 2003 (38).

[414] Friedman AJ. *World city futures: the role of urban and regional policies in Asia - Pacific region*, HongKong Chinese University Press, 1982.

[415] H. Hoyt, Homer Hoyt on development of economic base concept. *Land Economic*Vol. 39, 1954.

[416] S. Kirrpwska. Sustainable consumption. International *Journal of Consumer Studies*, 2003 (03).

[417] Mingione. *Social Conflict and the City.* Basil Blackwell,

1981.

　［418］ Saunders. *Social theory and the urban question*. London, Hutchinton, 1990.

　［419］ C. D. Harris A Functional classification of cities in the United States. *Geographical Review*, 1943.

　［420］ Yang, X. Development, Structure Change, and Urbanizatiion. *Journal of Development Economics*, 1991.

　［421］ Krugman, P. and Venables, A. J. Integration, Specialization, and Adjustment. *European Economic Review*, 1996.

　［422］ Glaeser, E. , J. Kolko, and A. Saiz. Consumer City. *Journal of Economic Geography*, 2001（01）.

　［423］ Sen – Dou Chang, Modernization and China's Urban Development. *Annals of the Association of American Geographers*, Vol. 71, No. 2（Jun. , 1981）.

　［424］ Bocon, R. W. *Consumer Spatial Behavior*. *Oxford*. Clarendon Press, 1984.

　［425］ Jones, Larry E. and Manuelli, Rodolfo. The Sources of Growth. *Joural of Economic Dynamics and Control*, 1997（21）.

　［426］ Rebelo, S. Long – Run Police Analysis and Long – Run Growth. *Journal of Political Economy*, 1997（21）.

　［427］ K. Alec Chrystal, Paul Mizen. A Dynamic Model of Money, Credit, and Consumption: A Joint Model for the UK Household Sector. *Journal of Money, Credit and Banking*, Vol. 37, No. 1（Feb. , 2005）.

　［428］ Jingru Liu, Rusong Wang, Jianxin Yang. Metabolism and Driving Forces of Chinese Urban Household Consumption. *Population and Environment*, Vol. 26, No. 4（Mar. , 2005）.

　［429］ Colin C. Williams, Christopher Paddock. Reconciling Economic and Cultural Explanations for Participation in Alternative Consumption Spaces. *Geografiska Annaler. Series B*, *Human Geography*, Vol. 85, No. 3 (2003).

[430] Peter Jackson. Local Consumption Cultures in a Globalizing World. Transactions of the Institute of British Geographers, New Series, Vol. 29, No. 2, *Geography: Making a Difference in a Globalizing World* (Jun. , 2004).

[431] Bruce Hackett, Loren Lutzenhiser. Social Structures and Economic Conduct: Interpreting Variations in Household Energy Consumption. *Sociological Forum*, Vol. 6, No. 3 (Sep. , 1991).

[432] Raquel Carrasco, José M. Labeaga, J. David López – Salido. Consumption and Habits: Evidence from Panel Data Consumption and Habits: Evidence from Panel Data. *The Economic Journal*, Vol. 115, No. 500 (Jan. , 2005).

[433] G. Cornelis Von Kooten. *Land Resource Economics and Sustainable Development: Economic Policies and Common Good*. UBC Press/Voncouver, 1994.

[434] Julian K. Agyeman, Tufts University. *Environmental Justice and the Sustainable City: Obervations from the US. Sustainable Cities Seminar Series*, 17 June 2003.